부분적인 연결들

PARTIAL CONNECTIONS Updated edition

Translated from the English Language edition of Partical Connections
Updated edition, by Marilyn Strathern, originally published by AltaMira Press,
an imprint of Rowman & Littlefield Publishing Group,
Inc., Lanham, MD, USA. Copyright © 2005.
Translated into and published in the Korean language by
arrangement with Rowman & Littlefield
Publishing Group, Inc.
Korean translation copyright © 2019 by Maybooks

부분적인 연결들

Partial Connections

메릴린 스트래선 지음 | 차은정 옮김

문명 너머의
사고를 찾아서

오월의봄

21세기 인류학의 새 지평을 열다

1. 다원주의에서 포스트다원주의로

이 책은 메릴린 스트래선의 *Partial Connections*(2004, Updated
Edition. AltaMira Press)를 번역한 것이다. 1991년 오세아니아 인류학
회에서 출간된 책을 2004년 북미의 저명한 인문학 출판사에서 신
판으로 재출간했다. 저자가 신판 서문에서 밝힌 바와 같이 신판이
라 해도 저자 자신이 원판에 몇몇 단어를 추가한 정도여서 원판과
같다고 보아도 무방하다. 바로 이 점에서, 즉 원판이 출간된 지 13
년이 지난 후에 원판에서 어떠한 수정 보완 없이 신판이 재출간되
었다는 사실에서, 이 책이 인류학뿐만 아니라 인문학 및 사회과학
전반에 걸쳐 얼마나 학문적 의의가 있으며 그 영향력은 어느 정도
인지를 가늠해볼 수 있다.

실제로 이 책이 1991년 처음 출간되었을 때에는 인류학계에
서 거의 주목받지 못했고 극히 일부의 연구자 모임에서 간간이 언

급되었을 뿐이다. 그러나 2000년대 들어 '21세기의 학문적 전환'을 모색하는 인류학의 새로운 흐름이 세계 지식계에 파장을 일으키자, 이 흐름을 이끌어가는 인류학자들은 물론이고 여타 학문 분야의 학자들로부터 그러한 전환을 전위적으로 제기한 가장 처음의 명저로서 이 책이 새롭게 각광받기 시작했다. 이 책의 번역자로서, '20세기 최고의 인류학 명저'라는 항간의 명성이 전혀 어색하지 않은 이 책이, 삶과 앎의 새로운 실천을 지향하는 한국의 독자들과 만나기를 고대하며 그 만남이 어떤 결실을 맺을지를 즐거운 마음으로 지켜보려 한다.

이 책의 저자인 메릴린 스트래선에 따르면, 이 책을 구상한 때는 1987년이다. 당시 그녀는 자신의 멜라네시아 현장연구의 총결산이라 할 수 있는 《증여의 젠더 The Gender of the Gift》의 집필에 몰두해 있었다. 알다시피 1980년대 인류학계에는 미국 인류학계를 중심으로 포스트모더니즘이 새로운 대안으로서 유입되었고, 그에 기초하여 《문화를 쓴다 Writing Culture》(클리퍼드 & 마커스 1986)로 대표되는 포스트모던 인류학이 대세를 이루고 있었다. 그것은 한마디로 '성찰적 전회'reflexive turn로 요약될 수 있는데, 내용을 개략적으로 살펴보면 다음과 같다.

브로니슬라브 말리노프스키 이래로 서구의 인류학자들은 자신들이 민족지로서 기술한 비서구의 '사회'나 '문화'가 객관적인 것으로 믿어 의심치 않았다. 하지만 에드워드 사이드의 《오리엔탈리즘》(1978)이 촉발한 포스트콜로니얼리즘에 의해 그러한 '객관적인 기술'이 '서구의 시선에 의한 비서구'라는 또 하나의 관점에 불과하다는 것이 판명되었다. 그에 따라 서구의 인류학자들은 자신의 주요한 연구방법론인 민족지적 기술$^{ethnographic\ description}$이 객관성에 대한 특권적이고 독점적인 지위를 누려왔음을 자각하고 그 위상의 재정립을 시도한다. 다시 말해 그들은 '민족지적 권위'$^{ethnographic\ authority}$(Stocking 1983; 1991)의 붕괴를 인류학의 위기로 인식하고, 민족지학자^{ethnographer}의 작가적 권위^{authorship}를 배제하고 독자를 민족지에 참여시킴으로써 '텍스트-작가-독자'(Tyler 1986: 132) 간의 상호작용 자체를 민족지의 의의로 삼고자 했다. 그 결과 민족지는 인류학자에 의한 현장의 '재현'^{representation}이 아닌 독자의 '환기'^{evocation}를 불러들이는 작가적 텍스트라는 장르적 성격을 새롭게 부여받았으며, 민족지를 통해 밝혀진 학문적 진리는 '부분적인 진리'$^{partial\ truth}$의 위상을 갖게 되었다.

스트래선은 1980년대 미국 인류학계를 휩쓴 이러한 포스트모던 인류학의 문제의식을 적극적으로 받아안는다. 그러나 그녀는 민족지를 텍스트라는 장르적 차원에 내맡기는 것으로는 당면한 인류학의 위기를 극복할 수 없다고 판단했다. 그래서 그녀는 '부분적인 진리'가 내포한 다원주의^{pluralism}에 충분히 공감하면서도 그에 안주하지 않고 한발 더 나아가 포스트다원주의$^{post-pluralism}$를 주창하게 된다. 이것이 이 책 제목이기도 한 '부분적인 연결들'을 스트래선이 구상하게 된 인류학적인 계기다.

2. 닫힌 전체에서 열린 부분으로

스트래선에 따르면, '성찰적 전회'로 요약되는 민족지의 텍스트화는 20세기 인류학이 당면한 과제를 해결할 수 없다.《문화를 쓴다》에서 보다시피, 포스트모던 인류학은 자신이 맞닥뜨린 위기를 극복하기 위해 스스로 텍스트라는 미학적 장르에 민족지를 내맡기는데, 그러다 보니 이번에는 민족지가 텍스트에 갇히고 만다. '성찰적 전회'가 서구적 시야의 한계를 한계로 인정하고 그 한계 너머의 다수성^{multiplicity}으로서 다원주의를 제기하지만, 진정한 의미에서 다수성을 구현하지 못하기 때문이다. 그녀가 보기에 포스트모더니즘의 다원주의는 논리적으로 전체가 상정된 다원주의다. 그래서 포스트모더니즘에 기초한 '성찰적 전회'가 탈중심화$^{de-centralism}$, 이질화^{heterogeneity}, 파편화^{fragment} 등등을 주제화한다 해도, 그것들은 반드시 전체 혹은 전체의 중심성으로 회수될 수밖에 없다.

물론 이러한 포스트모던 인류학의 '자가당착'은 인류학만의 문제가 아니다. 다원주의가 전체론으로 회수될 수밖에 없는 것은 근원적으로 인류가 이 지구상에 문명을 창출한 이래 전체론^{wholism} 속에서 세계를 구상하고 이해해왔던, 문명적 인간 본연의 사고방식에서 벗어나지 못하는 탓이다. 그렇기 때문에 포스트모던 인류학이 제기한 과제는 인류의 문명사를 관통하는 전체론을 파고드는 일이며 그 소진을 예기하는 일이다. 스트래선은 다원주의의 이러한 논리적 모순을 드러냄으로써 문명적 인간의 전체론적 사고가 이론적 설득력을 잃었음을 진단한다.

이 변화의 판결을 논할 여지는 이미 없다. 저울에 잴 만한 옳고 그름 따위는 존재하지 않는다. 단지 한때 설득력이 있었던 것이 더 이상 그럴 수 없다는 의미에서, 옳았던 옛것이 옳지 않게 되었을 뿐이다. 한때는 진짜 효과를 만들어내기 위해 작동했던 형식이 이제는 작동하지 않는다. (〈부분 1 미학, 부분 1 환기로서의 민족지〉, 이 책 81쪽)

특히《문화를 쓴다》에서 민족지적 권위의 붕괴를 민족지학자의 위상과 연관 짓는 것에서 알 수 있듯이, 인류학에서 세계를 '전체'로서 구상하고 이해하는 문명적 사고는 '현장연구자/인류학자'라는 인물상을 통해서 구현되어왔다. 이 인물상은 "소위 제보자라고 불리는 사람들보다도 '많이' 알게 되면서, 다수의 제보자들에 공통하는 사항에 관한 일반화된 정보를 이러저러한 사람들의 문화로서 모아낼 수 있"는데, 이것이 "가능해 보이는 것은 모든 것을 하나로 합칠 때 내가 독백을 읊조릴 때와 같이 나 자신을 단독의 인격으로 상상하기 때문이다."(78쪽) 즉 이 "단독의 총체적인 현장연구자/인류학자"(79쪽)는 '제3의 관점'으로 사고의 논리를 조직할 수 있는, 인간이 가진 자기의식self-conscious의 또 다른 이름이다.

다만 여기서 염두에 두어야 할 것이 있다. 이 인물상의 총체적인 관점이 인간의 신체적인 기능 확장에서 비롯되었음을 간과하지 않는 것이다. 17세기 유럽 광학기술의 발전으로 인해 인간은 시야의 규모를 조정할 수 있게 되었고, 현미경이나 망원경을 통해 조정 가능해진 시야의 규모는 오히려 시야 자체가 인간의 감각기

관에 의한 것임을 인지시켰다(Descola 2003: 61-62). 나아가 신체의
감각기관(수정체)과 그의 인공기관적 확장(현미경이나 망원경)은 인
간에게 개개의 시야를 뛰어넘는 '전체'를 제공함과 동시에 그러한
'전체'가 부분적일 수밖에 없음을 자각하게 했다. 스트래선은 이
에 대해 도나 해러웨이를 인용하여 다음과 같이 말한다.

> 해러웨이가 논하는 객관성^{objectivity}이란 초월성이 아니라 특정
> 하고 구체적인 신체화^{embodiment}에 관한 것임을 알 수 있다. 우리
> 가 그리는 세계의 상들은 신체기관과 인공기기의 능동적인 지
> 각 시스템에 의존한다. 그것들은 무한한 이동성과 호환성의 알
> 레고리는 아니지만, 해러웨이가 말하듯이 "정교한 특수성과 차
> 이의 알레고리이며, 다른 사람의 관점에서 충실하게 보는 법을
> 배우기 위해 사람들이 취하게 되는 애정 어린 배려의"(Haraway
> 1988: 583) 알레고리다. 이 관점에서 합리적인 지식은 이탈을 가
> 장하지 않는다. 즉 부분성^{partibility}은 주장을 듣고 행하는 입장이
> 며, 위에서 내려다보는 시선이라기보다 하나의 신체에서 비롯
> 되는 시선이다. 그러므로 모든 시각의 가능성은 상당히 구체적
> 이다. 해러웨이는 오직 부분적인 퍼스펙티브만이 객관적인 시
> 야를 보증한다고 단언한다. (《부분 2 정치, 부분 1 페미니즘 비평》, 이
> 책 118쪽)

스트래선은 이론적 효력을 잃은 전체론을 과감히 떨쳐내되,
전체론으로 회수되어버리는 다원주의의 전철을 밟지 않기 위해

20세기 페미니즘의 지난한 논쟁과 실천 속에서 등장한 해러웨이의 사이보그론을 가져와 부분성에 대한 자신의 이론을 정초해간다. 여기서 우리는 해러웨이의 사이보그론에 기초한 스트래선의 부분성을 이해하기에 앞서 잠시 그 맞은편에 놓인 데리다의 로고스 중심주의를 되짚어볼 필요가 있다.

데리다는 서구와 비서구, 남성과 여성을 대립시키면서 유럽 형이상학의 중심에 로고스가 있음을 비판적으로 논했다. 그의 논의에 따르면, 세계를 총체적으로 파악하려는 유럽의 형이상학은 초월적인 중심을 상정하고 있으며 이 중심을 음성이나 남근으로서 상상적으로 구축함으로써 자신의 '객관성'을 표방해왔다. 나아가 데리다는 이러한 유럽 철학의 로고스 중심주의를 넘어서기 위해 로고스의 탈구축을 시도한다(Derrida 1972).

이에 반해 해러웨이는 '객관성' 자체를 신체화함으로써 초월성으로 나아가는 길을 원천적으로 차단한다. 스트래선은 이러한 인공기관에 의해 확장되는 신체의 '객관성'이야말로 20세기 인류학을 막다른 길로 몰아넣은 전체론적인 비교분석의 관점을 넘어설 수 있는 관점이라 평하며, 사이보그론의 부분성을 비교분석의 새로운 관점으로 도입한다. 이 관점은 고른 균형과 배치를 의도하는 비교분석으로부터 도리어 끊임없이 인류학에 잦아드는 불균형의 감각을 그 자체로 놓아두는 것에서 발휘된다. 요컨대 부분성의 관점이란 비교분석의 지식을 자기완결적으로 닫아놓는 것이 아니라 그 속에 틈을 내어 끊임없이 파생-성장outgrowth 시키는 힘이다.

그래서 스트래선의 부분성에서 부분은 전체의 일부가 아닐뿐더러 그것과 전체와의 관계를 논할 필요도 없다. 전체를 상정하고 그 속에서 부분과 전체의 관계를 기술하는 형식으로서의 메레오그래피mereography를 대신해서 메로그래피merography라는 새로운 용어를 스트래선이 제안한 것도 전체로 회수되지 않는 부분 그 자체를 논하기 위해서다. 스트래선이 생물학 용어인 부분할meroblast과 그래픽graphic을 합하여 만들어낸 용어인 메로그래피는 부분들 간의 상호 관계를 주요하게 다룬다(M. Strathern 1992: 204-205). 아마도 전체론의 사고방식에 길들여진 우리로서는 부분을 부분들 간의 관계 자체로서 논하는 메로그래피의 사고방식이 낯설 수밖에 없고, 메로그래피의 이미지로서 "하나는 두 배가 된 하나인 둘을 포함한 것이고, 둘은 반이 된 둘인 하나를 분할한 것"(〈부분 1 문화들, 부분 2 커뮤니케이션〉, 이 책 215쪽)이라는 스트래선의 설명조차 수수께끼처럼 들릴 것이다. 하지만 이러한 부분성의 관점을 이해하는 것은 전체론의 닫힌 사고를 열 수 있는 열쇠를 우리 손에 넣는 것이다.

3. 연결/절단에서 생성되는 인류학

이 책이 등장한 덕분에 우리는 20세기 인류학이 맞닥뜨린 난관을 넘어서는 돌파구를 찾을 수 있을 것 같다. 전통적으로 서구의 인류학자는 비서구의 비교적 작은 인구집단에 대한 총체적인 기술을 시도해왔다. 그러나 이 인류학자는 자문화인 서구에 대해서는 총체적인 기술을 시도할 수 없었다. 자문화를 총체적으로 기술하기에는 고려해야 할 너무나도 많은 침입과 차단이 끼어들어 틈을 내고 잔여를 남기기 때문이다. 그래서 자문화를 연구하는 인류학자는 타문화의 연구대상과는 다른 관계성을 갈구하게 된다. 스트래선은 바로 이 같은 지점이 서구의 인류학자와 비서구의 연구대상 간의 관계성을 다시금 성찰하게 만든다고 지적한다. 인류학자가 자문화를 총체적으로 기술할 수 없음을 깨달을 때 그와 동시에 타문화에 대한 '총체적인 기술'이라고 한 그것은 과연 무엇이었는지를 되돌아보게 된다는 것이다.

비서구에서 서구 인류학자의 총체적인 기술을 방해하는 침입과 차단이 정말로 없었던 것일까? 스트래선은 반례로 파푸아뉴기니의 챔브리족이 행하는 입사식에 참여한 관광객들의 경험을 든다. 관광객들은 챔브리족의 입사식에서 조롱당하는 신참자와 마찬가지로 본의 아니게 그 조롱을 맛봐야 했다. 신참자에 대한 연장자의 지배력이 입사식 의례에 참여하는 관광객들에게까지 미친 것이다(〈부분 2 정치, 부분 1 침입〉, 이 책 142쪽, Errington and Gewertz 1989: 39 재인용). 어쩌면 '단독의 총체적인 인류학자'라는 인물상이 인류학 내부의 자성적 비판이 제기되는 1980년대까지 유지될 수 있었다는 것은 서구와 비서구의 관계가 그만큼 오랫동안 비대칭적이었음을 방증하며, 그러한 인물상이 학문적인 설득력을 갖지 못하게 되었다는 것은 서구와 비서구의 관계가 더 이상 비대칭적이지 않음을 말해주는 것일 수 있다.

그렇다면 서구의 인류학자가 '총체적인 인물상'을 단념하면서 자문화의 연구대상에서 갈구하는 관계성은 비서구의 연구대상에서도 마찬가지로 통용될 수 있다. 그리하여 그것이 서구든 비서구든, 자문화든 타문화든, 인류학자의 현장연구는 부분과 부분이 만나듯이 서로를 파생-성장시키는 앎 그 자체로 나아간다.

이와 같이 이 책의 부제이자 전반부의 제목인 '인류학을 쓴다'는 포스트모던 인류학의 '문화를 쓴다'를 지양함으로써 인류학의 새로운 연구방법론을 도출하고 있음을 시사한다. 서구의 인류학자는 비서구의 연구 지역을 단일한 사회나 문화로 보고 그것을 총체적으로 재현해왔다고 자부해왔지만, 실상 그것은 서구와 비서구가 부분과 부분으로서 만난 것이며, 인류학자는 다만 그러한 만남에 틈을 내고 그 속에서 생성된 인류학을 쓸 따름이었다.

'생성은 연결에 있고, 그러한 연결을 찾아가는 인류학자.' 스트래선은 이 책의 전반부에서 정립한 비교분석의 방법론에 입각하여 멜라네시아에 대한 자신의 민족지적 기술을 전개한다. 그녀는 멜라네시아의 완토아트에서 행해지는 입사식 의례의 조형물이 바다를 건너 마심 지방의 카누로 변형되고 나아가 파푸아뉴기니 고지대에 널리 퍼져 있는 남성 결사조직의 피리와 연결되고 있음을 기술한다. 여기서 주목되는 것은 인공물에서 인공물로 이어지는 흐름을 좇아 그 연결을 서술하는 방식이 이제까지와는 전혀 다른 비교분석의 민족지적 기술방식이라는 점이다. 또 이 인공물들 간의 연결과 그 흐름 속에서 그녀가 논하는 입사식 의례, 카누, 피리, 남자들의 오두막, 가면, 뜨개 자루, 나무 등등은 다양한 형상의 포섭과 확장의 움직임을 통해 반복적으로 제시된다. 이 같은 양상은 신체, 인공물, 자연이라는 이제까지 우리가 구획해왔던 구분을 흩뜨려놓는다. 이렇듯 신체, 인공물, 자연을 자유롭게 넘나드는 멜라네시아의 사회성은 그것들에 잠재되어 있는 생식력의 현실화로서 나타난다.

스트래선은 이 책 후반부에서 멜라네시아의 '부분적인 연결들'을 민족지적으로 기술한 다음, 로이 와그너Roy Wagner가 현장 연구한 뉴아일랜드의 우센 바록 의례를 가져와 자신의 이론을 더욱 정교화한다. 와그너는 우센 바록 의례에서 '땅'ground과 '형상'figure이 계속해서 반전되는 양상을 다뤘다. 돼지-열매를 나이 든 여자들로 변환시키는 우센 바록의 장례식 연회는 땅과 형상이 언제라도 서로 뒤바뀔 수 있는 가능성을 잠재하고 있으며, 형상은 땅에, 땅은 형상에 언제나 예기되어 있음을 말해준다. 그러면서도 땅과 형상은 상호절단에 의해 연결되고 이 연결은 다시 절단될 수 있고 절단된다. 땅과 형상은 각각의 스케일을 가진 고유한 배치로 존재하며, 그럼에도 불구하고 사이보그와 같이 인공기관적 확장을 통해 하나의 회로로 통합된다.

스트래선은 로이 와그너의 반전 인류학Reverse Anthropology을 경유하여, 멜라네시아 또한 절단을 통해 연결되고 있으며 그 연결은 사이보그의 회로망으로 통합되고 있음을 밝힌다. 후반부 마지막에 제시되는 멜라네시아 버전의 사이보그는 그녀 자신의 민족지에서 선보인 멜라네시아의 인공물들(사이보그론의 용어로 표현하면 인공기관적 확장물들)을 선명하게 부각시킨다. 다시 말해 인공기관적 확장이 서구의 근대적인 과학기술의 인공기기에 한정되지 않음을 그녀는 멜라네시아 인공물들 사이의 '부분적인 연결들'을 통해 논증한다. 그리고 독자들은 비로소 이 책 자체가 하나의 사이보그였음을 깨닫게 된다. 이 책의 특이한 형식은 변환(절단, 파생-성장, 연결)을 자기복제하는 칸토어의 지시어이기도 하다.

나아가 스트래선은 와그너가 기술한 바록 의례에서 실연되는 땅과 형상의 반전에서, 그 배후에 있는 배경background을 파고든다. 그녀는 이 배경에서 멜라네시아 사회성의 형식form을 찾아낸다. 멜라네시아 사람들은 '땅과 형상'을 한쌍으로 내포하는 다양한 인격과 관계성을 다시 땅으로 반전시키고, 또다시 각각의 형상으로 만들어낸다. 이런 식으로 멜라네시아의 형상은 우리 자신의 배경이 된다. 그리고 이 책에서 멜라네시아의 형상이 서구의 땅을 이루고 서구의 땅이 멜라네시아의 형상을 이루듯이, 전반부의 '서구'과 후반부의 '멜라네시아'는 절단에 의해 더욱 강하게 연결된다. 인류학자란 그러한 연결/절단에 틈을 내는 자이며, 이 틈을 통해 각각이 서로에게 형상 혹은 땅이 되어주게 만드는 자다. 마침내 멜라네시아의 퍼스펙티브를 통해 인류학은 또 하나의 땅 혹은 형상을 얻었다. 요컨대 스트래선이 말하는 비교분석이란 사이보그적인 확장을 통해 새로운 양상을 현전시키는 민족지적 실천이다.

4. 21세기 현대 사상의 최전선에서

우리가 지금 목격하듯이 《부분적인 연결들》이 발단이 되어 '존재론적 전회'ontological turn라는 인류학의 거대한 이론적 흐름이 만들어졌다. 그리고 이 '존재론적 전회'는 현대 사상의 최전선에 있다. 그러므로 향후 인류의 지식이 어떻게 전개될 것인지에 관심을 갖고 '존재론적 전회'에 주목하는 사람들에게 이 책은 필독서가 분명하다.

스트래선이 말한 것과 같이 전체론적 사고는 수명을 다했다. 지난 세기까지 지식은 세계의 전체론적 모델을 문제 삼았다. 즉 세계가 '전체'로서 선험적으로 존재한다는 것을 상정하고 그 세계가 어떠한 것인지를 아는 것이 지식이었다. 그런데 이제 세계와 지식은 전도되었다. 세계는 저마다의 지식 속에 있으며 지식 또한 저마다의 삶 자체라는 '앎'이 점차 힘을 얻고 있다. 우리는 저마다 세계를 구축함과 동시에 그 세계에 관여하고 있다. 과거에는 인간과 비인간, 사람과 사물, 자기와 타자 등으로 무수하게 구획된 것으로서 세계를 인식해왔지만, 그러한 구획된 세계는 주어진 것이 아니라 우리의 앎 속에서 제각각 구축된 것이다. 이에 따라 앎의 과제는 우리가 세계를 어떻게 구축하고 있으며 또 앞으로 어떻게 구축할 것인지를 아는 것이 된다. '존재론적 전회'가 "지식 운동"이라고 불리는 이유가 바로 여기에 있다.

세계는 주어진 것이 아니라는 이 앎의 감각은 세계의 어느 것도 고정불변의 위치를 갖지 않는다는 앎의 감각[1]과 공명하며 코페르니쿠스적 발상을 역전환한다. 즉 세계의 위치가 고정불변하지 않다면 세계를 구축하는 저마다의 앎이 고정불변하지 않은 세계를 고정불변하게 떠안을 수밖에 없다. 그렇지만 인간은 유한한 존재이고 세계 또한 그와 마찬가지라는 것을 안 이상, 유한한 세

16

계에서 고정불변한 것은 애초에 불가능할뿐더러 고통스러운 꿈이기에 우리 인간은 그저 각자의 세계에 갇힌 채 한시적인 에로스를 통해 그 고통을 잠시 잊으려 한다. 이처럼 '고정불변한 세계가 있고 우리는 그 세계의 어디에 위치할 것인가?'라는 물음이 우리의 앎 자체로 되돌아올 때, 스트래선은 각자의 세계에 갇혀 산발적으로 흩어지는 대신에 '그 무수한 세계들이 어떻게 관계하고 있으며 관계할 것인가?'를 되묻는다. 왜냐하면 무한하기를 바라면서도 그럴 수 없는 저 유한한 존재들이 에로스를 불태우며 스스로를 소진시키는 것만으로는 미래 인류를 위한 지식의 소임을 다할 수 없기 때문이다.

20세기 인류는 21세기 인류에게 수많은 과제를 안겨주었다. 브라질의 인류학자인 비베이루스 지 카스트루가 2014년 메릴린 스트래선 연례강연에 헌정한 논문인 〈누가 존재론적 늑대를 두려워하는가?〉[2]에서 말했듯이, 21세기의 생태적 위기와 그것에 변증법적으로 얽혀 있는 경제적 위기는 20세기의 인간중심주의human-centralism가 세계를 종말로 이끌지 모른다는 우려를 학문적인 가능성으로 검토하게 만들었다. 또 독일의 철학자인 마르쿠스 가브리엘은 21세기의 자본주의는 마르크스가 《자본론》을 저술했을 때의 약 150년 전 자본주의와는 완전히 다른 자본주의라는 것을 명심해야 하고 구태의연한 사고방식으로는 21세기 인류 앞에 놓인 산적한 문제들을 결코 해결할 수 없다고 역설한다. 그의 말따나 신자유주의의 확산에 따른 부의 극단적인 양극화와 대량실업 사태, 환경파괴의 가속화와 자정 능력의 상실, 동물권의 환기, 이민

자, 난민, 성소수자, 여성 등의 약자들에 대한 혐오감정의 세계적인 확산, 테러의 일상화 등등 이루 헤아릴 수 없는 문제들이 인간은 물론 지구상의 모든 생명체의 생존을 위협하고 있다.

　이제는 학계가 더 이상 '직업으로서의 학문'(Weber 1918)의 외피를 두른 채 세상의 변화로부터 자기를 보호하는 데에만 급급해서는 그 역할을 다할 수 없는 때가 온 것 같다. 아니 지식 자체가 근대적 학문의 형식에서 자유로울 때가 된 것 같다. 어디까지나 앎은 삶의 문제이고 삶은 앎의 문제이며, 이 앎과 삶의 관계는 학문의 심급이 아니던가! 그나마 여타의 사회과학계와 달리 인류학계에서 시대의 변화를 읽어내고 새로운 학문적 지형을 구축하며 21세기 사상의 전환을 이끄는 '존재론적 전회'가 출현할 수 있었던 것은 무엇보다 '현장연구'라는 방법론을 견지해왔기 때문이다. 다시 말해 근대적 지식으로 설명되지 않는 다양한 삶의 '현장'을 목격한 인류학은 그 '현장' 속에서 지식의 세기적 전환을 선도할 수 있는 학문적 자양분을 섭취해왔다. 그렇게 '너머'의 다양한 앎과 삶을 학문의 영역으로 끌어들였던 인류학의 방법론이 21세기 미래 인류의 사고를 설계하려는 바로 이때 진가를 발휘하고 있다. 현재 '존재론적 전회'의 인류학은 남아메리카, 아프리카, 북유럽, 일본 등을 위시하여 세계 각지의 다양한 사고를 지식의 장으로서 논하며 미래 인류의 혜안을 탐색하고 있다. 이 책을 통해 새로운 지식을 갈망하는 사람들이 '존재론적 전회'의 지식실천에 함께할 수 있기를 간절히 바란다.

이 책이 나오기까지 많은 사람들의 도움을 받았다. 초벌 번역본을 함께 읽어주고 번역어의 적절한 선택 등을 비롯해서 교정과 오역을 잡아준 동료 연구자들이 있다. 김태우, 김관욱, 안지영, 정헌목, 이길호, 박동수, 구민석, 온동훈은 앞으로도 한국의 '존재론적 전회'의 길을 나와 함께 걸어갈 사람들이다. 이 지면을 빌려 감사의 인사를 올린다. 또 서울대 인류학과 대학원생들의 강독 모임인 '존재론의 자루' 구성원들 또한 번역본을 읽어주고 비문을 바로잡아주었다. 김수진, 김지혜, 손성규, 이경빈에게 진심으로 감사하다. 마지막으로 출간 작업을 맡아준 출판사 오월의봄에도 고마움을 전한다.

2019년 8월
차은정

M. F. D에 바친다

이처럼 위대한 아이디어는 널리 알려질 가치가 있고, 그러므로 모든 수준에서 접하게 해야 한다.

마이클 베리Michael Berry:《타임스 고등교육 보충교재The Times Higher Educational Supplement》에 실린 카오스 수학에 관한 이언 스튜어트 Ian Stewart의 저작에 관한 논평(30-vi-89). 위대한 아이디어란 물리 법칙이 그 자체의 예측불가능성 혹은 간헐성의 효과를 포함하고 있다는 발견을 말한다.

차례

시놉시스: 칸토어의 먼지*

인류학을 쓴다	미학	환기로서의 민족지	환기	재현과 환기
				미학적인 막다름
			여행	반-미학적인 단절
				숨겨진 형식
		복잡한 사회, 불완전한 지식	귀환한 자	복잡한 과거
				코즈모폴리턴
			장소에 놓이다	마을들을 공유하다
				난처한 존재들
	정치	페미니즘 비평	목소리	이익집단
				부분적 참여자
			신체	하나는 너무 적지만 둘은 너무 많다
				숨겨진 확장
		침입과 비교	침입	지배의 기술
				횡-문화적인 막다름
			비교	비교분석을 위한 단위
				부분적인 연결들
부분적인 연결들	문화들	나무와 피리는 차고 넘치고	나무들	수직
				수평으로의 전환
			피리	이미지의 막다름
				수준과 맥락
		중심과 주변	예기-제거	예표
				형식을 끌어내다
			커뮤니케이션	복합적인 지식
				수출과 수입
	사회들	역사비평	역사	교역과 전달
				정보를 잃다
			진화	미래로 향해가는 지도자들
				관계의 정교화
		인공기관적 확장	부가	부분적인 설명
				절편과 전체
			사이보그	칸토어의 먼지
				인류학을 쓴다

* 시놉시스로서 칸토어의 먼지는 이 책의 구성기법이다. 이 책은 전체적인 내러티브를 좇지 않으며, 끊임없이 자기복제되며 파생-성장하는 칸토어의 지시를 따른다.—옮긴이

인류학을 쓴다

이 책의 내러티브는 내러티브에 관한 질문의 응답으로서 조직되었다. 내가 바란 것은 최근 민족지에서 글쓰기와 재현에 대한 인류학적 접근의 변화를 특징짓는 다양한 '입장들'에 독자들을 서게 하고, 이를 통해 멜라네시아에 관한 횡-문화적인$^{cross-cultural}$ 비교 가능성을 재고하는 입장을 만들어내는 것이었다. 그런데 이 작업을 제대로 구분하려면 이론과 비교 둘 중 어느 한 차원에 치중하는 수밖에 없어 보였다. 이론적인 서설이 비교의 논제를 위한 도입처럼 보일 수 있고, 아니면 후자가 단지 전자의 부록처럼 보일 수 있다. 이론이 분야 전체에 관여할 수 있는 한편, 비교는 세계의 작은 지역에만 관심을 갖는다. 이와 반대로, 이론이 탐구를 위한 특정 도구에 초점을 맞추는 한편, 비교에서는 구체적인 데이터가 현실적인 전체성과 함께 제공될 수 있다. 그럼에도 이론과 비교는 둘 다 똑같이 복잡한 논쟁의 대상이 될 수 있다.

이 균형의 문제는 인류학자가 그녀/그가 가진 자료의 복잡성과 대면할 때에도 나타나기 때문에 탐구할 가치가 있어 보인다. 내러티브만의 성패가 달린 문제가 아니다. 논쟁적 실행의 문화를 검토하는 것은 문화가 실천되는 방식을 비교하는 논의로 우리를 이끈다.

⁂

복잡성은 민족지와 비교라는 두 기획 모두에 내재한다. 인류학자는 현상의 사회적·문화적 함의를 구체적으로 드러내는 데에 관심을 갖는다. 그렇지만 이를 위해서는 그 함의가 가시화될 만큼 복잡성을 단순화해야 한다. 요소들 간의 복잡한 연관을 나타내는 것, 곧 기술^{description}의 목적으로 보이는 그것은 기술을 덜 쉽게 만들기도 한다.

흔하고 집요하게 반복되면서도 흥미로운 몇몇 문제는 인류학적인 자료를 어떻게 조직화할 것인가에 있다. 여기서 조직화라는 말은 관찰자가 자료를 어떻게 대조분석하고 체계화하는지 그리고 행위자들이 그들의 삶을 드러내는 방식에서 대조분석과 체계화가 어떻게 이미 이뤄진 것처럼 보이는지의 둘 다를 가리킨다. 내가 주목하는 이 문제는 인류학자들에게는 너무 흔해서 대개는 고민거리도 되지 않는 문제군 중 하나다. 제 스스로 해소될 것처럼 보이기 때문이다. 그러한 문제는 스케일[1]이 만들어놓은 것이고, 그러므로 스케일의 조정에 의해 해결되어야 한다는 것이다.

따라서 어떤 관점에서 보면 복잡성에 관한 질문은 단순히 스케일에 관한 문제인 듯하다. 가까이 다가갈수록 사물은 더 상세해진다. 한 차원(렌즈의 배율)이 증가하면 다른 차원(데이터의 상세함)이 증가한다. 예를 들어 멀리서는 흥미롭게 보이는 비교에 관한 질문을 조금 더 가까이 다가가서 검토하면, 그것은 여러 부수적인 (그리고 아마도 더 흥미로운) 질문들로 파편화될 수 있다. 그에 따라 복잡성은 제기된 질문의 인위적인 산물로 인식되기도 하며, 그와 마찬가지의 이유에서 구획된 경계의 인위적인 산물로 인식되기도 한다. 요컨대 질문이 복잡해지면 답도 복잡해진다. 가령 멜라네시아 전체를 훑어가며 입사식initiation2 실천의 유무를 따져보는 일에 구미가 당길 수 있다. 그런데 다음으로 일련의 특정 의례를 살펴보기 시작하면, '입사식'은 단일한 현상이 아니라는 것이 명백해지고, 다양한 입사의례들 간의 격차는 해당 실천의 유무만큼이나 큰 것으로 나타난다. 스케일의 효과에 의해 이 모두가 특별히 주목할 만한 것은 아니라고 느낄 수도 있다. 그러나 실제로는 인류학자가 문제시되는 현상을 이해하려 할 때에 맞닥뜨리는 몇몇 어려움이 바로 이 스케일의 효과에 의한 것이다.

복잡성의 **증가가능성**—고려해야 할 '더 많은' 것들이 항상 잠재해 있다는 것—에 대한 인식은 여하간 비교의 유용성에 대한 암묵적인 회의론에 기여한다. 그러나 인류학자들은 복잡성이라는 이 감각을 외부의 도움 없이 스스로 만들지 않는다. 그들의 인류학은 다원주의 및 목록화enumeration라는 관념에 열성적인 문화적 환경 속에서, 또 앎의 대상을 끝없이 증식시키는 내적인 능력과 함께 발전해왔다.

서구[3]의 다원주의에 대한 문화적 설명은 다양성의 감각과 현상의 복잡성 증가의 감각 이 둘 모두가 관찰의 스케일 변화에 의해 어떻게 만들어지는지를 다루고자 한다(M. Strathern 1992). 여기서 스케일을 변화시킨다는 것은 인류학자들이 자료를 조직화할 때에 으레 하던 대로 현상에 대한 하나의 퍼스펙티브[4]에서 또 하나의 퍼스펙티브로 전환한다는 것을 뜻한다. 이 전환이 가능한 것은 세계가 자연적으로 여러 실체들—다수의 개체들, 부류들, 관계들—로 구성되어 있다고 하는 자연관a modelling of nature 덕분이다. 그리고 이때 그 구성요소들의 특징은 분석적 도식에 기초하여 언제까지나 **부분적으로** 기술될 수밖에 없다고 간주된다. 그리하여 단일 사례로는 현상 전체가 가진 본래의 특징을 파악할 수 없다는 것을 뻔히 알면서도 이론적인 고찰을 위해 입사식 의례의 두세 가지 요소를 채택하는 우리 자신의 모습을 상상하게 된다. 여전히 그 외의 퍼스펙티브들이 남는다. 이는 종種의 분류에 관한 오래되고 낯익은 문제의 한 판본이다.[5]

서구인이 사물에 대해 입장을 취하는 방식에는 적어도 두 가지 층위의 퍼스펙티브가 쉽게 식별 가능하다. 하나는 개별적이고/이거나 중첩된 영역들 혹은 체계들 사이를 이동하는 관찰자의 기능이다. (이를테면) 의례적인 교환의 경제적 분석으로부터 정치적 분석으로 이동하는 것이다. 다른 하나는 현상의 규모를 바꾸는 기능이다. (이를테면) 단독의 거래로부터 다수의 거래로, 혹은 단일 사회 내의 거래로부터 다수의 사회들 사이의 거래로 현상의 규모를 바꾸는 것이다. 이 층위들은 그 자체로 뚜렷하게 구분된다. 다른 퍼스펙티브가 존재한다는 것을 안다는 것에서 오는 상대화의 효과는 관찰자에게 어떤 접근도 항상 부분적일 뿐이고 현상은 무한히 증식될 수 있다는 항상적인 감각을 심어준다.

그렇다면 첫째, 인류학자가 탐구 영역들 사이를 이동할 때에 실체들 간의 관계 및 연결은 새로운 배치^{configuration}로 나타날 수 있다. 가령 인류학자는 의례적 교환의 정치적·경제적 차원으로부터 연행과 의례의 측면으로, 혹은 입사식 실천에 담긴 유사성으로 관점을 전환하기도 한다. 둘째, 그 자체로 존재하는 일련의 정보들은 고려 대상인 실체들의 전체 수를 늘리는 것만큼이나 개별 부분들의 세부적인 것을 확대할 수 있는 가능성으로부터도 증식된다. 따라서 입사식의 순서^{sequence}가 펼쳐지도록 시야의 배율을 높여 모든 세세한 의례 행위를 고찰하든지 간에, 아니면 파푸아뉴기니만을 놓고 지금까지 정성스레 기록된 수십 가지의 사례에서 그러한 실천을 마찬가지로 시야의 배율을 높여 고찰하든지 간에, 스케일의 변화 자체는 정보의 승수효과$^{the\ multiplier\ effect}$를 낳는다. 셋째는 아마도 현상들 간의 관계를 '복잡하게' 보이도록 만드는 다음의 부수적인 능력일 것이다. 즉 하나 이상의 스케일을 동시에 지각하는 능력 그리고 개개의 행위들로부터 의례로, 몇 가지 의례들의 비교로부터 그 의례들에 공통하는 요소의 예증으로, 개개의 제도들로부터 그것들의 편제로 이동하는 능력이다. 복잡성은 다른 층위의 퍼스펙티브에서도 파악 가능한 요소들의 층위배치^{ordering} 혹은 구성^{composition}에서 문화적으로 명시된다.

스케일의 전환은 정보의 승수효과를 창출할 뿐만 아니라 정보의 '손실' 또한 창출한다. 이를테면 사회화에 관한 일반적인 설명이 사춘기 통과의례^{puberty rite}에 대한 묘사를 대신할 때, 각기 다른 유형의 데이터가 서로를 대체하는 것으로 나타나기도 한다. 여기서 정보의 손실은 조사 당시의 초점이 어디에 있든지 간에 세부사항 혹은 특정 범위가 가려져 보이지 않는 양상으로 나타난다. 이것은 현미경이나 망원경을 통한 시야의 변경에서와 마찬가지로 영역의 변경에서도 일어날 수 있다.

그렇지만 스케일이 전환되고 있다는 것을 안다 해도 그 안에 불균형의 감각이 스며드는 것은 어찌할 수 없다. 인류학자들이 서로 근시안적이라거나 과하게 끌어모은다고 비난할 때처럼 이 감각 자체는 때때로 어떤 절망을 실어 나른다. 개별의 사례들도 광범위한 일반화도, 민족지만으로도 분석만으로도, 배꼽도 지구도[6] **충분치** 않은 것 같다. 그런데 무엇에 대해 충분치 않다는 것일까? 아마도 분석하고 일반화하고 해설하는 지적 능력에 대해, 간단히 말해 기술^{description} 활동에 대해 충분치 않다는 것이리라.[7] 이와 마찬가지로 논문과 이론 등의 최종적인 성과물은 결코 그것을 만들어내는 노동에 대해 충분치 않은 것 같다. 개념화하는 능력은 그것이 생산하는 개념을 능가한다고 말할 수 있지 않은가?

스케일의 변화 자체가 만들어내는 것처럼 보이는 이 문제를, 더 창출할 때에 또한 덜 창출한다는 퍼스펙티브의 전환 문제로 다시금 검토해보자. 실제로 세상을 바라보는 새로운 스케일에 맞춰서 정보가 상실되고 그만큼의 새로운 정보가 획득된다면, 정보의 '양'은 그대로라는 것은 자명한 사실이다. 파푸아뉴기니의 고지대 남부에 모여 사는 올라^{Wola}의 휴대 가능한 공예품들을 잘 정리한 폴 실리토(Paul Sillitoe 1988)의 기가 막힌 개요서는 사회 전체를 다룬 표준적인 논문의 분량과 맞먹는다. 달리 말해 어떤 스케일일지라도 분류, 구성, 분석, 판별 같은 지적인 조작이 데이터에 대해 행해져야 한다. 퍼스펙티브의 변화가 완전히 새로운 세계를 드러내는 것과는 별개로, 지적인 활동의 '동일한' 좌표가 소환된다는 것이다.

시야의 규모는 간단한 보기 하나를 제공한다. 자세히 관찰된 한 가지가 멀리서 관찰된 수많은 것들만큼 까다롭게 느껴진다면, 까다로움 자체는 그대로 남는다. 멀리서는 요소들의 다원성^{plurality}을 이루는 것처럼 보이는 각각의 단일 요소가 실은 자세히 들여다보면 포괄적인 처치가 필요한 유사 다원성으로 구성되어 있음을 알 수 있다. 파푸아뉴기니의 고지대와 저지대를 대조하려면, 고지대의 동부와 서부, 고지대 남부와 파푸아 산, 그리고 그 사이의 모든 변이를 고려해야 한다. 이 스케일링^{scaling}은 관습적으로 마치 분절적인 동족 체계나 계보를 다룰 때와 같이 일종의 분기^{branching}처럼 상상되어왔다. 이 속에서 더 포괄적이거나 시간상 더 먼 층위는 파생적이거나 시간상 더 가까운 층위를 내포한다. 그러나 스케일 전환에 관한 흥미로운 특징은 더 크게 혹은 더 작게 집단들을 무한히 분류할 수 있다는 점에 있는 것이 아니라 모든 수준에서 복잡성이 세부적인 스케일로 스스로를 복제한다는 점에 있다. 정보의 '동일한' 층위는 반복적으로 나타나면서 그에 맞먹는 복잡한 개념화를 이끌어낸다. 우리는 관념과 개념이 상호 성장한다고 생각할 수 있지만, 각각의 관념은 최종의 주름지고 뒤얽힌, 그 자체의 차원을 가진 완결된 우주로도 나타날 수 있다.

이것은 중첩되는 차원의 문제로 바꿔 말할 수 있다. 말하자면 세부적인 것의 규모가 증대해도 정보의 양은 변하지 않는다.

정보를 총계나 수량으로 상상하면서 제기되는 균형에 관한 질문은 이번에는 횡-문화적인 비교 실천에 관한 질문을 제기한다. 우리는 지금 자기영속적인 복잡성의 이미지를 다루고 있다. 나는 이 이미지의 몇 가지 측면을 다양한 인류학적인 논의와 관련지어서, 그리고 멜라네시아의 문화들과 사회들에서 인식되는 다양성과 관련지어서 탐구할 것이다. 그러나 이미지는 완전히 자기영속적이지 않다. 인류학은 20세기 후반에 이미 세계에 대한 다원적인 인식에서 포스트다원적^{postplural}이라고 부를 만한 인식으로 옮겨갔다. 이 책 또한 저 이행을 모방한다. 무수한 퍼스펙티브들이 만들어내는 정보의 승수효과에 대한 자각은, 어떤 퍼스펙티브도 그것이 상정한 것과 달리 총체적인 전망을 제공할 수 없음을 감지하게 되는 대체효과로 이어진다. 포스트다원적인 인류학은 시야의 원근조정을 멈추게 한다.

*
**

지식과 탐구의 대상에 대한 퍼스펙티브의 조직화로서 스케일은 그것이 어떤 것일지라도 똑같이 작용한다(라고 누구는 말할지도 모른다). 한 스케일상의 몇몇 점들은 각기 다른 전체 스케일인 것처럼 작용할 수도 있다. 내가 보여주는 두 가지 층위(영역 설정^{domaining}, 규모 설정^{magnification})는 일련의 내부 측정치를 산출하고 그에 따라 현상의 스케일을 변화시킬 수 있는 좌표를 산출한다. 그러나 인간의 일반적인 인지과정의 부속물로서 이 층위들은 제 스스로 마치 한 스케일상의 수많은 점들처럼 행동한다. 따라서 전개되는 다양한 종류의 지적 활동의 측면에서 보면, 이를테면 우리는 분석과 설명을 엇바꿀 때에 퍼스펙티브의 또 다른 층위나 차원을 추가하기도 한다. 이러한 특정 조합의 퍼스펙티브들은 하나의 퍼스펙티브(기술활동)를 제공하는데, 이 퍼스펙티브에서 다른 두 퍼스펙티브(영역 설정과 규모 설정)가 나타난다. 그러므로 영역 설정과 규모 설정은 기술^{description}이라는 행위 속에서 다양한 정보 세트들 간의 관계의 이미지 묘사가 어떻게 전개되는지를 자기의식할 때에 비로소 명확해진다. 횡-문화적인 비교는 모든 기술활동의 전형적인 본보기다.

이 책의 저간에 깔린 것은 비교가 무엇을 필요로 하는지에 대해 반복적으로 회귀되는 가정이다. 그것(비교가 필요로 하는 것)은 첫째, 특정한 사례들로부터 일반화를 이끌어내는 능력이다. 둘째, 차이점들 중 어떤 것이 흥미로우며 또 어떤 것이 그렇지 않은지를 보여주는 능력이다. 셋째, 자료에 대해 추상도가 더 높거나 더 낮은 명제를 제공하는 능력이다. 공간적인 층위 배치로 간주되는 이러한 진술들은 문자 그대로 지리언어적인 격자에 적용될 수 있다.

이 격자는 마치 개개의 문화들 및 사회들 간의 관계를 나타내는 수없이 다양한 지도상의 공간영역에 대응하는 것 같다. 일반화는 장소들 localities 과 지역들 regions 로 이뤄지는 영역 배치의 특성을 취할 수 있다. 그리하여 일반화가 지역과 같다면, 차이는 사회적인 분할과 같다. 그리고 추상도가 더 높거나 더 낮은 명제는 가깝고 먼 거리의 이미지를 작동시킨다. 일찍이 앤 샐먼드(Ann Salmond 1982)가 지적했듯이 지도화 mapping 는 분석적 실행의 강력한 이미지다. 즉 그것은 영역화와 규모화 둘 다의 효과를 갖는다. '수준'이라는 구어적인 표현은 이 둘을 결합시킨다.

추상도가 더 높거나 낮은 진술은 보통의 지역과 하위지역 외에도 분절적인 분류나 계보에서의 수준으로 나타날 수 있다. 분류법 taxonomies 은 종종 개념의 분기나 양분 bifurcating 같은 도해를 통해 이해된다(Thornton 1988a). 여기서 일종의 유전적 관계가 선조와 후손의 이미지 안에 함축된다. 유형이 세분되는 것으로서 인식될 때와 같이, 덜 추상적인 개념은 더 추상적인 개념으로 수행된 조작의 결과로 나타난다. 변별된 '세대'에 따라, 포섭과 배제의 규칙이 전체 도식을 만들어내는 원리와의 관계 속에서 어느 한 요소의 장소(수준)를 결정한다. 따라서 이러한 도식은 유전적인 흐름에 의해 닫힌다고 말할 수 있다. 개념의 성분분석을 행한다는 것은 각각의 단위를 한 영역의 일부로 만드는 원리를 적용한다는 뜻이다. 하나의 친족용어는 친족용어라는 분류집합의 한 원소처럼 나타난다.

지세도 地勢圖 그리고 두 갈래로 나뉘는 가계도라는 두 이미지 모두 어떤 항상성을 함의한다. 전자는 마치 하늘에서 내려다본 수

많은 마을이나 들판처럼 아무리 모습이 바뀐다 해도 여전히 특정 가능한 중심점이나 구역이 존재함을 암시한다. 변한 것은 관찰자의 퍼스펙티브일 뿐이다. 후자는 어떤 종류의 폐쇄성을 암시하는데, 이 폐쇄성은 그것(가계도)이 시작할 때의 원리에서 비롯된 특정 궤도만이 '유전적으로' 가능한 만큼, 개념 체계와 그 내부의 잠재적 변환의 한계를 규정한다. 한편으로는 동일성의 특징을, 다른 한편으로는 폐쇄성의 특징을 지정하는 것은 그렇게 제한된 현상에 상대적인 스케일을 제공한다.[8] 그러나 동일성과 폐쇄성에서 그어느 쪽의 확실성^{certainty}도 횡-문화적인 실행 자체의 과정 중에는 종종 증발한다.

멜라네시아의 최근 사례를 떠올려보자. 개개의 사례들을 면밀하게 조사해서 종합적인 배치를 산출하려고 하면, 중심부에 고정적으로 배치할 수 있는 것이 아무것도 없다는 혼란스런 상황을 맞닥뜨리게 된다. 지도는 존재하지 않고 만화경같이 한없이 뒤바뀌는 치환만이 있을 뿐이다. 이러한 통찰은 예를 들어 같은 해에 발표한 프레드릭 바스(Fredrik Barth 1987)와 다릴 페일(Daryl Feil 1987)의 연구를 관통한다. 그들은 파푸아뉴기니의 두 부분(오크 산과 중앙 고지대)의 분명 연결되어 있으면서도 차이화된 일련의 사회들을 해명하는 작업에 착수했다.[9] 한편 일정한 원리를 적용해서 사회의 유형을 산출하려는 시도 또한 도중에 증발할 수 있다. 예를 들어 상호거래의 조직화에, 나아가 그레이트맨이나 빅맨[10] 같은 지도자의 역할에 영향을 미치는 호혜성의 원리는 한 줌의 사례들을 효과적으로 변별해내는 것처럼 보일 수 있지만(Godelier

1986), 이 변별화가 반드시 그와 같은 '수준'에서 유지되는 것은 아니다. 그 후속 연구에서는 사회들의 군집 전체를 근본적으로 구별해주는 원리가 그것들 내부에서 자기복제되고 있음을 밝히고 있다(Godelier and Strathern 1991). 결과적으로 관찰자에게 파푸아 산의 바루야를 중앙 고지대의 하겐과 구별해주는 것은 일라히타[Ilahita]의 한 정착촌에 사는 아라페시[Arapesh] 형제들 중 형과 아우를 구별해주는 것으로도 나타난다(Tuzin 1991).

　　이러한 관찰에 불균형의 감각이 들러붙는다면, 그것은 다음의 두 가지에서 유래한다고 할 수 있다. 하나는 이런저런 사회/문화에서 특정한 가치나 특징이 차이화된 중심성을 갖게 되는데, 그것이 보다시피 무작위적이라는 것이다. 다른 하나는 다양한 사회들/문화들에서 동일한 가치나 특징이 전혀 적절치 않은 수준에서 나타나는데, 그 방식이 당혹스럽다는 것이다.

　　첫 번째에서 차이화된 초점이나 관심은 분석의 영역을 가로지르며 나타난다. 두 번째에서 현상의 반복은 맥락의 규모를 중시하지 않는다. 요컨대 현상은 스케일링을 벗어나는 것처럼 보인다. 인류학자가 자신의 데이터를 체계화해서 모델로 만들기 위해 엄청난 노력을 기울였음에도 불구하고 위의 과제를 해결하지 못했다는 것을 상기해보면, 어느 쪽도 대충 얼버무릴 문제가 아님을 알 수 있다. 오히려 위의 과제 자체는 하나의 문화현상으로서 상당한 흥미를 유발한다. 각각을 차례대로 간략히 논해보겠다.

　　인류학자가 자기 데이터에 행사하는 통제의 대부분은 자신이 채택한 관점을 편들고 대체의 퍼스펙티브를 제거하는 데에 있다. 그리하여 결국 바스(1987)와 페일(1987)은 각각 배타적인 일련의 요인들을 집중적으로 다룬다. 바스는 오크 산 사람들의 종교적인 신념을 분석의 중심에 놓고, 페일은 중앙 고지대에서 부의 축적을 위해 구사되는 생산전략을 분석의 중심에 놓는다. 그러나 이 민족지학자들의 각기 다른 선택지는 그 둘 사이에 불균형의 감각을 불러일으킨다. '종교'와 '경제'가 분석의 영역이라면, 그것들의 지위, 즉 적용가능성은 데이터에 독립적일 수밖에 없기 때문이다. 분석자는 그것들을 써먹거나 써먹지 않을 따름이다. 이런저런 사회에서 이런저런 것들이 '더 많다'거나 '더 적다'고 가정하는 것은 논리에 불과하다. 그러나 종종 이러한 가정이 사회적·문화적 경관의 다양한 특징들 간의 인식된 불일치에 내포된다. 분석의 영역은 지역적인 활동에 의해 해명되는 것으로 간주되고, 일부는 다른 일부보다 세부적인 것들을 더 많이 보여주는 듯하다. 그렇게 해서 오크 산의 경우 종교적 실천은 무수한 변이를 제공하면서도 부의 생산에 관해서는 그렇지 않은 식으로 지역의 사회들을 변별한다.

바로 이때, 즉 관심의 정중앙이 흔들릴 때 불균형이 발생한다. 한 사회군에서 중심적이거나 결정적인 것이 다른 데에서는 부수적이거나 주변적인 것으로 나타나기도 한다. 그 결과 한 집단에서 사람들이 자신의 삶의 주요 관심사로 생각해왔던 것과 다른 집단의 사람들이 그렇게 생각하는 것 사이의 연결이 끊기거나 약화된다. 이를테면 여기는 토지보유권의 문제, 저기는 신화의 문제라고 하듯이, 행위자들의 관심사는 인류학자들의 관심사만큼 균형을 벗어난 것처럼 보일 수 있다.

새로운 퍼스펙티브가 도입된다 해도 균형이 반드시 회복되는 것은 아니다. 퍼스펙티브라는 관념은 다양한 스케일—유기체에서 세포를 거쳐 원자적 입자로, 사회에서 집단을 거쳐 개인으로—사이를 옮겨 다닐 때마다 완전히 참신한 정보군과 만날 수 있음을 시사한다. 그런데 스케일에 상관없이 비슷한 데이터군 혹은 패턴이 표면적으로 되풀이되는 상황에서는 불균형의 감각이 더욱 심해질 수 있다. 레나 레더먼^{Rena Lederman}이 고지대 남부의 멘디^{Mendi} 사회에서 개인들 간의 교환 파트너십과 씨족집단들 간의 관계의 결합을 고찰한 끝에 "대조를 이루는 인류학의 모델들이 행위자들의 현실 속에 동시에 나타나는 듯한"(Lederman 1986: 83, 강조는 생략) 상황이 만들어지고 있다고 했을 때, 이 불균형의 문제가 불거졌다. 달리 말해 인류학자가 전체 사회들을 변별하기 위해—가령 하겐과 위루^{Wiru} 사이를 벌려놓듯이—구축한 모델들이 각각의 사회 내부의 대조적인 활동 형식들로 복제되는 것처럼 보일 수 있다. 멘디 사람들은 가치재를 '하겐' 특유의 방식으로 전시하면서도, 이 재화의 값을 치르겠다고 서로 아우성치는 '위루'의 지불방식으로 공중의 면전에서 배분한다고 그녀는 말한다.

어떤 의미에서 복제는 환상이다. 멘디 사람들이 그들 삶의 다양한 수준들 사이를 유비유추^{analogy}로 잇는 방식은 차이와 유사에 대한 그들 자신의 인식에 달려 있으며, 이 차이와 유사는 그들의 고유한 상징적 실천의 관점에서 이해될 수 있다. 멘디 사람들의 동기는 확실히 인류학자의 그것과 같지 않다. 그렇지만 아마도 그들의 기법은 인류학자의 그것과 크게 다르지 않을 것이다. 씨족의 남성 집단에 속한 특징들이 한 남자의 신체에도 속한다고 하는, 고지대 전반에 퍼져 있는 환유를 상기해보자. 한 남자가 그 씨족의 완벽한 묘사라면 씨족은 한 남자의 완벽한 묘사다. 그리고 이때 '동일한' 정보가 각각의 수준에서 되풀이된다. 세부적인 스케일을 변함없이 유지하는 것은 관찰자/행위자의 지적인 활동이다. 하나의 '작은' 것이 하나의 '큰' 것만큼 크다고 말할 수 있는 이유가 여기에 있다.

결국 정보의 '수량'이 일정하게 유지된다는 주장은 인식의 강도가 일정하다는 주장과 같다. 한 사람은 많은 사람들로 이뤄진 집단만큼 분석하기 복잡하다. 그러나 상징장치(예를 들어 환유장치)와 같이 불균형하게 보이지 않는 것들도 복제가 정보의 각기 다른 수준에서 유지되던 것들을 혼란스럽게 만들 때에는 불균형해진다. 만약 어느 한 집단이 한 사람일 때와는 **대조적으로** 복잡하다고 규정된다면, 이 둘은 동형적으로 분석될 수 없다. 그렇지 않다면, 더 높은 층위의 변별화는 배타적으로 규정될 수밖에 없었던 더 낮은 층위에서 다시 나타난다. 빅맨 사회의 정반대에 있는 그레이트맨 사회에서 그레이트맨과 빅맨 간의 차이를 발견하려 해서는 안 된다!

그러나 아직은 순진하게 놀랄 때가 아니다. 혹자는 어떤 층위의 데이터가 검토되더라도 그 데이터에서 특정한 이론적 관심이나 설명도식이 여전히 유효하기를 바랄는지 모른다. 사실 인류학 밖에서 역사학자들의 '작은 역사들'은 개개의 삶들과 지역세계들에 초점을 맞추는 것이 사회적 변화와 문화적 동기에 관한 일반적인 질문을 피해가지 못한다는 이유로 비판받아왔다(Christiansen 1988). '작은' 데이터에 관해 '큰' 질문을 제기할 수 있다면, 대소 간의 차이는 사라질 것이다. 그것〔대소 간의 차이〕은 퍼스펙티브와 수준이 원래대로 돌아오고 기술^description의 부분적인 본성에 따라붙는 감각이 되돌아올 때에 다시금 회복된다.

나는 서구 다원주의의 문화생활이 갖는 유연한 조직력의 소산으로서 각기 다른 스케일에서 유사한 유형들이 재출현한다는 것을 해명하고자 했다.[11] 그런데 이것은 독자적인 새로운 자각을 창출한다. 다중의^multitude 퍼스펙티브에 의한 상대화의 효과는 모든 것을 부분적으로 보이게 할 것이다. 유사 명제들의 재등장과 정보의 조각들은 모든 것을 연결된 것처럼 보이게 만들 것이다. 나는 실험적인 기획으로서 논문을 조직할 때에 이 포스트다원적인 자각을 인위적으로 재생산하고 있다.

부분적인 연결들은 포괄적인 원리나 중핵 및 중심의 특징을 찾아내도록 강요하는 저 분류학 혹은 배치 이상의 이미지를 필요로 한다. 물론 그러한 이미지는 계보나 지도의 형식을 취하지 않을 것이다.

⁎⁎

수 년간 카오스 이론과학의 베일에 싸여 있던 프랙털 그래픽 ^fractal graphics 은 최근 들어 급속도로 문화적 침투력을 획득해왔다. 영국에서는《타임스 고등교육 보충교재^The Times Higher Education Supplement》 같은 상업지^{trade journal}가 다양한 주제로 여타 서평을 다루는 중에 어느 서적으로부터 프랙털 그래픽을 인용했다(1988년 9월 30일자, 1989년 8월 25일자 참조). 전국적으로 발행되는 주간지《데일리 텔레그래프 ^{The Daily Telegraph}》는 여름 기획호에서 '카오스의 그림들'^{Pictures of Chaos}이라 는 제목을 내걸고 리즈^{Leeds}에서 개최된, 수학의 대중화를 목적으로 한 전시회를 특집으로 다루었다(1989년 8월 12일자). 내가 맨체스터 대학 사회인류학과 건물의 복도를 걷고 있을 때 나와 마주쳐 인사 를 나눈 한 아프리카 연구자는 제임스 글릭^{James Gleick}의《카오스》를 손에 들고 있었다.

어떤 배율의 스케일에서든 같은 주제^{motif}를 반복한다는 이 자 기유사적인 형상들의 꼬임과 얽힘은 가장 매혹적인 비주얼을 연 출한다. 구름의 소용돌이 모양이나 나무 줄기와 가지의 양 갈래 모양에서 계속되는 것은 눈부시게 반짝이는 형식의 세세한 부분 들이다. 이 프랙털 그래픽은 지도 혹은 계보의 패턴을 묘사하면서 도 중심 없는 지도이자 세대 없는 계보가 되곤 한다. 보는 자의 마 음을 빼앗는 것은 반복, 즉 완전치 못한 복제다.[12]

아마도 가장 잘 알려진 본보기는 불규칙한 해안선일 것이다. 대축척지도를 살펴보든 해안의 모든 어귀와 바위를 탐사하든, 스 케일의 변화는 불규칙함의 양에서 아무런 차이를 만들지 못한다. 마치 해안선의 길이가 늘어나도 그 주변 지역의 면적은 증가하지 않는 것과 같다. 이 둘은 상호 연관되지 않는다. 오히려 글릭이 말 한 것처럼 불규칙함의 정도는 공간을 점하는 대상의 효율성에 부 합한다. 이것은 수학자들에게 잘 알려져 있는 코흐 곡선^{Koch curve}으로 모델화된다. 여기서 제임스 글릭의 글을 인용해보자.

> 단순한, 유클리드적인 1차원의 선은 공간을 전혀 채우지 못한
> 다. 그러나 유한한 면적에 무한한 길이를 갖는 코흐 곡선은 공
> 간을 채운다. 선보다 차원이 높지만 평면보다는 차원이 낮다.
> 다시 말해 1차원 이상이지만 2차원의 형식에 미치지 못한다.
> (Gleick 1988: 102〔글릭 2013: 154〕)

우리는 불규칙함의 양을 세부적인 것의 양으로 생각할 수 있
다. 그렇다면 앞서 고찰한 현상이 상기된다. 즉 세부적으로 배율
이 증가한다 해도 인류학자인 그녀/그 자신이 관찰한 것에서 도
출되는 정보의 양은 동일하게 유지된다는 것이다. 이에 따라 관찰
은 형식의 증식에서 일종의 항상적인 배경background으로 남는다.

이 책의 목적에 따라 나는 다소 건조한 이미지에 머물고 있
다. 칸토어의 먼지(섹션 I의 머릿그림 참조)에 대한 글릭의 해석을 빌
리면(1988: 33〔2013: 143〕), 그것〔그 이미지〕은 우리가 온 세계를 지형
도나 유형학적인 층위를 상상하게 만드는 무미건조한 분절체계
같은 것으로 기대하게 만든다. 그러나 그것은 횡-문화적인 데이
터를 지도화하기 위한 좌표축의 모델을 제공하지도 않으며, 그러
한 데이터를 층위 배치하기 위한 생성원리나 조직화를 나타내지
도 않는다. 그것이 묘사하는 것은 전화 기술자가 전기 전송에서
발견한 것처럼 반복되는 불규칙함 혹은 간헐성이다. 연속 신호는
끊임없이 중단되는데, 그 간격이 불규칙하다. 중단의 분산 자체가

연속적이지 않다. 나는 여기서 의미심장한 차원 하나를 가져온다.

횡-문화적인 비교에 관심을 갖는 인류학자가 각기 다른 수준들(스케일들과 스케일상의 점들)을 그녀/그의 도식에 도입할 수 있는 것은 비교 혹은 차이화의 확장을 상대적으로 억제하는 무엇이 있기 때문이다. 그에 따라 상대적인 관점에서 파푸아뉴기니 사회들 중에 하겐과 기미^{Gimi} 사이의 간격이 고지대와 저지대 혹은 멜라네시아와 폴리네시아 사이의 간격만큼 유의미하게 나타날 수 있다. 유의미함은 상세함의 층위에 달려 있다. 한 수준에 놓인 연속성—하겐과 기미가 고구마 재배와 양돈에 기반한 고지대 사회들에 속하는 것과 동일한 연속성—은 다른 수준, 즉 앞선 수준과 구별되면서 그로부터 반드시 단계적으로 나아가는 다음 수준에서는 무의미해진다. 원예농업 체제를 자세히 살펴보면, 기미에서 의례를 위해 몇 마리의 돼지를 잡아 키우는 것은 하겐 사람들의 대규모 사육과 매우 달라 보인다. 기미에서는 한때 유대류를 사냥하는 대신 돼지를 키웠으며, 하겐 사람들이 수입산 조개 가치재의 유통시장을 지배하기 위해 돼지를 활용했다는 사실을 통해, 이 대조는 지역 고유의 특색을 띤다. 이처럼 각각의 수준에서 차이화의 층위는 관찰자에 의해 그 균형이 잡힌다.

이와 동시에 지역 전체를 다루든 소수집단을 다루든, 상관변수들의 복잡한 모델을 다루든 단일작업 과정의 분석을 다루든, 여러 개의 스케일들을 횡단하는 오직 하나의 단순상수는 차이화의 능력이다. 유사와 차이에 대한 지각의 강도는 스케일에 상관없이 인류학자의 설명에서 **똑같이** 중요한 역할을 한다. 그것은 또한 〔연구대상이 되는) 행위자들의 지향에서도 똑같이 중요한 역할을 하는 듯하다.

결국 차이화는 억제되지 않는다. 그것은 난무한다. 유의미함은 상세함의 층위에 달려 있지 않은 것 같고, 그 자체가 각각의 수준에서 변별의 항상적인 배경으로 등장한다. 그렇다면 비교 혹은 차이화라는 활동은 (칸토어의 먼지처럼) 그 자체로 복제를 반복하는 자기유사적인 패턴을 갖고 있다고 상상할 수 있지 않을까? 이렇게 말하면, 관념들은 스스로 생성한다는 관념에 일반적으로 쏟아지는 경멸을 불러일으킬 수 있다. 나는 데이터로 그 점을 증명하려 하기보다 그것으로 데이터를 만들어보겠다.

가장 흔한 관계, 즉 인류학자가 자신의 연구 자료에 대해 제기하는 질문과 그 답 사이의 관계성을 생각해보자. 우리는 모두 질문하고 답하는 것에서 절대로 끝이 나지 않는다는 것을 너무나 잘 알고 있다. 답이 새로운 연구 자료나 통찰을 생성시키는 한 그것은 틀림없이 질문자가 아직 입수하지 않은 지식에 의거하고 있다는 뜻이다. 예를 들어 입사식 의례의 유무를 고찰하기 위해 필요한 자료는 우리가 의례 자체에 대해 알던 지식을 능가한다. 어쩌면 우리는 결혼관습을 일종의 입사식으로 보는 생각에 휩쓸릴 수도 있고, 아니면 의례의 유효성에 관한 신념이나 젠더표상을 생각해내야 할지도 모른다. 이 과잉은 앞선 질문들을 시시하게 만드는 새로운 질문들을 만들어낼 것이다. 실제로 우리는 골머리를 썩이며 답안지를 애써 채우려 하지 않는다. 새로운 질문지가 훨씬 더 매혹적으로 보이기 때문이다. 답과 공조하는 질문 혹은 새로운 입장을 창출하는 각각의 입장은 배후에 남는 입장으로 뒤바뀐다. 돌이켜보면 (가령) 입사식에 관한 질문지들은 사회적 재생산, 합리성, 가부장제 등에 관한 더 광범위하고 (동시에) 더 적확한 질문지라고 생각되는 것들의 일부에 불과하다.

각 단계에서 대답이 요구하는 것보다 더 많은 것이 생성된다면, 〔생성되는〕 그것은 일종의 '잔여'로서 이월되는 자료로 작용한다. 즉 그것은 질문의 원래 답을 넘어서서, 더 나아간 답을 요구하는 더 나아간 질문을 통해 애초의 입장(질문과 답의 한 세트)을 에워싸거나 세분화한다. 혹은 이렇게 말해도 된다면, 그것은 우리의 이해에 참신한 틈을 내준다.

글릭이 칸토어의 먼지에서 생각해낸 이미지는 입자들의 성긴 정도가 증가하는 것을 보여줄 뿐 아니라, 틈을 내는 것이다. 그것은 분절적인 모델이 아니다. 기존의 실체가 단위의 분리나 배가 같은 구별이나 대립을 통해 개별 부분으로 분리된다고 해서 수준이 생겨나는 것도 아니며, 그것〔칸토어의 먼지라는 이미지〕이 이진법의 온/오프 같은 변별을 재현하는 것도 아니기 때문이다. 오히려 간헐성의 단속적인 성질을 깨닫게 한다. 칸토어의 먼지에서 주목되는 것은 점들의 파열적인 분산을 창출하는 지시instruction다. 일어나는 모든 것은 물질이 제거되고 '공백' 혹은 '배경'이 드러나는 일일 뿐이다.[13] 간격의 빈도가 잦을수록 점은 더 많아지고 성겨진다. 그러나 결과적으로 점이 아무리 많다 해도 그 점들은 결코 최초의 수준에 담긴 양을 초과하지 못한다. 그리고 아무리 성기다 해도 결코 최초의 수준이 운반할 수 있었던 복잡성을 잃지 않는다. 각각의 점이 계속해서 끼어들 수 있기 때문이다. 정보의 조각들이 상실될 때마다, 정보는 획득된다.

이때 인식 가능한 정보의 양은 자체적으로 증가하거나 감소하지 않는다. 세부적인 것의 증식 혹은 차이화가 정보에 대한 지각을 증대시킬 뿐이다. 이 증식에는 무엇이 내포되어 있을까?

〔중간〕물질이 제거되고 배경이 출현함으로써 만들어지는 모든 막대는 동일한 조작에 제 스스로 쉽게 응한다. 그래서 실제로 막대는 결코 막대로 '존재하지' 않는다. 만약 이 막대들이 전기 전송에서 나타나는 오작동의 연발이 아니라 그것들의 사고에 대한 사람의 사고방식을 말해준다고 한다면, 이것(막대의 사고 따위는 존재하지 않는다는 것)을 이미 알고 있다는 것이야말로 지시의 증식으로 이어진다. 예를 들어 내러티브가 지향하는 바의 견고함에 반해 관념을 복제하고 개념을 비약시키며 그것들의 가능성을 예기하는 것은 물론 작가의 능력이다. 칸토어의 〔먼지에 따라붙는〕 지시는 인류학자들이 봇물처럼 쏟아내는 주장의 명백하게 무작위적인 성격과, 그럼에도 불구하고 그 성격에 의해 각각의 논의가 조직된다는 것에 관한 이미지를 제공한다. 그것〔칸토어의 이미지〕은 앞선 주장/지시의 결과가 무엇이든 그것을 토대로 주장(지시)이 반복될 가능성이 있다는 점에서 항상 결정적인 잔여가 존재한다는 것을 알려준다.

공백뿐만 아니라 그것들이 어떻게 지각되는지를 생각해보면, 이미지가 이미지화라는 행위를 통해 자신의 잔여를 포함하는 바로 여기서 잔여효과를 찾아낼 수 있다. 글릭이 칸토어의 먼지를 설명하듯이(이 책 71쪽 참조), 이 도식의 자기스케일링은 반복되는 일련의 지시에 의해, 즉 각각의 새로운 지시가 앞선 지시로부터 작업을 이어받음으로써 손쉽게 만들어진다. 정보의 파열적인 분산에서 간헐성과 불연속성은 공간과 시간 속에 놓인 공백들의 패턴으로서 순차적인 형식 속에서 배치된다. 그렇게 해서 지시 자체는 그 자신의 잔여효과를 갖는다. 당신은 언제나 그 순서를 반복할 가능성에 내던져진다. 이는 곧 막 창출된 모든 패턴 이외에도 (이에 따라 그 패턴 **속에** 포함되는 것은) 패턴화를 되풀이하는 그 이상의 지식이 있음을 뜻한다. 실제로 순차적으로 반복되는 것은 이 지각의 강도다. '더 많은' 배경이 양의 증감 없이 나타난다. 패턴 자체는 유사하지 않으면서 규칙적이거나, 규칙적이지 않으면서 유사하다. 복제와 증식에 반드시 수반되는 것은 이와 같은 패턴의 확장가능성이다.

복제를 반복되는 지시로 간주하는 것은 유기체의 성장방식에 대한 오늘날의 이해에서 상식에 가깝다. 그 효과는 이미 존재하는 공백들 때문에 내러티브에 공백이 생기는 것과 흡사하다. 이 효과를 만들 수 있다고 가정해보자.

관념들과 논의들은 종종 '흐름'으로 간주된다. 이에 따라 글로 쓰인 담론은 일련의 입장들 가운데 하나를 선택한다. 심지어 횡-문화적으로 분석되는 다양한 사회와 제도가 이런저런 입장으로 다시 흩어지는 순간에도 담론은 입장을 취한다. 독자들이 텍스트를 따라 움직일 때 이 여정에 드는 시간은 실행에 일종의 경험적인 통일성을 부여한다. 그러나 이러한 통일성 혹은 흐름이나 움직임의 감각은 그와 동시에 예측 불가능하고 불규칙적인 공백, 병치, 비약을 넘어서는 것에서부터 구성된다. 그리하여 내레이션의 과정이 연속적으로 이어지는 것처럼 보이는 순간, 우리는 논문, 문단, 문장 하나하나를 더 상세히 검토하고, 그럴수록 내적인 불연속성을 깨닫게 된다. 이것은 면들 간의 접촉에 대해 잘 알려진 다음의 역설을 상기시킨다.

타이어와 콘크리트의 접촉면이 있다. 기계 결합부의 접촉면과 전지 접점도 마찬가지다. 표면 간의 접촉은 관련 자재와는 전혀 무관한 별개의 특성을 갖고 있다. 표면들의 특성은 울퉁불퉁한 것들의 프랙털 성질에 좌우된다. 표면에 관한 프랙털 기하학의 단순하지만 강력한 결론은 접촉하고 있는 표면들이 완전하게 다 붙어 있지 않다는 것이다. 여러 크기의 혹들이 서로 붙는 것을 방해한다. (…) 이런 이유로 두 조각 난 찻잔은 어느 정도 큰 스케일에서 보면 잘 맞을 것 같지만 절대로 매끈하게 붙을 수 없다. 즉 미세한 스케일에서 표면의 불규칙한 요철은 어떻게 해도 서로 일치하지 않는다. (Gleick 1988: 106〔글릭 2013: 161-162〕)

초미세한 스케일에서 살갗과 나무가 완전히 접촉되지 않기 때문에, 단단히 도구를 움켜쥘 수 있는 것이라 해도 〔손과 도구는〕 접촉되지 않는다는 앎은 설명해야 할 그 밖의 무엇이 있다는 감각을 만들어낸다. 확실성 자체는 부분적인 것으로 나타나고, 정보 자체는 간헐적인 것으로 나타난다. 답은 또 하나의 질문이며 연결은 공백이며 유사는 차이이며, 그 반대 또한 그러하다. 우리가 어디를 보든지 표면에 대한 이해는 공백과 요철을 숨긴다는 더 깊은 앎을 우리에게 남긴다.

　여기서 나는 이 책의 각 섹션들 간의 간격이나 공백의 간헐적인 효과를 명확히 하려고 한다. 그것들은 논의 자체의 전개(공간-채우기)에서 발생하는 한에서 불규칙적이고 예측 불가능하다. 이와 동시에 균형은 부적절해져야 한다. 왜냐하면 논의에 스며든 파열이 그 복잡성을 [스케일에 상관없이] 유지하기 때문이다. 따라서 논의 혹은 사례의 '양'은 그것의 입장, 즉 그것이 차지하는 공간에 달려 있다. 결론적으로 이 실행은 [민족지적] 설명을 구성하는 각 부분들 간의 본래적인 연결을 입증한다는 통상의 주장에 하나의 대안으로 제시된다. 그러면서도 이 책의 실행은 현실세계의 논쟁에 발 딛고 있다.

　나는 인류학 내에서 벌어진 민족지 쓰기에 관한 최근 논의 그리고 [그 처방으로 제시된] 새로운 정식이 횡-문화적인 비교의 과제에 얼마나 도움을 주는지 혹은 방해가 되는지를 이 책의 주제로 잡았다. 그 논쟁들은 여기서 일련의 입장들로 상정된다. 이 입장들은 민족지적인 삽화들로 이뤄져 있으며, 일부 현대 인류학에서 보이는 전형적인 일종의 문화적인 설명을 구성한다. 각각의 입장과 반-입장counter position은 마치 그것들 하나하나가 입장과 반-입장으로 구성된 것처럼 보인다. (여기서 말하는 '반-입장'이 반드시 상호대립적인 의미일 필요는 없다.) 구조는 인위적으로 '자기스케일링'한다. 최초의 균열에 따르면, 환기로서의 민족지적 기술은 코즈모폴리턴적, 다성적, 다문화적인 것으로서 현대 세계의 기술로 비약한다. 즉 이 두 입장이 미학과 수사학에 대해 공통의 선입견에 기대는 방식은 권력과 이해관계의 구조에 관심을 갖는 학자들의 도전의 식을 자극한다. 페미니즘 연구와 비교인류학은 서로가 서로에게 반-입장이기도 한 사례 등등을 제공한다. 입장의 병치 각각은 앞선 입장에서 넘겨받은 사고들로부터 생성된다.

물론 텍스트의 독자 같은 인간주체의 경우, 이 입장들을 앞뒤 전후로 볼 수 있다는 것 때문에 공백을 횡단한 땅처럼, 이미 다녀온 여행처럼 보이게 만드는 것은 당연하다. 확실히 여행의 은유로 온갖 종류의 지적인 활동을 이야기하는 것은 최근 들어 문화적으로 두드러진 현상이다. 앞으로는 카오스의 장면들이 그 역할을 대신하지 않을까? 비록 작가는 기교라는 환상의 감각 앞에서 패배를 맛보고 있지만, 실로 동일한 이슈와 논의가 예기치 않게 되풀이되며 겨우 의식적인 예기의 통제하에 있음을 우리는 섬뜩하게도 발견하게 된다. 아마도 이 데자뷔의 감각은 〔여행보다는 오히려〕 문화의 자궁에 기거하는 감각이기도 하리라.

**

기교라 지칭하고 그 내막을 밝히는 것은 심히 자극적일 수 있다. 그것은 마치 복잡성이 복잡성을 위해서만 만들어지는 것과 같다. 독자나 해설가는 자력으로 기교를 폭로할 수 있다는 것이 얼마나 만족스럽겠는가! 실제로 기교의 폭로는 연구대상인 사람들 자신에 의한 해설을 분석할 때에 인류학자가 '하는' 일이며, 최근에는 앞 세대의 인류학적 해설을 정밀하게 조사해서 그 리얼리즘이 은폐한 기교를 폭로하는 것이 만족감의 원천이 되고 있다.

　지금의 실행은 문화적 자료를 인류학적으로 조직할 때에 끊임없이 되풀이되는, 흔하지만 충분히 현실적인 문제들에 발 딛고 있다. 내가 진정 바라는 것은 이 어쭙잖으면서도 완고한 논제들을 문화적으로 흥미로운 현상으로 만드는 것이다. 독자들이 기교 너머의 무언가를 폭로할 것이라고 희망하는 것에서 나는 멈출 수 없다. 아마도 그 무언가는 이 책의 배치를 휘저어 어지럽히는, 잠금 해제된 연결들에 있을 것이며, 그렇기 때문에 내가 설명할 수 없었을 것들이다. 그 연결들은 이 책의 공백을 여기저기 들춰낼 것이다.

　이 서문은 약간의 혼란을 불러올 것이다. '인류학을 쓰는' 이 책의 제목은 《부분적인 연결들》이다. 그리고 '인류학을 쓴다'라는 이 책 속의 두 번째 '제목'은, 이 책이 거의 같은 분량의 두 섹션으로 나뉘기 전에 이 책을 이야기해준다. 이 책은 '인류학을 쓴다'를 마지막 하위 섹션의 부제로 달고서 끝을 맺는다. 그러나 둘로 나누는 작업은 늘 고르지 않았고, 아마도 '부분적인 연결들'이라는 부수적인 쌍은 이 서적이 어떻게 이러한 형식을 취하게 되었고 그것이 왜 여전히 흥미로울 수 있으며, 정말이지 왜 1980년대 후반이라는 시간적인 틀 속에서 가장 잘 보존될 수 있는지를 되돌아보는 기회가 될 것이다. 이 책의 본문은 여기서 수정 보완 없이 재생된다.

　이 말장난의 배후에는 목적이 있었다. 얼마 동안 나는 인류학의 문제는 부족한 자료에 있지 않고 오히려 진폭[범역]에 있다는 상념에 압도되었다. 《증여의 젠더》(Strathern 1988) 서문의 일부 지면에도 그렇게 써놓았다. 그 후로 이 상냥한 논평은 원치 않는 이미지를 제거하는 것에 대한 의문에 이르는 길을 찾아냈지만[1] (Strathern 1999: 45-46; cf. Munro 1992), [인류학 자료의] 진폭[범역]뿐만 아니라 과잉에 대한 나의 감각은 그 정도로는 충분히 다뤄질 수 없었다. 당시 학자들과 대학들 모두 그들이 생산한 정보를 갑절로 늘려야만 할 것 같았고, 조사를 수행할 뿐만 아니라 학자 자신과 그의 조사활동에 대해서도 층층이 서술해서 이를 감사監査 목적의 학문적 수행의 일부로 삼아야만 했다. 그러나 연구의 내실과 연행은 서로 잘 맞지 않았다. 정보의 과부하가 새로운 부담으로 다가왔다는 것은 그리 놀랄 일이 아니지만, 그 과정에서 데이터를 추가하는 것보다 줄이는 것에 답이 있다는 새로운 인식이 힘을 받았다는 것은 놀랄 만한 일이다. 그러나 데이터와 관련해서 혹은 그 점에 관한 해석과 관련해서 과잉의 인식은 대체 어디서 오는 것일까? 이 질문에는 다양한 경로로 답할 수 있을 것이다. 그중 하나는 다음을 내포한다. 감사와 새로운 책무의 실천에 의해 발생되는—내부의 성찰에도 반영되는—신뢰의 위기가 종사자들에게 기존 분야의 경계를 넘어서도록 유도하고, 그에 따라 구래의 기준으로는 가늠할 수 없는 새로운 통약불가능성이 창출되는 방식이다. 그러나 이때 몇몇은 과잉이 언제나 해석적 실천의 중심에 자리해 왔다고 말할지도 모른다.

해석이란 어떤 것에 초점을 맞추기 위해 수많은 의미를 버리는 문제임에 틀림없다. 아네트 와이너$^{Annette Weiner}$는 요릉구$^{Yolngu\ 2}$의 저명한 예술가인 나리친^{Naritjin}이 하워드 모피$^{Howard\ Morphy}$에게 말한 논평을 빌려 다음과 같이 논점을 발전시킨다. "예술작품을 해석하는 과제에 직면한 모피에게 나리친은 이렇게 설명하기로 한다. 해석은 의미가 그 안에서 증식할 수 있는 구조를 착안하기보다 의미가 우리의 상상력을 사들이는 것의 의미화를 거부하는 것이다."(A. Weiner 1995: 5) 그렇지만 이 유사수량화$^{quasi-quantification}$는 그 자체로는 막연하다. 와이너는 단지 의미의 개별 단위가 없기 때문에 예술적 실천의 사회적 효능 및 힘은 측정 불가능하다고 덧붙인다. 그와 동시에 해석적 실천은 확실히 존재하는데, 그 가운데에는 이해하는 데에 드는 노력과 연구에 드는 노력을 일치시키려는 노골적인 욕망에 기대어 있는 인류학적인 실행도 있을 수 있다. 그러한 욕망은 해석이 얼마나 충분해 보이는지를 누군가에게 물어보는 일상의 순간에서 매번 튀어나온다. 분석적인 기획에서 불충분함은 해결책의 미진함으로 나타날 수 있다. 그래서 끌어와야 할 '더 많은' 데이터 혹은 해석이나 분석에서 요구되는 '더 많은' 노력이 늘 존재한다. 따라서 우리 스스로를 향한 분석적인 과제가 우리 재량에 맡겨진 데이터의 양이나 복잡성에 미치지 못하는 것처럼 보일 수 있다. 아니면 그 반대로 데이터가 이론적인 야망을 충족시키지 못하는 것처럼 보일 수 있다. 이것이 《부분적인 연결들》이 추적한 논제다.

***

게다가 내게는 매우 실용적인 차원이 있었다. 〔멜라네시아 연구와 페미니즘의〕종합의 실행으로서—그리고 전체를 개괄한다는 어느 정도의 자부심과 함께—《증여의 젠더》의 집필을 마감했지만, 그 후로도 계속 페미니즘 저작들이 쏟아져 나오면서 그 흐름을 이어가고 있었다. 그래서 나는 참고문헌을 1985년까지 출판된 것으로 한정했다. 그러나 집필 중에도 자료는 산처럼 쌓여갔고 주목을 요했다. 적어도《문화를 쓴다》(1986)는 그냥 지나칠 수 없었다. 《부분적인 연결들》에서 결실을 맺은 나의 첫 씨앗의 발아를 촉진한 두 번의 초청강연(그들은 1987년과 1988년에 왔다)에 대한 응답으로 나는 1987년 출간된 참고문헌에 더욱 주목했다(그렇지만 한두 개의 참고문헌은 1988년이나 1989년에 나온 것이다). 1987년은 카오스 이론에 관한 글릭의 대중서[3]가 세상에 첫 선을 보인 해다.《증여의 젠더》가 수십 년에 걸친 멜라네시아 연구와 그 외 관련문헌을 아우르는 어떤 울타리를 세우려는 시도였다면,《부분적인 연결들》은 하나의 구두점 그리고 1987년에 '포착된' 순간 같다고 그때 나는 생각했다.

아마도 여기에는 말장난 이상의 흥미로운 점이 있을 것이다. 《부분적인 연결들》의 첫 단락은 이 점을 펼쳐놓는다. 즉 인류학적 실행의 한 차원이 다른 차원을 반드시 상대화하고, 한 차원의 불충분함이 예외 없이 다른 차원의 진폭〔범역〕을 만들어낸다면, 이 두 차원〔사이의 균형〕을 어떻게 맞출 것인가라는 물음이다. 이 균형을 맞추기 위해서는 각각에 동등한 가중치를 부여하는 만큼의 통약가능성이 수반되어야 한다. 나는 《증여의 젠더》를 가짜 절망의 색채로 마감했다(cf. Strathern 1988: 329). 아무리 균등하게 쓰려 해도 영어에 스민, 젠더 이미지의 불균형적인 가중치를 바꿀 수 없을 것이라 생각했다. (젠더의 신호를 보내는 것은 언제나 중요도의 불평등한 할당의 신호를 보내는 것 같았다.) 이것은 대개 언어가 단속되지 않은 방향으로 빠져나가려는 방식의 문제다. 즉 '인류학을 쓴다'는 것에 늘 따라다니는 문제다. 그리고 나는 데이터의 '크기'size에 상당히 민감했다. 《증여의 젠더》의 비평가들은 내가 남자(곧 폭력)〔의 문제〕를 크게 키우지 않는다고 불평했다. 그렇다면 크다 혹은 작다라는 것은 무엇인가? 물론 데이터에 대해 던지는 질문은 당연히 인류학자가 '큰 스케일'이나 '작은 스케일'로 범주화하는 경향이 있는 사회에 대해서도 던져야 하는 질문이다. 인류학자는 스스로 이렇게 말하지만 그에 반해 결국에는 불균등하게 중요성을 할당해버린다.

나의 진짜 절망은 비교를 통해 종합적으로 실행해내지 못했다는 데에 있었다. 종합적 실행은 '비교'의 문제를 제거하지 못한다. 《부분적인 연결들》은 비교의 단위에 관한 질문을 검토할 수 있는 일련의 사례들을 설정하고자 한다. 초창기 작업에서 몇몇 민족지적 사례는 입사식 의례에 초점을 두었다. 여기서 무엇과 무엇을 비교한다는 것일까? 이것은 인류학자들에게 낡은 질문이었다. 한때 그들이 여러 문화를 가로지르는 유비성analogies과 상동성homologies에 관심을 가졌던 탓이다. 만약 그와 같은 의례가 (이를테면)

하겐에 '부재'하다면 그것이 정말로 거기에 없다는 것일까? 아니면 다른 어떤 형식으로 있다는 것일까? 실제로 한 특질의 존재 여부는 무엇을 뜻할까? 무엇이 암묵적이고 무엇이 명시적인지에 대해서, 혹은 무엇이 감춰지고 무엇이 가시화되는지에 대해서 우리는 생각하지 말아야 할까? 예를 들어 분석적인 입장을 이동시킴으로써 잃거나 감춰지는 것은 무엇일까? 이 모든 것들은 탐구할 가치가 있는 것처럼 보이는 어떤 논제를 덧붙이는 것 같다. 즉 스케일의 문제에 당도한다. 유비유추^{analogy}에 대한 판단뿐만 아니라 균형에 대한 판단은 데이터의 어떤 조직화에서일지라도 그 성패를 좌우한다. 그리고 이 순간 도나 해러웨이는 '부분적인' 연결들을 가능케 한 사이보그의 언어를 도입했다. (부분성은 오직 〔전체의 일부가 아니라 어떤 것과의〕 연결로만 작용한다. 부분은 그 자체로 하나의 전체이기 때문이다. 와이너가 기술한 포이^{Foi} 남자들의 오두막**4**이 하나의 사례가 되겠다〔A. Weiner 1995: 7〕. 그것이 나뉘는 순간 각 부분은 거주자들을 위한 공간 전체를 채운다.) 해러웨이의 반-기계^{semi-machine}는 콜라주, 몽타주, 파편화를 둘러싼 당시의 모든 논의, 그리고 형언할 수 없는 다양성의 재발견이라는 단조로운 이야기 이상으로 내게 많은 도움을 주었다. 다음으로 그녀는 뺄셈이 덧셈과 동일한 효과를 갖는다는 층화^{layering}에 관심을 가졌다. 그것은 〔입장의〕 이동을 가능케 했다. 그녀의 전망은 내가 부분성^{partibility}이라고 부른 것에 훨씬 더 가까웠다. 부분성이란 인격^{person}**5**의 파편화도 아니고 타자를 통한 성찰적인 자기인식도 아니다. 그것은 전체의 반을 한쌍 중 하나로 만드는 사회적인 논리를 말한다. 전체의 상실을 상기시키는, 부주의하거나 예기치 않은 (따라서 비극적이고 가련한) 분단을 행하기보다 오히려 내가 원한 것은 의도적으로 '크기'^{size}를 할당하는 실험을 해보는 것이었다.

내가 취한 전략은 정보나 논의의 흐름을 막아서 '절단하는' 것이었다. 이 책의 본문에서 각 섹션의 구획은 절단이자 빈틈^{lacuna}이다. 절단된 양측에서 유사한 테마를 찾아낼 수 있지만, 그렇다고 그것들이 서로에게 덧붙여지는 것은 아니다. 칸토어의 먼지에 대한 나 자신의 버전은 각 섹션(또는 두 섹션의 한 세트 또는 이 책의 반)의 자료의 크기^{size}를 일정하게 보이도록 만드는 인위적인 장치였다. 덧셈도 뺄셈도 결코 복잡성을 감소시키지 않는다. 그래서 크기는 글자의 수가 아니라 인식의 효과여야 했다. 내가 바란 것은 결과적으로 비교를 통한 멜라네시아의 추가설명이 이론적인 추가설명과 마찬가지로 '크다'는 것이며 반대도 그러하다는 것이다. 이 기교라는 관념은 우리가 무엇을 행하는지를 깨닫지 못한 바로 그때에 행한 무엇을 우리가 볼 수 있게 해주었다.

그러고 나자 뭔가가 손에 쥐어졌다. 어떤 분석도 기술도 완전 무결하지 않다. 이 책에서 각각 새롭게 시작하는 섹션들은 앞 섹션의 한 요소에서 (제멋대로) 출발한다. 이후 나는 《자연 후$^{After Nature}$》(Strathern 1992)에서 유로-아메리카의 논변성^{discursiveness}의 효과에 대한 논의를 발전시키고자 했고, 그것을 '메로그래픽'^{merographic}이라고 칭했다(이것은 메레오그래픽^{mereographic}으로 논해왔던 부분들/전체들과는 전혀 무관한 새로운 용어를 필요로 하는 현상, 즉 한 가지의 어떤 부분이 다른 어떤 것의 일부일 수도 있다는 사실을 가리킨다).[6] 여기서 덧붙여둘 것은 이 메로그래픽한 연결을 멜라네시아의 자료를 조직하기 위해서 활용할 수 있지만 그때 우리는 유로-아메리카의 퍼스펙티브에서 그렇게 한다는 것이다. 메로그래픽은 유로-아메리카의 삶을 특징짓는 조직화의 양상이며, 그러므로 멜라네시아의 장치가 아닌 유로-아메리카의 장치다. 그러므로 적어도 유로-아메리카인에게 이 개념은 분석 도구로서 일정한 가치를 가질 수 있다. 그에 반해 나는 〔메로그래픽한〕 '부분적인 연결들'이 이를테면 '인류학을 쓴다'라는 구절이 말해주는 것보다 더 많거나 더 적은 어떤 것을 말해준다고 생각하지 않는다. 이 책에서 '부분적인 연결들'은 분단partition에 의한 관계, 즉 명백히 연결되어 있는 자료를 절단해서 얻는 관계를 가리킨다.

따라서 《부분적인 연결들》의 집필은 《자연 후》로 결실을 맺은 1989년의 몇몇 강연과 시기적으로 겹친다. 이 강연에는 그 외의 것들 중에서도 서구인/유로-아메리카인을 서구의 '개인주의'를 지닌 것으로 끝맺게 하는 일종의 수학에 대한 검토가 담겨 있다. 그러나 여기서는 수학보다 '수의 은유'가 더 정확한 표현일 것이다. 확실히 프랙털에 대한 내 관심의 배후에는 수학적인 지식이 전무했다. 이 탐구에 기세를 불어넣은 것은 모두 사회관계들의 행위와 그것을 기술하는 작업에서 내가 알고 있었던 것에서 나왔다. 덧붙이면(덜어내면), 《부분적인 연결들》에서 착수한 실행은 기술description의 기초를 이루는 논쟁적 지점들을 비선형적인 전개과정으로 연출해보려는, 혹은 의도를 갖고 제작해보려는 시도였다.

***

《카오스의 질서에 대해: 사회인류학과 카오스의 과학On the Order of Chaos: Social Anthropology and the Science of Chaos》(Mosko and Damon 2005)의 서론에서 모스코는 인류학자들이 종종 자연과학에서 발전한 카오스 이론에 영감을 얻고 있지만, (그의 말을 빌리면) 이론의 몇몇 선택적인 부분에 대해서는 유비유추에 의존하는 경향이 있다고 지적한다. 이 책에 대해 그 지적만큼 타당한 것은 없을 것이다. 유비유추의 한계에 관해서는 론 이글래시(Ron Eglash 1997; cf. 1995)가 바마나Bamana의 모래점술을 분석할 때 칸토어의 먼지를 정교하게 사용한 것과 나의 극히 단순한 유비유추를 대조하는 것만으로도 충분할 것이다. 흥미롭게도 이글래시 또한 이론의 전개와 유비유추의 묘사(그가 활용한 대조는 수학과 문화다) 간의 분할 자체는 분할된 양쪽 내에서 각각 자체적으로 복제된다고 보며, 이 책의 서문(《인류학을 쓴다》)에서도 제기한 분석적인 현상을 다루고 있다. 이러한 종류의 자가당착은 한 번의 데이터 '절단'으로 끝나는 것이 아니라 오히려 더 작고 작은(더 크고 큰) 데이터의 조각들 속에서, 그에 따라 각기 다른 스케일들을 횡단하면서 증식된다. 내가 일괄적으로 다루는 분석과 해석 그리고 이론적 논의가 모두 '데이터'(또는 횡-문화적인 비교)로부터 분단되듯이, 분석과 해석 둘 다 이론화로부터 분리될 수 있고, 나아가 분석이 해석으로부터 분리될 수 있다는 점이 명확하게 예시된다(e.g. van Meter 2003). 흥미로운 현상은 데이터에 대해 혹은 데이터 조작에 대해 인식의 방식이 유사할 때에는 그때마다 매번 같은 분할이 행해진다는 점이다. 물론 각각의 분단[partition]에서 이전에는 하위 부분이었던 것이 어떻게 해서 전체가 본래 점하고 있었던 것과 동일한 양의 공간을 차지하는가는 흥미를 자아낸다.

데이먼과 모스코 그들 자신의 논집 출간의 기폭제—그리고 그기초 작업의 상당 부분—가 된 것은 거슬러보면 1992년 미국 인류학회에서 그들이 소집한 분과모임이었다. 그 모임은 인류학에서 분명 선구적이었다. (같은 해 미국 사회학회에서는 오브라이언(O'brien 1992)이 홀로그래픽 이론과 문화의 집합성에 대해 논했다.) 그럼에도 불구하고 당시 예상치 못한 분할을 넘나드는 각양각색의 월경이 있었고 그중 몇몇은 내 쪽으로 넘어왔다. 예를 들어 1989년 영국 상원 의사당에서 요크의 대주교는 망델브로 집합을 이용하여 배 발육에 관한 논점을 충분히 설파했다(Strathern 1992: 144-147). 1990년대 초 수학자 에이브러햄은 경제학과 '사회과학'을 포함하여 자연과학의 외부에 있는 몇몇 학문 분야를 횡단하는 동적 시스템을 추적했다(http://www.ralph-abraham.org/articles/titles.shtml, nos.74, 76, 83). 그는 해러웨이(Haraway 1985), 이글래시와 브로드웰(Eglash and Broadwell 1989), 와그너(Wagner 1991)를 인용하여 수학자의 시각에서 '인간 프랙털'에 대한 논평을 내놓았다(Abraham 1993). (그는 또한 우연찮게 너무나 많이 나의 논고를 참고했는데, 《부분적인 연결들》과 〈외발 젠더[One legged gender]〉(Strathern 1993)로 한정할 필요가 있다.) 후에 나는 대만의 동료들이 소개한 카오스에 관한 카리브 해 지역의 문헌을 참고했으면 좋았을 것이라 생각했다(Baker 1993; Benitez-Rojo 1997).

그러나 이러한 월경들에서는 그 무엇도 선형적이지 않다. 그로부터 10년이 지난 지금《인류학 비평 연보》최신판에는 통약불가능성(Povinelli 2001)이나 복잡한 적응시스템(Lansing 2003)에 관한 흥미진진한 논고가 게재되고 있다. 〔그러나〕 그들의 참고문헌은 여기에 편성된 저작들을 거의 손대지 않았고 기껏해야 한두 점에 불과하다.

**
*

오세아니아 사회인류학회 출판편집자 라몬 린드스톰Lamont Lindstrom, 회장 조엘 로빈스Joel Robbins의 호의에 무한한 감사의 뜻을 전한다. 당초의 집필동기가 '인류학을 쓴다'를 둘러싼 문제에 있었으므로, 이 신판 서문도 그러한 초심에 충실하려고 노력했다. 나는 당초의 말들을 과장해서 인간조건 혹은 보편적인 인지과정 혹은 삶의 형언할 수 없는 측면에 대해 무언가를 주장하려고 하지 않았다. 그 이상으로 주장할 필요도 없었다. 그 대신 나는 우리 스스로에게 부과한 크고 작은 작업이야말로 기쁨을 준다고 말하고 싶다. 당시 내 자신이 하고 있는 일을 즐거워한 데에는 이루 말할 수 없이 많은 이유가 있었다. 나는 예전의 헌신을 그대로 남겨두겠다.

2004년 1월
메릴린 스트래선

참고문헌

Abraham, Ralph. 1993. "Human Fractals: the Arabesque in Our Mind", *Visual Anthropology Review* 9: 52-55.

Baker, Patrick L. 1993. *Centring the Periphery: Chaos, Order, and the Ethnohistory of Dominica*, Montreal: McGill-Queen's University Press.

Benítez-Rojo, Antonio. 1997. *The Repeating Island: The Caribbean and the Postmodern Perspective*, Durham: Duke University Press.

Eglash, Ron. 1995. Fractal Geometry in African Material Culture, *Symmetry: Culture and Science* 6: 174-177.

　　　　1997. Bamana Sand Divination: Recursion in Ethnomathematics, *American Anthropologist* 99 (1), 112-122.

Eglash, Ron and Broadwell, P. 1989. Fractal Geometry in Traditional African Architecture, *Dynamics Newsletter* 3 (4): 4-9.

Lansing, J. Stephen. 2003. Complex Adaptive Systems, *Annual Review of Anthropology* 32: 183-294.

Mosko, Mark and Damon, Fred. (eds). *On the Order of Chaos: Social Anthropology and the Science of Chaos*, New York: Berghahn Press, In press.

Munro, Rolland. 1995. Disposal of the Body: Upending Postmodernism, Proceedings of the Standing Conference on Organizational Symbolism, University of Lancaster.

O'Brien, John D. 1992. "The Reality of Cultural Integration: A Constrained Holographic Theory of Collectivity in Culture." Paper presented to the American Sociological Association, Pittsburgh.

Povinelli, Elizabeth A. 2001. Radical Worlds: The Anthropology of Incommensurability and Inconceivability, *Annual Review of Anthropology* 30: 319-334.

Strathern, Marilyn. 1988. *The Gender of the Gift: Problems with Women and Problems with Society in Melanesia*, Berkeley and Los Angeles: University of California Press.

Strathern, Marilyn. 1992. "A Partitioned Process," in *Reproducing the Future: Anthropology, Kinship and the New Reproductive Technologies*, Manchester: Manchester University Press.

Strathern, Marilyn. 1993. One-legged Gender, *Visual Anthropology Review* 9: 42-51.

Strathern, Marilyn. 1999. The Aesthetics of Substance, in *Property, Substance*

and Effect: Anthropological Essays on Persons and Things, London: Athlone Press.

van Meter, Karl (ed). 2003. *Interrelation between Type of Analysis and Type of Interpretation*, Bern: Peter Lang.

Weiner, James (ed). 1995. "Too Many Meanings: A Critique of the Anthropology of Aesthetics," *Social Analysis* 38 (special issue).

이 책의 토대가 된 논고를 쓰게 된 계기는 두 번 있었다. 하나는 1987년의 먼로Munro 연속강연의 연사로서 에딘버러 대학의 사회인류학과로부터 초대된 일이었다. 또 하나는 오세아니아 사회인류학회로부터 1988년도 특별연례강연에 초대된 일이다. 이 두 번의 강연에서 나는 분에 넘치는 환대를 받았다. 에딘버러 대학의 에릭 핸리Eric Hanley와 그의 동료들 그리고 오세아니아 사회인류학회의 당시 회장 테런스 헤이스Terence Hays에게 깊은 감사의 뜻을 전한다.

이 강연물을 오세아니아 사회인류학회의 출판물로 내자고 제안한 이는 데버라 게워츠Deborah Gewertz다. 그녀의 인내와 격려 그리고 실질적인 논평이 없었다면, 이 책은 빛을 보지 못했을 것이다. 그녀는 또한 편집자로서 이 책의 세세한 부분까지 일일이 살펴주었다. 타이프 원고를 준비해준 진 애슈턴Jean Ashton도 세심하기는 마찬가지였다. 두 분에게 심심한 사의를 표한다. 비평가들에게 내가 그랬던 것처럼, 그들 중 몇몇은 최초 버전에 짜증이 났을 것이다. 겉으로는 논증적이지만 실제로는 설명이 빈약하고 빈틈이 많으며, 게다가 한 인간의 이력에 따라 이리저리 마구잡이로 이어지는 연결투성이었다. 나는 이러한 결함을 얼버무리지 않으려 했다. 논평을 해준 사람들, 그중에서도 앤서니 코언, 요하네스 파비안, 리처드 파든, 리세트 조지파이즈, 나이절 라포트, 제임스 와이너에게 감사의 뜻을 전한다. 또 앨런 버나드, 도나 해러웨이, 아이와 옹, 마거릿 로드먼, 유카 시칼라, 주디스 스테이시, 스티븐 타일러의 식견에 빚을 졌다. 전부는 아니지만 그중 몇몇 논평은 텍스트에 인용했으며 "사신"私信이라고 표기해두었다. 또 미간행 저작의 인용을 허락해준 분들에게도 감사함을 느낀다. 이 책의 출간을 위해 원고를 보완할 때에 맨체스터 대학의 클라우디아 그로스는 비평가로서 날카로운 통찰력을 발휘하여 내게 도움을 주었다.

이 글이 작금의 형식을 취하기까지 더한 역사가 있다. '부분적인 연결들'의 최초 버전을 전해들은 로이 와그너는 그중 하나를 수학적인 이미지의 관점에서 재검토했다(《프랙털 인격The Fractal Person》〔Wagner 1991〕 참조). 그 도발은 내게 강렬했다. 이 책에서도 그의 사고의 한 측면을 활용했는데, 그것은 매우 뻔뻔한 전유라고 할 수 있다. 그렇지만 우리 시대의 문화에 비추어볼 때 그렇게 부적절하다고 말할 수 없는 뻔뻔함이다. 나는 수학을 잘 모르면서도 수학적인 이미지에 사로잡힌 것이다.

제임스 글릭의 《카오스》(1987년 초판)가 베스트셀러에 막 오르던 참에 런던정경대학의 마거릿 윌슨이 그 책에 수록된 도판 몇 가지를 내게 보여주었다. 그녀의 선견지명이 고맙다.

도판과 그림을 재수록할 수 있도록 허가해준 것에 대해 정말로 감사하다. 1부의 첫머리 그림은 바이킹 펭귄사(뉴욕)에서 출간된 제임스 글릭의 《카오스》의 93쪽(번역서 144쪽)에서 가져온 것이다. 이 그림은 브누아 망델브로^{Benoît B. Mandelbrot}의 《자연의 프랙털 기하학^{The Fractal Geometry of Nature}》에 최초 수록되었으며, 이후 W. H. 프리먼사의 허가하에 재수록한다. 2부의 첫머리 사진과 그림 1은 칼 A. 슈미츠의 《완토아트: 파푸아뉴기니 북동부의 예술과 종교^{Wantoat: Art and Religion of the Northeast New Guinea Papuans}》의 70쪽, 122쪽, 123쪽에 실린 것들을 무턴 데 그루이터 출판사와 마르타 슈미츠 부인의 허락을 받아 재수록했다.

맨체스터에서
메릴린 스트래선
1987년 9월
1989년 9월

I

인류학을
쓴다

자연의 기하학
A Geometry of Nature

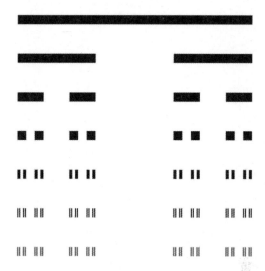

칸토어의 먼지

먼저 하나의 선에서 시작한다. 중간에 있는 3분의 1을 제거한다. 그러고 나서 남아 있는 두 도막의 중간 3분의 1을 제거한다. 이런 과정을 반복한다. 칸토어 집합은 남아 있는 먼지 같은 점들이다. 점들은 무수히 많지만 전체 길이는 0이다.

이러한 구조의 역설적인 성질은 19세기의 수학자들을 혼란에 빠뜨렸으나, 망델브로는 칸토어 집합을 전송선에서 발생하는 오류 발생 모델로 보았다. 기술자들은 오류 없는 전송기가 오류버스트 시기와 혼재되어 있는 것을 발견했다. 조금 더 자세히 살펴보면, 오류버스트 내에도 오류가 없는 시기가 존재했다. 프랙털 시간의 한 예였다. 망델브로는 시간에서 초에 이르는 모든 시간 범위에서 깨끗한 전송과 오류의 관계가 일정하다는 것을 발견했다. 그는 이러한 먼지들이 간헐성을 모델화하는 데 반드시 필요하다고 주장했다.

출처: 제임스 글릭, 《카오스》, 박래선 옮김, 동아시아, 2013, 144쪽, 번역 일부 수정.

부분 1

환기로서의
민족지

부분 1 **환기**

부분 1 **재현과 환기**

통상적으로 민족지적 설명이란 '거기에 있었던' 현장연구자의 경험과 관찰의 어느 지점에 근거한 특정 사회 및 문화에 대한 기술을 말한다. 과거에는 그러한 설명이 사회와 문화의 조직화 방식을 재현하고 그에 따라 분석과 이론의 대상을 제공하는 것으로 여겨졌다. 그러나 오늘날 인류학자들은 그와 같은 재현의 성질 자체에 골머리를 앓고 있다. 나는 이 논의의 출발점으로 스티븐 타일러의 환기로서의 민족지라는 이미지를 가져와보겠다. 그는 환기를 재현과 대립시킴으로써 자신의 주장을 명확히 하고 있다. 이 대립은 우연이 아니다. 그것은 다른 학문 분야에서도 되풀이되고 있다. 누구의 말에 따르면 문제시되는 것은 바로 지시 행위activity of reference 그 자체다.[1]

인류학자들이 몰두하는 바는 크게 두 갈래로 나뉜다. 인류학자들은 연구대상인 사람들이 만들어내는 행위, 인공물, 말 등등 그들 자신에 대해 스스로가 재현하는 가치와 성질로서 이해되는 것들을 어떻게 해석해야 하는지를 논한다. 이와 동시에 인류학자들은 민족지학자가 글쓰기의 기술^{description}로 이 의미들을 어떻게 재현하는지를 논한다. '재현'의 바로 이 활동은 오늘날의 비평에 더 자주 오르내리는데, 그 비평에서 민족지학자는 그녀/그 자신이 연구하는 사람들만큼이나 자신의 저작물 외부에 위치할 수 없다고 한다. 이 관점에서 글쓰기는 사실과 관찰을 기록하는 것 이상이다. 결과적으로 민족지학자는 더 이상 정보를 운반하는 중립적인 매개자^{vector}를 가장할 수 없다. 즉 구성된 내러티브에 그녀/그 자신의 참여가 명시되어야 한다. 인류학적인 내러티브는 다른 방법으로도 파악 가능한 독립적인 현실성을 지시하는 것이 아니라, 내레이션의 행위 속에서 현실성의 감각을 창출하는 것이라고 논한다. 이때 현실성이 파악될 수 있는 유일한 방법은 이미 자체 형식을 갖춘 매체를 개입시키는 것이다. 인간들의 문답^{interlocution}, 특히 현장연구에서 이뤄지는 문답 과정의 본성에 충실하기 위해서 작가/민족지학자는 그녀/그가 참여하고 있는 그것, 곧 담론^{discourse}에 이번에는 독자들을 불러들여서 참여를 독려해야 한다.

타일러는 이러한 비평에 단지 살을 붙이기보다 그보다 훨씬 더 효과적인 어떤 일을 한다. 그는 민족지가 하는 일을 인류학자가 어떻게 이해해야 하는지에 대한 방책을 제시한다. 그는 "담론의 요점은 어떻게 더 나은 재현을 만들 수 있는가에 있지 않고, 어떻게 하면 재현을 피할 수 있는가에 있다"(Tyler 1986: 128(타일러

2000: 215))라는 것에서 출발한다. 타일러의 주장에 따르면, 민족지는 작가의 반응과 같을 수 없는 독자의 반응을 환기시킴으로써 작용한다. 작가는 그 외의 사회나 문화를 '재현'할 수 없기 때문에, 작가와 독자가 공통적으로 파악하는 '대상'은 존재하지 않는다. 오히려 그녀/그가 독자에게 제공하는 것은 그 외의 사회나 문화와의 연결이다. 민족지는 보여주지는 못해도 상상은 하게 할 수 있는 무언가를 독자의 손에 쥐어준다. 연결은 어떤 경험(민족지학자가 독자를 위해 환기한 무엇)을 그나 그녀가 알아차릴 때 감지된다. "환기는 비재현적이기 때문에, '~의 상징'도 아니거니와 환기한 것을 '상징하는' 것도 아니므로 기호의 기능sign function으로는 이해되지 않는다. (…) 민족지적인 담론이란 그 자체가 재현되어야 할 대상도 아니며 대상을 재현하지도 않는다."(Tyler 1986: 129, 131(타일러 2000: 216, 218)) 많은 비평가들이 문답에 의한 민족지의 생산과정을 명확히 하기 위해 민족지가 취해야 하는 특정 형식을 처방하는 반면, 타일러의 재개념화reconceptualization는 형식을 따지지 않는다. 그가 바꾸고 싶은 것은 민족지에 대한 반응이다.

타일러는 다음으로 우리 시대의 시선을 사로잡는 민족지를 보여준다. 그는 너무나 많은 연구자들—여기에 나는 나 자신을 포함시키겠다—이 입에 담는 것만으로도 기꺼이 만족하는 동시대의 발전에 실제로 우리가 참여한다면, 타일러 자신이 좋아할 만한 무언가가 나올 것이라며 견본을 제시한다. 내가 말하는 동시대란 타일러의 자기의식적인 포스트모더니즘을 담고 있다. 인류학을 둘러싼 타일러의 주장은 환기를 "포스트모던 세계의 담론"(Tyler

1986: 123〔타일러 2000: 123〕)으로 개념화하고 민족지를 그 전형으로 보는 사고에 기초한다. 그가 말하기를, 저 세계는 지식의 통일을 이끄는 과학적 탐구라는 비전을 잃고 말았다.

그러나 독자와 작가를 밀실에 가두는 타일러의 민족지 재개념화는 인류학적인 작업의 어떤 측면에도, 그중에서도 특히 비교분석을 위한 자리를 내어주지 않는 것 같다. 비교분석은 한때 사회과학 내에서 인류학이 자신의 독자성을 주장할 수 있는 자리였다. 라디슬라프 홀리(Ladislav Holy: 1987)가 잘 말해주었듯이, 인간 행동의 일반화를 시도하고 문화를 번역하는 인류학의 기량^{facility}은 과거에는 횡-사회적인 비교에 의존했다. 그렇지만 민족지학자가 사실을 재현하지 않고 지식의 대상을 제공하지 않는다고 한다면, 일반화도 번역도 그 절차가 크게 훼손되는 것이 아닐까? 민족지의 목적이 환기라면, 사람들은 어떻게 비교에 착수할 수 있을까? 환기를 비교하라면 하겠지만(나이절 라포트$^{Nigel\ Rapport}$의 사신私信), 그것은 물론 환기가 일으키는 공명과 효과, 즉 미학적인 충격에 대한 것이 될 것이다.

홀리가 밝혔듯이, 사실상 통상적인 비교 방법 자체는 오늘날 막다른 골목에 이르렀다. 여기서 타일러는 새로운 출발점을 발견한다. 좋든 싫든 과거의 입장은 되찾을 수 없는 것이기에, 우리에게는 새로운 입장이 필요하다.

Ⅰ. 인류학을 쓴다

부분 2 **미학적인 막다름**

흔히들 성찰적이라고 부르는 인류학적인 사고에 유포된 최근 비평은 자신의 입장을 과거의 것에서 끌어온다. 주로 그것은 예전에는 문제시되지 않았던 현장연구자 상像을 문제 삼는다. 현장에 '들어갔다'가 거기서 관찰한 것을 '문화'나 '사회'의 진정한 재현으로 번역하기 위해 되돌아온다는 인물상은 이미 설득력을 잃었다. 거기에 있었다는 것에서 오는 권위는 정당한 권위가 아니라 오히려 저자성authorship에 대한 매점매석임이 판명되었다. 인류학자는 독단적으로 이 역할을 맡아왔을 뿐만 아니라 자체적으로 생겨나는 이론적인 몰두의 이득을 얻기 위해 〔현장에 대한〕 마지막 기술을 써내기까지의 과정을 숨겨왔다.

인류학자가 현장연구를 그만두어야 한다고 주장하는 이는 아무도 없다. 오히려 문제는 인류학자가 어떤 내러티브를 생산해왔는지를 둘러싸고 제기된다. 그러므로 해결책은 어떻게 쓸 것인지와 연관되는 것 같다. 바꿔 말하면 신용을 잃은 것은 현장연구자, 작가, 저자 이 삼자 사이의 중간생략이다. 요즘 논의되기로 저자 본연의 모습은 현장에서 확립된 관계, 가닿기를 바라는 청중, 위태로운 메시지의 관점에서 찾아져야 한다고 한다. 거기에 있었던 현장연구자의 권위에서는 찾아질 수 없다는 것이다.

그러나 과거에서 온 이 고독한 형상은 매우 복잡한 인물상이다. 협력사업과 집단연구를 제외하면, 현장연구자는 혈혈단신의 표본이었다. 그러면서도 그녀/그의 머리는 다양한 자료를 모아놓는 저장고였다. 현장연구자는 때때로 자신을 문화적인 기본원칙을 배우는 자라고 하며 자신에게 주어진 과제는 해당 사회의 성원으로서 행동하는 법을 익히는 것이라고 표명해왔다. 그러나 이 말은 특정 인물의 지식을 복제한다는 것을 뜻하지 않았다. 임의의 성원이 될 수 있다면 어떻게 되어야 하는지를 배운다는 뜻이었다. 달리 말해 현장연구자는 소위 제보자라고 불리는 사람들보다도 '많이' 알게 되면서, 다수의 제보자들에 공통하는 사항에 관한 일반화된 정보를 이러저러한 사람들의 문화로서 모아낼 수 있었다.

그래서 민족지학자/인류학자[2]는 각 제보자들과의 일대일 관계 그리고 문화 전체와의 일대일 관계를 동시에 누렸던 것이다. 하나의 전체 시스템을 기술하는 능력은 다종다양한 개별 사실들을 종합하는 능력에 달려 있다. 나 자신의 경험에서 알레고리(우화)allegory를 하나 들어보겠다. 그것은 나의 첫 연구지인 파푸아뉴기니 고지대의 하겐과 관련되는데, 나는 씨족제도에 대한 관념과 결혼할 때의 여성교환 사이의 체계적인 관계성을 이야기할 수 있었기에 가내조직을 정치와 연결시킬 수 있었다. 나는 사회를 신체로 보는 유기체의 은유를 문자 그대로 받아들이지 않거니와, 톱니바퀴가 맞물리듯이 효과가 전송되는 기계의 은유로 구조나 체계를 다루지도 않는다. 그러나 나는 이러한 은유를 지금 내가 연구하고 있는 모든 것의 잠재적인 통합을 드러내는 것으로 다루게 될 수도 **있다**. 통합이 또한 가능해 보이는 것은 모든 것을 하나로 합칠 때 내가 독백을 읊조릴 때와 같이 나 자신을 단독의 인격으로 상상하기 때문이다.

I. 인류학을 쓴다

단독의 학자는 다른 단독의 인격이 가진 다종다양한 경험을 그대로 복제하지 않았다. 그러나 그때 그녀/그는 자신의 인격 안에 다양한 사람들 사이에서 일어난 일들, 즉 **그들의** 상호관계를 성찰의 대상(그들의 사회/문화)으로서 포섭했다. 그녀/그는 이 대상을 여러 인격들 사이의 연결로서, 즉 이와 같이 연결을 구상할 수 있는 때를 제외하고는 학자 자신과 그다지 다르지 않은 사람들 사이의 연결로서 상상할 수 있었다. 관찰자의 시야는 의미를 통합하는 것에 관한 총체적이고 통일화된 전제였다. 또한 횡-문화적인 비교는 사회들 간의 연결이나 수많은 사회들을 횡단하는 독립변수들 간의 연결에서 고차원적인 통합으로 진행되었다. 그리고 이 진행은 개별 경험의 고유성을 공유할 수 있을 때를 제외하고는 그다지 다르지 않은 사람들과 다른 학자들 사이의 커뮤니케이션에 바탕을 두었다. 다른 인류학자들은 연결을 볼 수 있지만 저 경험에 대해 왈가왈부하지 않았다. 그들은 각각 자신의 일대일 관계에서 오는 권위하에서만 말할 수 있다고 생각했다. 내 주장은 현장연구자 개인의 인격과 그녀/그가 기술한 특수한 문화 사이에, 또 인격들의 집합으로서 사회의 상상된 통합과 인류학자 대부분의 통합에의 몰두(외부의 '정신') 사이에 잠재적인 중간생략이 있었다는 것이다.

그에 따라 단독의 총체적인holistic 현장연구자/인류학자는 내적 연결과 외적 연결 양쪽 모두를 관리했고, 오랫동안 이 인물상은 하나의 미학 형식으로 작동해왔다. '현장연구자'는 경험의 소비자 혹은 수용자라는 단독자에 대한 강렬한 묘사였다. 현상의 범위를 지정하기까지 하는 그 자의 능력은 암암리에 어떤 수준에서의 통합을 보증했다. (당신은 한 인격이 연결들을 만들었기 때문에 연결들이 있다는 것을 알았다.) 내가 미학이라고 말하는 것은 (이 인물상의) 형식이 가진 설득력, 그로부터 도출되는 적절성의 의미를 언급하고 싶기 때문이다.

현장연구자의 권위에 초점을 맞춘 신흥의 비평은 포스트콜로니얼의 고뇌의 잔재로 볼 수 있다. 그렇지만 이 비평은 인류학자와 제보자 간의 숨겨진 권력관계를 폭로하는 것에만 초점을 맞추지 않는다. 그 문제에 관해서도 이 비평은 일상생활의 너저분함과 하찮음에 대해 더욱 선명한 지각을 구상하지도 않으며, 허구와 환상을 구사해서 통설적인 논문보다 더 가까이 사람들이 절반쯤 의미한 바를 절반쯤 공명한 것에 접근하려는 것도 아니다. 물론 고뇌는 그 안에 내포된 권력관계를 결코 감당할 수 없으며, 어떤 혼란스런 텍스트도 삶의 혼란에 버금갈 수 없다. 요점은 우리가 재현을 불충분한 것으로 인식하게 되었다는 점이다. 그리하여 최근 성찰의 골자는 성찰 자체의 명증한 출현에 있다. 우리의 노력은 예전의 확신을 동반하지 않는다. 변화가 찾아왔다.

패러다임이 더 이상 당연하지 않게 되는 순간 그 자신의 모습을 드러내듯이, 이미지는 논쟁의 도마 위로 오르는 순간 그 힘을 잃는다. 그리고 이미지가 논쟁에서 살아남지 못한다면 이미지와 싸워봤자 그 비현실성에 놀아날 뿐이다. 이것이 민족지란 무엇에 관한 것인가를 둘러싼 우리의 이해를 바꾸려 했던 저 동시대 비평가들의 발견이다. 단독의 목소리를 내는 단독의 현장연구자라는

Ⅰ. 인류학을 쓴다

인물상을 부수고 다수의 사람들 및 목소리들의 복합물로서의 민족지라는 관념을 주입하면서, 이 신진 비평가들은 오직 문학적인 쟁점에 사로잡혀 그들 자신의 작품까지도 "자축하는 자기도취적인 타락"(Sangren 1988: 423)이라며 묵살하는 모습마저 보인다.

방종을 고발한다고 해서 문제의 핵심에 이르는 것은 아니다. 그러기는커녕 그 근처에도 가지 못한다. 리세트 조지파이즈는 이 전환에 대해 다음과 같이 요약한다. 그것은 논문을 독창적이고 통찰력에 넘치며 이론적인 주제에 대한 정보를 제공하는 작품으로 다루는 입장으로부터, 우화적으로 이해되는 이미 쓰인 것으로 다루는 텍스트로 옮겨가는 것이다.[3] 바꿔 말하면 작품은 텍스트로서 행사하는 영향력의 측면에서 평가된다. 성찰적인 비평은 영향력이나 효과의 성격에 집중된다.

그래서 인류학자는 새로운 미학에서 자신을 발견한다. 아니, 단독의 인물상은 논쟁의 와중에 성찰주의자의 인물상으로 대체된다. 그에 수반해서 '단독의 저자'는 더 이상 권위의 이미지가 아니며, '하나의 문화' 혹은 '하나의 사회'는 더 이상 연구단위로서 유효하지 않다. 이 변화의 판결을 논할 여지는 이미 없다. 저울에 잴 만한 옳고 그름 따위는 존재하지 않는다. 단지 한때 설득력이 있었던 것이 더 이상 그럴 수 없다는 의미에서, 옳았던 옛것이 옳지 않게 되었을 뿐이다. 한때는 진짜 효과를 만들어내기 위해 작동했던 형식이 이제는 작동하지 않는다.

부분 2 **여행**

부분 1 **반-미학적인 단절**

　내가 단독의 현장연구자를 하나의 미학 형식으로 고찰한 것
은 최근 비평의 성질에 이끌렸던 탓이다. 나는 이제 항간에 널리
유행하는 논평의 일부이면서 그것을 뛰어넘는 타일러의 논고로
되돌아오겠다.

　한 가지 비판은 인류학자들이 현장연구자의 참여적인 성격을
명시해야 한다는 것이다. 타일러 또한 포스트모던 민족지가 "협
력에 의해 진전된 텍스트이며, 독자와 작가 모두의 정신 속에 상
식적인 현실이라는 있을 법한 세계의 환상을 불쑥 환기시키는 담
론의 파편들로 구성된"(Tyler 1986: 125(타일러 2000: 210)) 것으로 다
뤄져야 한다는 것에 동의한다. 작가와 독자의 참여는 텍스트의
최초 창작에서 수행된 현장연구자와 제보자의 참여에 맞먹으며,
"'관찰하는 자/관찰되는 자'라는 이데올로기를 거부한다. (…) 그

대신 담론, 곧 모종의 이야기의 상호적이며 대화적인 생산이 있다"(1986: 126[타일러 2000: 211]). 하나의 저자/현장연구자를 대신해서, 그렇게 우리는 무수한 목소리의 다성성을 손에 넣는다. 이 다성성은 현장연구의 호혜성에 기초하거나, 아니면 텍스트가 알레고리로 읽히고 민족지적 실천의 알레고리가 원문 비평으로 읽힐 때 비로소 드러나는 숨겨진 대안들로서 조명된다(Clifford 1986). 다중의 저자는 독자에게 이제까지와는 전혀 다른 진정성을 수긍케 한다. 즉 집필의 참여자가 되는 것이 어떤 것인지를 깨닫게 해준다. 이 관점에서 이상적인 다성적 텍스트는 그 자체로 최종 형식 혹은 포괄적인 종합이 되지 못하기 때문에, 독자는 자신이 인공물을 재가공하고 있음을 자각하게 된다. 그리하여 다수성^{multiplicity} 혹은 가변성^{variability}은 형식에 대한 도전으로 간주된다. (민족지는 "텍스트 속에 갖고 들어올 수 없는 것을 환기시킨다". Tyler 1986: 138[타일러 2000: 230]).

앎^{awareness}에 이르는 길을 안내하는 이 새 초대장은 또 다른 곳에서 제기된 반-미학주의와 닮은 점이 있다.《포스트모던 문화》라는 과장된 제목이 달린 논문집의 서론에서 할 포스터$^{\text{Hal Foster}}$는 다음과 같이 언급한다.

'반-미학'이라는 표제는 (⋯) 그처럼 예술이나 재현의 부정을 다시금 주장하려는 것이 **아니다**. 이러한 '부정'에 의해 언급되는 (⋯) 순수한 현재라는 시간, 재현을 넘어선 공간의 유토피아적인 꿈을 신봉한 것은 모더니즘이었다. 이것은 여기서 다룰 문제가 아니다. 이 모든 비평가들은 우리가 결코 재현 밖으로 나갈 수 없다는 것을 당연하게 여긴다—아니, 결코 그 정치학 밖으로 나오지 말아야 한다. 따라서 여기서 '반미학'이라는 것은 근대의 니힐리즘(…)이 아니라 재현의 층위를 다시 새기기 위해 그것들을 탈구축하는 비평의 기호인 것이다. (Foster 1985: xv, 강조는 원문)

근대주의자의 '순수한' 미학 형식에 대한 인류학적인 대응물은 민족지가 결코 아니었다. 그것은 인류학자가 익명으로 작성한 '문화'/'사회' 자체였다.[4] 그래서 인류학자가 〔포스트모던의〕 뚜렷한 징표인 '민족지'를 발견하는 것, 즉 이 재현 속에서 그녀/그 자신의 장소를 발견하는 것은 예전에는 하나의 전체로 보였던 것을 부스러뜨리는 것과 같다. 포스트모던의 다성적 텍스트는 포스터에게 특수한 의미에서 반-미학적이다(Foster 1985: xv).

〔프레드릭 제임슨Fredric Jameson이 숙고하기를〕 왜 고전적인 모더니즘이 과거의 것이 되며, 왜 포스트모더니즘이 그 자리를 넘겨받았어야 했는가? 새로운 구성요소는 보통 '주체의 죽음'이라고 불리는 것, 혹은 예로부터의 언어로 말하면 개인주의 자체의 종언이라고 불리는 것이다. 위대한 모더니즘은 (…) 개인의 사적인 스타일의 발명에 입각했으며, 그러한 스타일은 마치 지문처럼 명명백백한 것, 자신의 신체처럼 대체 불가능한 것이었다. 그러나 이는 근대주의적 미학이 유일무이한 자기self와 사적 동일성, 독특한 인격과 개별성 등의 개념과 어느 정도 유기적으로 연결되

Ⅰ. 인류학을 쓴다

어 있음을 뜻한다. 그리고 그러한 자아나 인격은 세계에 대한 자신의 독특한 비전과 그 자신의 유일무이하고 명명백백한 스타일을 주조할 수 있을 것이라고 기대할 수 있었다. (Foster 1985: 114)

만일 예술의 모더니즘이 개인의 사적인 스타일[5]에 입각했으며, 인류학에서 그 대응물이 명명백백한 스타일을 제각기 구비한 타자들의 진정성 있고 독특한 문화들에 대한 현장연구자의 표현이었다고 한다면, 그때 '현장연구자의 죽음'은 이 부스러뜨림에 필수적이었다.

폴 래비노[Paul Rabinow]는 기표들 사이의 관계에 대한 관심의 붕괴를 만들어낸 연결을 강조한다. 주체의 죽음은 퍼스펙티브의 죽음, 즉 스스로를 넘어서며 그것의 관념이 지시하는 세계를 향해가는, 지각하는 유기체의 죽음을 뜻한다. 그러나 일단 "기표가 외부의 지시대상과 관련된 이해관계에서 자유로워진다 해도 그것은 결코 지시성에서 풀려나 부유하지 않는다. 오히려 지시대상은 다른 텍스트들 및 다른 이미지들이 된다"(Rabinow 1986: 250). 그리하여 제임슨의 저 유명한 처방에 이른다.

또다시 파스티슈(pastiche, 혼성모방)가 등장한다. 스타일의 혁신이 이미 불가능해진 세계에서 할 수 있는 것은 죽은 스타일을 모방하는 것, 즉 상상 속의 박물관에 진열된 가면을 통해 스타일의 목소리를 빌려 말하는 것일 뿐이다. (Fredric Jameson 1985: 115)

각 문화의 유일성과 그로 인한 다원성에 대한 근대주의적 이해를 대신해서, 포스트모더니즘은 오직 다른 문화들의 변이로서 이해될 수 있는 문화들을 채택한다. 이때 명명백백 드러나는 것은 인류학자들이 몇몇 문화들의 언어와 이미지를 사용해왔으며 이를 통해 다른 문화들의 언어와 이미지를 환기하고자 했다는 것이다(Boon 1982). 문화들과 사회들이 병렬로 놓이면 그것들은 서로 모방하고 반향을 일으키게 된다. 이를테면 그것들의 사회적인 형식은 다른 곳에서 '최초로' 묘사된 출계집단[descent group], 통혼조직, 계층체계와 공명한다(cf. Appadurai 1986; Marcus 1988). 이에 따라 민족지적으로 특수한 지역은 카스트나 증여교환 같은 특정 현상의 인류학적인 기술[description] 위에 공명을 일으키는 스타일을 각인해왔다(Fardon 1990). 스타일의 혁신은 더 이상 불가능한 것 같다. 왜냐하면 이제 인류학자가 문화들을 말할 수 있으려면 문화들을 통해야만 하기 때문이다. 이를테면 뉴기니 고지대의 친족에 대해 말할 수 있으려면 아프리카 친족 및 혼인체계를 통해야만 한다. 새로운 것은 이 깨달음이다.

이것은 비교분석을 위한 최초의 발판이 철거되었음을 암시하는 것 같다. 다양한 분석적 구축물들에 대해 그것들이 이런저런 논문에서 어떻게 전개되었으며 또 다른 곳에서 어떻게 도입되었는지를 숙고해본다면, 각각의 논문들이 다른 논문들의 주석으로 쓰이고 있음을 알 수 있다. 혈통, 카스트, 증여 등은 더 이상 인류학자들에게 다원적인 상황에서 그러한 현상의 등장을 비교할 수 있도록 해주는 자율적인 구축물로 '보이지' 않는다. 비교의 목적

Ⅰ. 인류학을 쓴다

은 사라진다. 인류학적인 텍스트에 대한 또 다른 텍스트의 내적인 참조만이 존재할 뿐이다. 게다가 이 치환은 끝이 없다.

포스트모던의 반-미학 속으로 스스로 걸어 들어간 타일러의 위치가 우리에게 주는 인상 또한 그러하다. 그런데 타일러의 초대장은 우리가 민족지에 어떻게 접근해야 하는지에 대해 더 많은 것을 말해준다. 그렇지만 초대장이 우리를 충분히 멀리 보내준 것은 아니다.

부분 2 **숨겨진 형식**

남아프리카 백인에 관한 크라판자노의 저작은 다성적 텍스트의 문학적/인류학적 모델 중 하나다(Crapanzano 1985). 이 모델은 그가 묘사한 다양한 현상들의 직접적인 비교를 삼가면서 의도적인 틀이나 포괄을 회피한다. 이 책은 병치의 장치$^{device of juxtaposition}$를 통해 전개된다. 그는 케이프타운 외곽에 위치한 작은 정착촌 주민들과의 다채로운 만남들을 차례차례 열거하는데, 주민들의 언설 또한 여러 화제, 논제, 주제의 혼합물이다. 그것은 또한 남아프리카 정치체의 다양한 '사회들'의 혼합물이기도 하다. 이것은 파스티슈의 사회학적인 유비물^{analog}인가? 즉 이미지를 잇는 이미지는 앞선 환기의 침전만을 동반하며 독자의 정신 속에서 서로를 연결하는 것인가?[6] 그러나 이러한 설명에는 또 다른 차원이 존재한다. 그는 서두에서 이렇게 말한다. "나는 저 이야기들에 나 자신의 이

야기를 곁들여왔다."(Crapanzano 1985: xii)

크라판자노의 저작은 자신에게 미치는 정치상황의 효과 그리고 그에 따르는 효과가 자신의 환경을 번복해서 다루는 방식을 다룬다. 또한 타일러는 입장들의 단순한 연속이나 상호중첩에 만족하려 하지 **않으며**, 존재할 수도 있고 존재하지 않을 수도 있는 다른 입장들에 대한 힌트, 반향, 암시가 되어주는 입장들이 단지 연결되기만 하는 데에도 만족하려 하지 **않는다**. 이 콜라주의 묘기는 "일시적인 혼합물로 재결합되는 요소들의 (⋯) 결코 완전히 억압되지 않는 타자성^{alterity}을 구성한다".

> (이 대립의 통상적 의미에서) 언어적이든 비언어적이든 구어든 문어든 단위의 크고 작음에 상관없이 모든 기호는 **인용될** 수 있으며 따옴표 안에 놓일 수 있다. 그렇게 해서 기호는 주어진 모든 텍스트에서 벗어날 수 있으며, 완전히 무제한적이라는 의미에서 새로운 맥락을 무한대로 발생시킬 수 있다.[7] (Derrida, 1985: 88, 강조는 원문)

사실 타일러는 그러한 무제한성과 담을 쌓고 있다. 그는 민족지의 포스트모더니즘이 형식에 의해 규정되는 것을 부정하기 때문이다. 파스티슈든 아니든 결정된 형식은 존재하지 않는다. 그래서 그는 재현이라는 관념에 조급하다. 오히려 타일러는 모든 민족지가 환기하는 능력을 지닌 탓에 포스트모던의 성격을 띠고 있다고 주장한다.[8] 여기서 환기란 민족지 읽기가 떠남**과 귀환**의 과정으로 이해되어야 함을 뜻한다.

따라서 그가 말했듯이 민족지적인 환기는 자기와 타자, 주체와 객체, 언어와 세계 간의 소원하고 단절된 관계를 치유한다는 치료법으로서 상상될 수 있다. 그럼에도 불구하고 형식에 관한 반-미학적인 포스트모던 민족지는 통합의 관념으로 되돌아오는 귀환이다. "포스트모던 민족지는 묵상의 대상이며, 상식의 세계와의 단절을 일으키고 **미학적인 통합**을 환기한다. 그리고 통합의 치료적인 결과는 상식의 세계의 **갱신**restoration 속에서 모습을 드러낸다. (…) 그것은 영원한 유토피아적인 초월이라는 잘못된 희망을 주지 않기 때문이다. 그와 같은 희망은 상식의 세계의 가치를 떨어뜨리고, 상식의 세계를 속인다. (…) 그 대신 포스트모던 민족지는 상식의 세계에서 출발해서 상식의 세계를 재확인하고, 새로워진 그 세계, 우리의 재생을 지켜보는 그 세계로 우리를 데려간다."(Tyler 1986: 134, 강조는 인용자[타일러 2000: 224]) 타일러는 우리가 경험과 맥락의 무제한적인 배열을 상상하도록 하지 않는다. 그보다 그는 작가와 독자가 그들 자신의 세계들로 귀환하는 재귀적인 활동을 상상한다. 민족지의 리얼리즘이면서 동시에 환상인 것은 "환상과 상식 가운데 이미 우리에게 주어진 가능세계에 관한 암시, 즉 그 자체는 지식의 대상에 될 수 없는 우리 지식의 기초"(Tyler 1986: 134[타일러 2000: 223])를 암암리에 알리는 능력이다.

내가 타일러를 이해하는 한에서 그는 떠남과 귀환의 이미지에 담긴 재귀적이고 치환적인 위치설정의 감각을 대체하기 위해 파스티슈나 콜라주의 이미지와 차례차례 결별하고 있다. 그러나 그가 보여주는 방식은 불충분하다. 그는 저자-텍스트-독자를 "개개의 위치를 갖지 않는 창발적인 정신"(Tyler 1986: 133(타일러 2000: 221))으로 설정하는 그의 인지적 유토피아로 하여금, 이 위치설정의 감각이 설득력을 갖기 위해 필요한 모든 일을 하게끔 할 수 없다. 그 목적을 이루기에 그것은 불충분한 도구다. 그 이유를 말해보겠다.

타일러는 이미 알고 있는 것을 민족지가 어떻게 재작업하는지, 민족지를 쓰고 또 읽으면서 그것이 앞선 경험에 얼마나 강한 인상을 남기는지에 관심을 갖는다. 그러나 그는 단독의 현장연구자/저자라는 인물상을 부수기 위해 타자들과 행동을 같이하면서도, 민족지적 경험의 통합을 허물지 않는다. 비록 잠깐일지라도 민족지적 경험은 **효과 면에서** 통합적이다("신종의 총체론"). 그리고 저 효과는 작가/독자의 인격 속에 기입된다. 그의 저술에서 우리의 관심사는 형식이 아니라, 반응을 이끌어내는 능력을 민족지가 갖고 있다는 것임을 상기해보자. 치유적인 통합의 효과가 발휘되기 위해서는 누군가에게 그것이 기입되어야 한다. 여행을 해야 한다면, 여행을 떠나는 자가 있어야 한다. ("일상의 현실을 파괴하는 것은 여행"인데, 그것은 "탐구자의" 의식을 혼란시키면서도 종국에는 그녀/그를 "낯익은데도 영구히 변환되는, 흔히 있는 세계의 기슭으로"(Tyler 1986: 126(타일러 2000: 211)) 끌어올린다.) 민족지적인 파열은 여행자**에게 일어나는** 공간과 시간의 어긋남으로 상상된다.

여기에는 숨겨진 미학 형식이 있다. 그것은 탈구축하는 여행이라는 형식이며, 정말이지 관광객으로서의 인류학자라는 형식이다(Crick 1985). 민족지를 쓰거나 읽는 것은 일종의 모험이다. 이 모험은 그 자가 모험을 시작한 곳으로 그 자를 다시 되돌려놓고 끝나지만, 그 자는 자기가 어디 있는지를 모험을 시작할 때와는 다르게 인식한다. 왜냐하면 모험을 거쳐왔기 때문이다. 여행자의 병치된 경험들은 관찰하는 자가 '관찰되는 자'에 대해 갖는 저 먼 퍼스펙티브를 그녀/그에게 선사하지 못한다. 오히려 경험은 종국에는 여행자를 언제나 달라진 출발점에 착륙시키는 시퀀스에서 발생한다. 원형가옥$^{round\ house}$은 튜더베탄 양식의 박공지붕 혹은 화강암 자재를 보는 애꾸눈의 시선을 영원히 바꿔버린다. 이를테면 말리노프스키 '이후의' 프레이저는 전과는 다른 양상으로 등장한다(Tyler and Marcus 1987).[9] 그러나 타자들과의 만남이 어떻다 해도 중요한 것은 탐구자의 내적 변환이다. 갱신되는 자는 이러한 위치들의 경험을 자기의 내부로 병치시키는 여행자다. 여기에는 콜라주를 하나의 혼합물로 응시하는 포스트모더니즘과의 친연성^{affinity}이 있다. 정말이지 그것은 (파산한) 주체가 소비자라는 형상 속에서 재탄생하는 것처럼 보인다. 이는 저자성과 관련해서, 혹은 심지어 만남의 형식과 관련해서 그런 것이 아니라, 그 효과들이 발휘된다고 우리가 상상하는 장소에서 그러하다. 그렇다면 우리는 현장연구자를 살육한 끝에 관광객을 발견했을 뿐이지 않은가? 결국 쟁점은 다성성이 아니라, 그녀/그 자신에게 경험이 어떻게 작용하는지에 따라 경험을 선택하는 그 자, 바로 심미가의 취향에 자리한 내적인 이질성이지 않은가? 우리는 우리 자신을 특정 텍스트의 생산자로 사고하는 것을 제쳐두고서도 결국 무엇이든 남김없이 탐욕스럽게 먹어치우는 소비자에 당도할 뿐인가?

만약 그렇다면, 이것은 떠남과 귀환에 대한 너무나도 빈약한 사고방식인 것 같다. 소비자의 밥그릇을 위해 안타깝게도 끝내 모든 것이 살덩이로 변한다. 물론 경험 전체를 두고 하는 말은 아니다. 내가 묘사한 것은 경험들의 영속적인 변환이다. 하나의 만남은 또 하나의 만남으로 완벽히 대체되지 않는다. 그럼에도 불구하고 이미지는 모든 것을 소비 가능성에 복속시키는 소비 행위로 우리를 되돌려놓는다. 여기서 사건과 관찰 각각은 경험하는 능력이라는 통일된 파스티슈 속으로 똑같이 흡수된다.

심미가의 응시, 곧 관광객의 이국적인 여정은 소비 행위 자체에 관해 그리고 그것이 어디서 어떻게 생겨났는지에 관해 거의 아무것도 말하지 못한다. 눈동자 속에 혹은 발밑에 있는 것은 말하자면 이미 소비되고 있다. 그것들은 벌써 소비하는 신체'의 일부'다. 우리는 경험 밖에 경험이 존재하지 않는다는 것을 다시금 발견한다!

여전히 '경험'은 특정 방식으로 재구성되어 쓰이곤 한다. 그것은 다른 관념들을 필요로 한다. 그렇게 해서 경험이 통합의 효과를 발휘한다는 관념은 자기[self]라는 관념을 필요로 하는 것 같다. 타일러는 다음과 같이 말한다.

(포스트모던 민족지의) 목적은 지식의 성장을 촉구하는 것이 아니라 경험을 재구성하는 데 있다. 그리고 객관적인 현실을 이해하는 것도 아니며 혹은 어떻게 이해해야 할 것인지를 해명하는 것

도 아니다. 왜냐하면 전자는 상식에 의해 이미 확립되어 있으며, 후자는 불가능하기 때문이다. 그것이 겨냥하는 바는 **자기를 사회 속으로 재통합**, 재동화하고, 일상생활에서의 행동을 재구성하는 일이다. (Tyler 1986: 135, 강조는 인용자(타일러 2000: 225))

여기서 사회가 아닌 '자기'가 치료의 대상으로 등장한다. 게다가 사회가 어떻게든 자기 너머에 있는 한 자기는 유한하다. 그래서 그 속에는 두 가지 관념이 결합되어 있다. 하나는 통합의 과정이 그 자체의 이미지, 즉 단독의 인격이 다양한 경험들을 인식할 수 있는 가능성에 달려 있다는 것이다. 그러나 다른 하나는 그 이미지가 인격이 **또한 알고 있는** 것을 포괄하기에는 모자라다는 것이다. 그나 그녀의 경험들은 일어날 수 있는 다양한 경험들과 똑같지 않다. 여행자-관광객의 여정의 '통합'이 단독의 신체(자기)로 지각되는 무엇의 내부에서 일어남에도 불구하고, 신체는 스스로 소비할 수 있는 것들 너머에 사물들이 존재한다는 것을 분명히 안다. 신체는 이 사물들을 신체의 앎^{awareness} 속에서 감지하는데, 그렇지 않으면 그것들을 써먹을 수 없다. 다시 말해 사물들은 외부의 참조점으로 계속해서 남는다. 다만 간단히 말해 타일러는 자기를 '사회' 속에 위치한 것으로 언급할 수밖에 없다.

부분 2

복잡한 사회, 불완전한 지식

부분 1 **귀환한 자**

부분 1 **복잡한 과거**

타일러 특유의 위치설정의 배경으로 내가 소환한 일련의 비평('성찰적 전회')은 특유의 이론적 기원을 갖고 있으며, 1980년대 수많은 인류학자들 작품의 배경을 형성한다. 그런데 이것은 땅ground에서 형상figure을 너무나 분명하게 구분해버린다. 지금 벌어지는 논쟁의 특징 중 하나는 비평이 제기한 문제가 비평 자체의 문제로 비평에 부착되는 방식에 있다.

흥미롭게도 예를 들어 제임스 클리퍼드와 조지 마커스 편집의《문화를 쓴다Writing Culture》(1986)가 출간되고 책 속의 비평과 그에 대한 반-비평이 나오자마자, 그것은 텍스트에 사로잡힌, 문학연구에서 갈라져 나온 이론화의 한 사례가 되었다. 이때 '문학론적 전회'는 '성찰적 전회'의 한 전형이 된다(cf. Sangren 1988). 〔《문화를 쓴다》의〕 서론에서 문학의 불안정성에 대해 그리고 글쓰기의 문학적 효과가 어떻게 관찰되는지를 논평한다는 사실에도 불구하고,[10] 또 텍스트에서 담론으로, 나아가 민족지학자의 사회-역사적인 상황 설정으로 신중하게 옮겨간다는 사실에도 불구하고 말이다. 재현에 대한 이 책의 비평은 여하간 〔'성찰적 전회'의〕 전형이 되며, 이 책이 재현을 비평할 때조차 논점은 재현의 관점에서 재검토된다.[11] 아마도 이는 월경하는 자들의 숙명일 것이다. 조지파이즈가 지적하듯이, 거대서사master narratives의 상실은 상보적인 효과를 갖는다. 크레이그 오언스Craig Owens는 문학에서 내러티브의 상실은 문학이 스스로를 역사적으로 위치지을 수 없게 된 것과 같음을 상기시키는데(Owens 1985: 65), 이것은 인류학에서 내러티브 구성의 대화적 기반을 재생산하는 것이 역사적 차원을 부가하는 것이라는 사고와 뜻밖에 조우한다.

바야흐로 현 시대의 호기심을 자극하는 특징은 모더니즘과 포스트모더니즘 둘 다에서 유사한 특징이 주장될 수 있다는 데에 있다. 제임슨은 다음을 강조한다(Jameson 1985: 123). "(파스티슈 등등) 우리가 여기서 묘사해온 모든 것들은 앞선 시대들, 그중에서도 특히 모더니즘 안에서 찾아질 수 있다." 차이는 그것들이 〔포스트모더니즘에 이르러〕 "문화생산의 중심적인 특징"이 되었다는 것이다. 그렇다면 타일러의 논고는 재현과 환기 간의 '대립'을 주장하는 것으로 절대로 읽히지 말았어야 했다. 오히려 그는 한쪽〔재현〕을 다른 한쪽〔환기〕에 의해 소환되는 현존presence으로 만든다. 즉 환기는 제시도 아니고 재현도 아닌 것으로 이해된다. 그러나 이는 결국 충분한 혹은 완전한 의미에서 재현이 복구되지 않는다는 것을 뜻

Ⅰ. 인류학을 쓴다

한다. 그것은 자리를 빼앗겼다.

하지만 무엇이 자리를 빼앗겼단 말인가? 인류학의 과거에는 사실주의/재현의 형틀^{mold}에 잘 들어맞지 않은 텍스트가 여기저기 널려 있는 것 같다. 제임스 분(Boon 1986)은 《슬픈 열대》의 파스티슈^{12}를 상기시키고, 이와 마찬가지로 클리퍼드(1988〔1981〕: 4장) 또한 민족지에 나타나는 옛 〔방식의〕 초현실주의적인 순간에 주목한다. 요하네스 파비안은 민족지라는 관념 자체의 역사 그리고 '민족지'와 '글쓰기'의 화합 이전에 이 둘 사이에 있었던 수상한 괴리를 추적한다(Fabian n.d.). 여하간 레이먼드 퍼스$^{Raymond\ Firth}$의 《티코피아 신들의 일$^{The\ Work\ of\ the\ Gods\ in\ Tikopia}$》은 과연 어떤 종류의 '모더니즘 텍스트'를 예증한 것일까? 우리는 탈렌시^{Tallensi}와 누어^{Nuer}에 대한 기술이 인류학의 여러 사상학파와 선학들 및 동료들의 저작에 의해 매개되었다는 것을 내내 몰랐던 것일까? 그렇다면 고전적인 단독의 현장연구자라는 이미지는 배경투사$^{back\ projection}$에 불과한 것이 아닐까?^{13}

이처럼 작금의 비평(비평과 반비평)의 단호함과 비평이 과거를 다루는 방식 사이에는 통약불가능성이 나타난다. 현재의 관심이 과거의 세계들을 형상화해야 한다는 이야기는 그리 놀랍지 않다. 그러나 배율조정의 이중효과를 떨쳐내기는 어렵다. 즉 작금의 관심에서 비롯된 빈약한 해석에 비하면 과거는 끝없이 복잡다단한 것으로 보인다. 아니면 선학들의 간단명료한 저작들에 비해 오늘날의 섬세함과 성찰은 끝없이 더 복잡한 것으로 보인다. 이 진동^{oscillation}에서 중재하기란 쉽지 않다. 이중구속$^{double\ bind}$에 처하게 된다. 첫 번째 입장이 이끄는 대로 과거를 복잡하게 만들기 위해서는, 두 번째 입장이 이끄는 대로 (과거를 깨닫고 포섭하는) 작금의 감수성을 더욱 복잡하게 만들어야 하기 때문이다.

이런 의미에서 과거로 되돌아간다는 것은 있을 수 없다. 물론 누구에게든 한 번이라도 자기 출신지로 되돌아갈 수 있는지는 물어봐야 한다.[14] 그러나 여기서도 우리는 위와 동일한 이중효과와 마주친다. 왜냐하면 여행자가 겪는 어려움은 그나 그녀가 아무리 긴 여행일지라도 떠나온 곳을 정말로 떠나지 못한다는 데에 있다고 누군가는 마찬가지로 주장할지 모르기 때문이다.[15] 그렇다면 무슨 의미로 타일러는 재차 확인받고 다시 새로워진 그녀/그 자신의 세계로 독자를 돌려보낸다는 것일까? 여행자의 '자기'가 집으로 되돌아갔을 때 그녀/그를 기다리는 것은 어떤 종류의 통합일까? 그녀/그를 수용하는 어떤 '사회'가 그곳에 있다는 것일까? 타일러가 암시하기로, 이러한 수용은 상식의 세계 속에, 즉 일상의 행위와 흔한 경험 속에 있다(Tyler 1986: 135-136).

부분 2 코즈모폴리턴

그런데 이러한 이중의 복잡성을 간신히 붙잡고 있는 우리 시대의 한 형상이 있다. 그것은 바로 과거의 미묘함을 현재의 척도로 삼는—혹은 다른 장소의 미묘함을 본거지의 척도로 삼는—코즈모폴리턴이다. 그러나 내가 폴 래비노(Paul Rabinow 1986)에게

Ⅰ. 인류학을 쓴다

서 빌려온 이 말은 여기서는 그와 다른 효과를 위해 사용된다. 여기서 코즈모폴리턴은 학문의 [분야별] 역량이나 학술적인 서식지의 자기의식하는 크레올화creolization16를 가리키며, 오늘날의 작가들이 과거의 복잡성을 보여줌으로써 세계에 대한 그들 자신의 이해의 복잡성을 드러내는 방식, 즉 과거의 단 하나의 형상을 참조하는 데에서 만족하지 못하고 다수의 형상을 뒤섞어 참조하는 데에서 충분함을 찾는 양식을 뜻한다. 이때 코즈모폴리턴은 소비자 이상의 무엇이며 관광객 이상의 무엇이다. 왜냐하면 그녀/그가 복잡성의 이 감각을 개인의 전문적인 정체성의 원천으로 주장하면서 감각의 활성상태를 유지하기 위해 애쓰기 때문이다.

울프 한네르스(Ulf Hannerz 1990)는 코즈모폴리터니즘을 '의미 운용'의 한 퍼스펙티브 혹은 한 양식으로 제시한다. 그의 표현에 따르면, 코즈모폴리턴의 [세계에 대한] 관여는 일종의 다원적인 문화 능력을 명시한다. 다른 여행자들과 달리 코즈모폴리턴들은 귀환 후에도 계속해서 코즈모폴리턴이고자 한다. 그들은 각기 다른 곳의 다양한 지향을 유지하고, 그럼으로써 그들 자신의 문화로부터 개인의 자율성을 지켜낸다. 한네르스는 세계문화에 대해 이야기한다. 사람들은 지방문화들의 증가하는 상호결속력과 특정 영토에 정박할 필요가 없는 초국가적인 연결망의 발전으로부터 스스로 의미를 만들고 있다는 것이다. 그는 어느 헝가리인 저자를 인용해서, 국제적인 통합이 보편성을 규정하는 오늘날의 세계에서 국민문화는 지방주의provincialism의 색채를 띠고 있음을, 또한 그것이 일으키는 불안정성에 대해 이야기한다.

학문적인 코즈모폴리턴들은 작금의 입장을 세계 각지의 이질적인 타자들의 성좌에서 파생한 합성물composites로 인식한다. 이때 타자들은 인류학, 역사학, 정치철학에서 파생된 형상들이며, 그들에 대한 언급은 항상 '타자들'의 더 큰 은하계를 암시한다. 그들은 소비자도 아니고 관광객도 아니다. 차이는 〔그들이〕 소비자의 동질적인 뱃속 안에서 용해되지도 않으며 관광객의 이익을 위해 구성되지도 않는다는 데에 있다. 다양성은 끊임없이 활성화되고, 말하자면 마치 수많은 가로막힘interruption이 학자를 다양한 방향으로 이끌어가듯이 콜라주가 서식하게 된다. 그러한 여정의 성격이 개인적이라는 데에 대한 자기의식self-consciousness은 있을 수 있겠지만, 그 경관이야말로 세계다.

그렇지만 경관 또한 구성된다. 한네르스 자신이 말하듯이, 사람들은 다양한 방식으로 지구적인 다양성과 관련되어 있다. 그들은 단지 우주cosmos를 구성하는 시간들 및 위치들의 다원성으로부터 다양한 영토의 지도를 그리면서 다양한 발견을 해내는 것만이 아니다. 다원주의의 형식은 제각각이다. 라포트는 북아메리카 문화다원주의의 스테레오타입과 영국의 사회다원성의 스테레오타입 간의 알레고리적인 대조를 보여준다(Rapport n.d.). 그의 주장에 따르면, 전자에서 종족의 다양성은 문화적 차이의 민주주의적 감각, 즉 문화적 차이가 충분하다면 특정의 사회적 이해가 지배적일 수 없다는 관념을 불러일으키는 것으로 나타난다. 공통분모는 영어에 의해 마련되는데, 여기서 공통의 규칙은 최소한으로 억제되며 지방의 독창성inventiveness이 장려된다. 이와 대조적으로 영국에서 영어는 사회적 배제와 배타성의 언어다. '영어'는 표준을 표시하고, 그에 따라 문화적/종족적 단일성과 사회적 다양성을 동시에 나타낸다. 지역이 계급과 결합되면서 '사투리'는 공인영어에서 벗어나 표준과 관련된 서열화에 쉽게 노출된다. 이 우화의 교훈은 다원성이 그 자신의 배치를 가진다는 데에 있다. 북아메리카의 교외에서 흔히 보이는 음식 및 식습관의 병치는 영국의 교외에서 보이는 그러한 병치와 반드시 같은 방식으로 주민들을 코즈모폴리턴으로 만들지 않는다. 여하간 영국에서 사회적 관습의 배타적인 성격은 사람들이 말하자면 문화적으로는 그들 자신의 사회'에' 속할 수 있지만 그들이 살아가려는 곳 어디에서나 사회부적응자가 될 수 있음을 뜻한다. 뜨내기는 방랑자일지도 모른다.[17]

정말로 '집이 있는 아늑한' 시골은 언제나 위험한 여행을 보장해왔다. 타일러의 상식적이고 흔해빠진 세계에 매우 가까운 이 집(고국)은, 현장연구자가 '혈혈단신'으로 행동하거나 유일한 연구대상임을 주장하는 것이 가능했던 곳이라고 인류학자들이 결코 상상할 수 없었던 장소다. 이곳은 민족지학자가 혼자서는 결코 작업을 충분히 수행할 수 없는 곳이며, 향토사, 정치학, 사회행정학 등의 다른 학문 분야에서 수행한 타자들에 대한 작업에 의해 현장연구가 보완되어야 하고, 그만큼 언제나 우려를 낳는 장소다. 실제로 인류학자가 만난 사람들은 이 점을 충분히 말해주었을 것이다. 가령 앤서니 코언(Anthony Cohen 1987: 9)이 조사한 (스코틀랜드 북부의 제도인) 셰틀랜드 주민들Shetlanders은 한때 웰세이Whalsay 섬이 세계의 중심이었지만 저 너머의 주변세계와 관계가 역전되면서 지

금은 자신들이 어딘가에 분명히 있을 중심의 주변부라고 느낀다
고 말한다.

　타일러는 비완결성^{incompleteness}을 언급한다. 즉 불완전성^{imperfection}
이 그 불완전성 자체를 환기하거나 자기초월적인 효과를 위한 수
단이기 때문에, 포스트모던 민족지는 결코 완전히 실현될 수 없다
는 것이다. 귀환 후 잠시나마 완전해진 그 자는 〔세계에〕 참여하는
작가/독자, 즉 우리의 여행하는 코즈모폴리턴이다. 그러나 자기
집에서 서구사회의 어떤 측면들을 연구하는 서구의 인류학자는
특별한 종류의 가로막힘에 직면한다.

　사회학자들, 경제학자들, 역사학자들—서구사회의 작업들에
또한 관심을 갖는 다른 학문분야의 동료학자들—은 자기 집에서
조사하는 민족지학자에게 통찰이나 참조점을 주지 못한다. 게다
가 그들은 혼란스럽고 난처한 자들로 존재한다. 실제로 인류학자
는 그의 연구에 포섭되지 않는 자들이 자신의 존재를 요구하는 바
람에 떠밀려나간다. 그들을 연구에 불러들이면, 인류학자의 일은
'완성되지' 못할 것이다. 그들은 심지어 인류학자의 작업을 방해
하는 듯하다. 바로 자기충족적인 개인이라는 현장연구자/인류학
자의 이미지를 교란시키면서 통합의 인식을 막아서기 때문이다.
타자의 목소리에 대한 이 진실은 연구대상에 대해서도 진실이다.
인류학자들은 자국의 현장에서 종종 주눅 들어 있다. 사회는 복잡
하고 다루기 힘들어 보인다. 변명하듯이 혹은 반항하듯이 특정 부
분에 역량이 투여된다. 또 하나의 배율조정이다. 이러한 미시인
류학과 거대이론의 거시인류학 사이에는 아무것도 없는 듯하다

(Hannerz 1986).

이 겉모습만 보면, 자기 집에 있는 우리의 코즈모폴리턴은 중심을 하나로 모이게 할 수 없는 것 같다. 여하간 만약 세계가 〔코즈모폴리턴의〕 집이라면, 그리고 서구 헤게모니의 위기와 자본축적 중심부의 전환에 대한 조너선 프리드먼Jonathan Friedman의 주장을 우리가 받아들인다면, 우리는 '세계체제의 파편화'를 살고 있다(Friedman 1988: 427〔프리드먼 2009: 176〕).[18] 그가 서유럽과 아메리카의 종족화 ethnicization라고 부르는 것—수많은 지방문화들의 생산—은 초국가적 이미지보다 분산의 이미지에 더 어울린다.

타일러(1986: 131)가 말하기를, 포스트모던 민족지가 파편적인 까닭은 현장 속 삶이 파편적이기 때문이다! 그렇지만 아마도 통합으로 상상되는 무엇이 그에 앞서 전체성을 갖춘 세계에서 유래하지 않는 것과 마찬가지로, 파편으로 상상되는 것 또한 파편들의 세계에서 유래하지 않는다. 자기 집에서, 이를테면 영국에서 조사하는 현장연구자가 얼마나 타자들의 사회적 현존에 괴로워하는지는 현장연구자와 타자의 관계성의 인식을 위한 또 하나의 차원을 드러낸다. 열린 귀는 단지 은하를 탐지하는 천체망원경만이 아니다. 사람들은 귀에 대고 소리친다. 그들은 요구할 것들이 있다. 그들은 나란히 서 있기만 하지 않는다. 사람들은 연결된 것으로 보이고, 자기를 끊임없는 개입에 언제나 **응할 수 있도록**available 내어놓는다. 통합의 이미지도 파편화의 이미지도 집으로 귀환했을 때의 느낌이 어떤 것인지를 전달하지 못한다. 어느 쪽의 수사어구도 침범하는 존재들의 본성을 제대로 보여주지 않는다.

부분 2 장소에 놓이다

부분 1 마을들을 공유하다

이 모든 것에도 불구하고 갖가지 친숙하고 공통적인 사고방식은 언뜻 보기에 통합과 파편화 간의 그럴듯한 대조를 시인한다.

역할극에서 페르소나를 바꾸는 것은 중산층 문화의 사회학적인 어휘에서 흔한 일이다. 이것은 복잡한 사회의 한 시각이다. 나는 이 〔극의〕 청중들에게는 멜라네시아 연구자이고, 저 〔극의〕 청중들에게는 농촌연구자다. 즉 맥락이 바뀌면 '역할'도 바뀐다. 그리고 여기에는 딱히 주목할 만한 점이 없다. 그러나 각기 다른 방향을 바라보는 여러 역할들의 성좌의 중심으로서 인격을 사고하는 것은 가능하다. 혹은 인격을 다양한 견해들의 주축이나 교차점으로서, 네트워크의 중핵에 있는 관리자로서 사고하는 것도 가능하다. 이 두 가정을 한데 연결하는 것은 개인으로 상상되는 인격이다. 이 형상은 **똑같은 이유에서** 파편화된 것으로 혹은 통합된 것으로 나타난다. 왜냐하면 개인으로서 그녀/그는 사회중심적인 구조든 자아중심적인 네트워크든 그 '안'에서 주어진 그녀 혹은 그의 자리에 배치될 수 있기 때문이다. 네트워크에 인격의 일관성을 부여하는 개인은 그와 마찬가지로 그 혹은 그녀의 소재지를 규정짓는 구조의 입자다. 흥미롭게도 〔사회중심적인 구조와 자아중심적인 네트워크의〕 두 위치 중 어느 쪽이든 인격의 통합 혹은 파편화의 원천으로 간주될 수 있다.

더 흥미로운 것은 내가 방금 묘사한 것이 잉글랜드의 어느 마을이라는 점이다(M. Strathern 1981). 한편으로 잉글랜드의 마을들은 고정된 중심으로 상상된다. 마을들은 장기간의 애착에 초점을 두고 있으며, 이 속에서 사람들은 뒤얽힌 연결망 속에 맞물려 있고, 마을 곳곳은 외부를 내다보는 개별의 단위다. 다른 한편으로 그것들은 사라져가는 제도처럼 보인다. 마을이 사라지는 이유는 사람들이 마을과는 아무 상관없는 세계로 빠져나가면서 〔마을이〕 버려지거나 다른 곳에서 들어온 사람들의 침입에 의해 침하되거나 둘 중 하나다. 유입된 사람들은 예전의 공동성과 지금의 익명성 사이에서 급진적인 파편화를 일으키며 마을을 전혀 다른 장소로 바꿔버린다. 상상의 마을은 친족의 관점에서 끊임없이 복제된다. 마을 사람들은 그들 자신을 제각기 개인적인 계보의 중심축으로 보면서도, 뿔뿔이 흩어질 수 있고 또 언제든 두고 떠날 수 있는, 별개의 가족으로 나뉜 상태로 인식한다.

이때 개인과 장소와 친척에 관해 잉글랜드인이 품고 있는 특정 관념들 사이에는 연결이 있다. 개인은 눌러앉거나 여러 곳을 여행한다. 장소는 머무르거나 이동하는 개인들을 담고 있다. 친척 간 유대는 변하기 쉬우면서도 잘 변하지 않는 성격을 띤다. 인격은 고정되어 있거나 계속해서 움직이거나 해서 전체totality가 되거나 파편이 될 수 있다. 그래서 '잉글랜드' 사회 안에서 작업하는 인류학자가 파편적인 느낌을 받는다면, 그것은 아마도 그 혹은 그녀가 다른 장소에서는 완전한 사회를 연구하는 완전한 인류학자가 될 수 있다는 환상을 갖고 있기 때문일 것이다(Cohen 1985: 28f). 단순 사회 안에 있는 단신의 현장연구자라는 가상의 형상은 복잡사회에서 파편적인 느낌을 받는 현장연구자에게 되돌아와 출몰한다.

상식이 다시 개입되는 것 같다. 멀리서 보면 이 단신의 형상은 멜라네시아의 사회들—하겐의 예를 포함해서—처럼 '통합된' 작은 사회들에서 유효한 것처럼 보인다. 이 고정관념에서 보자면, 내가 일군의 씨족집단에서 배울 수 있는 것을 나는 전체 인구집단에 맞춰 (거의) 복제할 수 있고 하겐을 위해 단독으로 복제할 수 있다. 이 인구학적인 단순성은 환상이다. 그러나 이때에는 하겐의 어느 씨족과 비슷한 크기의 마을인 에섹스의 엘름던Elmdon에 대해 기술하면서 내 스스로가 발견했던 상황과의 대조가 필요하다. 아무리 상상력을 키우려 해도 나는 엘름던을 영국사회의 축소판으로 상상할 수 없었고 잉글랜드 백인사회의 그것으로도 상상하기 어려웠다. 그렇게 넓은 사회는 외톨이 현장연구자의 시야로는 포착할 수 없었다. 내가 하겐을 파푸아뉴기니 고지대의 이런저런 이웃집단과 비교할 수 있는 것 같지만, 나는 영국을 가령 북미와 관

Ⅰ. 인류학을 쓴다

런지어서 생각해보기 위해 에섹스 마을을 더럼^{Durham}의 탄광 거주 구역이나 맨체스터의 외곽 지역과 비교하는 일은 시작조차 못할 것이다. 더 정확하게 말하면, 나는 인구학적 스케일이 이론적인 의도를 슬쩍 대신하게 할 수 없다.

사실, 장소는 비교를 위한 적절한 실체로는 전혀 인식되지 않는다. 농촌 공동체로서 엘름던이나 만 명의 인구 규모를 갖는 더럼의 탄광'마을'의 거주민집단이나 맨체스터 외곽의 인구밀집 지역이나 모두 주민들이 부르기로 '마을'인 것이지, 그 '마을'들 간의 유사성과 차이를 따지는 일은 멍청한 짓이다. 공통의 커뮤니케이션 실천, 국가경제에 대한 참여(요하네스 파비안$^{Johannes\ Fabian}$의 사신私信), 느슨한 결합$^{loose\ coupling}$(Schwimmer n.d., 고프먼을 따라) 등의 연결은 발견될 수 있다. 그러나 그것들 사이에 균형은 없다. 즉 이 장소들을 비교 가능한 층위의 단위들로 만들려는 포괄적인 스케일 혹은 공통의 맥락은 존재하지 않는다. 이 장소들은 동일한 내적 구조조차 갖고 있지 않다. 그것들은 각기 다른 종류의 실체들이다. 사람들의 행동 및 상호작용은 매우 다양하게 맥락화되어 있기 때문에, 예를 들어 사람들이 얼마나 자주 친척을 방문하는지 등의 유사한 활동들도 통약 불가능하다. 나는 이 다양한 장소들을 사고할 때에 나 자신을 다양한 인격들로서 경험한다고 내 스스로 말할 수 있을 정도다.

그러나 저 경험은 어떻게 구축된 것일까? 이 설득력 있는 상식은 무엇일까? 내가 이러한 분열을 느끼는 이유는 나 또한 분명히 이 장소들의 거주자들과 **공유할** 법한 어떤 이미지에 정말로 파묻혀 있기 때문이다. 복잡성의 다양한 층위들을 오가는 이 전위의 감각은 정다운 마을과 외부세계—외지인을 밀어넣고 마을 사람들을 빼가는—를 오가는 것과 같다. 엘름던 사람들은 그런 식으로 생각하고, 더럼의 탄광촌이나 영국의 최대 주택단지 중 하나인 맨체스터의 흄^{Hulme}에서도 그리 다르지 않을 것이라 나는 추측한다. 나는 엘름던의 구불구불한 시골길과 흄의 고층아파트를 비교할 수 없지만, 내 마음속에서 나는 그것들을 단지 병치하는 것 이상의 일을 해야 한다. 각각의 거주자들이 겉으로 보기에 유사한 생각들을 한다면, 이 둘 사이에는 어떤 연결이 있다. 이때 연결에는 발견되는 것뿐만 아니라 마을이란 무엇인지에 대한 공통의 개념화를 통해 그들 자신의 목소리를 이어주는 것도 있다. 그들은 그들의 '마을〔이라는 관념〕들'을 공유한다. 그러나 저 유사한 관념들은 자기를 비유사성**에 관한** 관념으로 위장해서 모습을 드러낸다. 즉 〔유사성의〕 관념은 모두가 서로 어떻게 다르며 다른 장소들이 어떻게 다른지에 관한 관념이다.[19]

요컨대, 여기에는 '마을' 너머에서 모든 것이 얼마나 다원적인지를 말해주는 다원사회의 구성원들이 있다. 아마도 인류학자가 복잡한 사회를 연구할 때에 통상적으로 그 대상을 소규모로 한정하는 것에 대한 자기 방어 또한 이와 동일한 현상의 일부일 것이다. 그러나 마을을 아늑한/침탈된 공동체라는 표현으로 다루거나 혹은 친족을 인맥이나 가족집단의 문제로 접근하거나 혹은 사회를 여하간 개인 너머에 있는 광대하고 복잡한 실체로 보려는 사고에 완전히 설득될 필요는 없다. 혹은 개인으로서 인격이 고정된

Ⅰ. 인류학을 쓴다

중심들과 탈중심화된 파편들의 상호보완에 의해서만 조건 지어진 다고 반드시 생각하지 않아도 된다.

인격과 장소에 관한 이러한 종류의 친숙한 사고방식에 관여 하는 것은 이 관념에 대한 어느 누구의 인식도 그와 유사한 인식 의 실현 가능한 모든 상황과 동일한 상황에 놓이지 않는다는 것을 제대로 이해하는 것이기도 하다. 관념의 인식은 제법 다양한 효과 를 낸다. 관념의 인식과 그 효과가 실현되는 상황을 명시하기 위 해서는 가령 엘름던의 거주민과 흄의 거주민이 이러한 관념들을 사용하는 각각의 방식들 간의 연결이 갖는 부분적인 성격을 개념 화하는 방법이 필요하다. 타일러의 미학 형식—즉 여행—은 단일 한 실체 내에 일어나는 통합이라는, 그의 미학 형식에 부수적으로 따라오는 전제를 우리가 생략할 수 있다면, 연결에 관해 숙고하기 위한 상상적인 장치로 활용될 수 있다.

어쩌면 타일러가 수많은 목소리의 합성물composite에 귀 기울임 으로써 얻는 요법적 효과에 자신의 사례의 기반을 둔 것은 권위적 인 시각의 현장연구자라는 '단 하나의 형상'을 제거하는 데에 지 나치게 몰두한 탓이다. 그러나 현장연구자의 원형은 어디까지나 정해진 장소에서만 볼 수 있었다. 인류학자들은 항상 이 현장연구 자의 원형이 '자기 집에서는' 절대로 통하지 않을 것이라고 주장 하며, 그것을 뒤집어 그 파편화된 이면을 노출시킨다. 원근이 조 정 가능한 시각을 소유한, 다시 말해 바깥 멀리서 속을 들여다볼 수 있는 현장연구자라는 단독자one person의 이미지는 ('자기 집에서는') 작동하지 않는다. 만약 현장연구자의 퍼스펙티브가 다양한 인격의 퍼스펙티브로 경험될 수 있다면, 그녀/그의 서로 다른 퍼스펙티브들이 단번에 통합된다는 것은 있을 수 없다. 그러나 이면의 형상은 목소리들의 단순한 합성물이 아니다. 이것이 바로 다원성이다. 경험의 콜라주가 아니라, 내적으로는 파편화되어 있으면서 그와 동시에 외적으로는 단위들의 다수성을 하나의 단위로 만드는 바로 그것. 혹은 다른 식으로 바꿔 말하면, 통합과 파편화는 수number의 인격화된 형식들로서 합체된다.

인격이 개인으로서 갖는 이미지는 우리에게 수를 특정한 방식으로 생각해보라고 부추긴다. 우리는 하나들((복수의) 단일한 실체들)을 다루거나 아니면 하나들의 다수성(무수한 실체들)을 다룬다. 여기서 둘two은 이미 다원적이다. 이 친숙한 수학은 또한 우리에게 전체whole가 개별적인 부분들로 이뤄져 있으며 중심을 이루는 인격들이 중심화의 파편으로서의 개인을 다원적으로 통합하고 있음을 보라고 강권한다. 결론적으로 우리는 원자론적 관점(전체성totality은 독립 요소들의 집계에 의해 구성된다)과 총체론적holistic 관점(요소는 전체의 구조나 체계와 별도로 존재하지 않는다)의 양자택일의 기로에 서는 것 같다(Ingold 1986: 43).

마을과 고층아파트는 서로 어울리는 단위라고 말하기는 어렵다. (그렇지만) 사람들의 습관과 사고는 (또한) 이러저러한 공동체의 관습과 같지 않다. 엘름던 사람들의 관념은 그들이 엘름던에 살고 있다는 사실에 단순히 귀착되지 않는다. 이와 같은 이유로 우리는 장소들 사이에 연결이 있다고 인식한다. 그러나 엘름던과 더럼과 홈 각각의 거주자들 간의 유사성은 장소들 그 자체의 비교에 의존

Ⅰ. 인류학을 쓴다

할 수 없다. 이 공동체들은 단일한 현상을 구성하지도 않으며 제 각각의 현상을 구성하지도 않는다.

부분 2 **난처한 존재들**

인류학의 전통적인 레퍼토리에서 비교분석은 한 가지 유리한 점이 있다. 그것은 이론가에게 비교 가능한 것과 그렇지 않은 것 간의 차이를 명시할 수 있게 해주고, 한 종류의 활동이 반드시 다른 활동과 같지 않으며 그 자체의 맥락 속에서 이해되어야 한다는 지식을 제공해왔다. 요컨대, 그것은 확고한 의미의 사회적·문화적 맥락화와 제휴해왔다. 게다가 그것은 관찰자의 **신체 바깥**에 존재하는 통합의 구체적인 이미지를 제시해왔다. 〔여기서〕 관찰자〔인류학자〕는 내부 연결을 가진 체계를 기술하고, 그 연결이 체계뿐 아니라 그 체계를 인식하는 사람에게도 속하는 체계들을 비교한다. 그 이미지는 종합이라는 학자의 단독행위의 대응물이었다. 이러한 지시활동의 힘은 외부의 지시대상, 즉 연구의 주제에 대한 무수한 맥락을 제공하는 '사회들'과 '문화들'의 다원성을 창출했다.

민족지적 요법이 돋운 미적 통합으로 다시 돌아가보자. 앞선 나의 언급은 그러한 작가들이 〔여행의〕 경험을 개별의 여행자/소비자의 (신체) 밖에서 일어나고 있는 것으로도 상상하고 있다는 점을 무시했다. 이를테면 크라판자노의 책 등에서 이것저것 끄집어서 한데로 합쳐야 하는 이는 독자이겠지만, 물론 그나 그녀는 저자의 부름을 받아 그렇게 한다. 저자가 제작한 연결이 독자의 제작 혹은 그녀/그 자신의 연결을 재촉할 것이다. 저자-텍스트-독자라는 타일러의 창발적인 정신은 개별적인 소재지가 없고 무한대의 처소를 가진다. 바로 그것이 그와 같은 '외부' 사건의 이미지다. 아니, 그것은 저자의 주체성subjectivity에도 독자의 주체성에도 귀착될 수 없는 까닭에, 인격의 내부에도 외부에도 자리 잡지 못하는 무언가에 대한 이미지일 뿐이다.

이 관념들을 인류학적으로 활용하기 위해 필요한 것은 개별의 소재지가 없는 창발적인 정신을 더욱 강한 의미의 외부성exteriority으로 돌리는 것이다. 즉 인격을 '누군가'someone로 상상하는 것이다(Burridge 1979). 〔이처럼〕 다른 존재들에 대한 지각을 회복할 필요가 있다. 사라지지도 않으며 자기 속에 융합되지도 않을 구체적이고 특정한 타자들로서, 당신을 밀어내고 압박하는 저들에 대한 지각 말이다. (소재지가 없으므로) 어디도 아닌 곳에서 일어나는 사건과 치료의 개별적인 주체 사이에서 민족지적 경험을 인격화하는 제3의 길을 제안하고자 한다. 그래서 나는 하나의 인격 **그 이상**으로 보이는, 아니, 정말로 하나의 인격 그 이상인 형상을 그려보려 한다. 발생하는 무엇은 '자리를 잡는다'take place. 그것은 어딘가에서 발생하는 것이기에 타자의 현존 속에 자리하며, 〔그렇게 발생한〕 사건은 개입되는 것이기에 각기 다른 인격의 주체성을 이슈로 삼는다. 그러나 이렇게 자기가 가로막히는 것은 익숙한 자리로 되돌아오게 하는 치유를 보증하지 않는다. 그보다 우리에게 있는 것은 잡히지 않는 것을 손 안에 쥐고 있는 감각, 다시 말해 신체가 할 수 있는 것 이상으로 하게 만들려는 감각이며, 부분적인 방법으로 타자와 연결되도록 하는 감각이다.

이때 어떤 형식 혹은 어떤 형상 혹은 어떤 종류의 사회관계가 기술되는 것일까? 어떤 이미지이기에 타자에 대한 그녀/그의 경험 속에서 타자가 완전히 흡수되지 않는다는 것을 알고 있으면서도 연결을 만들어낼 수 있는 인격에 대한 관념을 그 자체 내에 담고 있는 것일까? 그렇다면 그 자체로 하나일 수도 없고 무수한 하나들 가운데 한 입자일 수도 없고 총합도 파편도 아니라는 것인가? 내가 이렇게 질문하는 이유는 오로지 부분적인 연결들을 어떻게 하면 지지할 수 있을지에 대한 모델이 손 안에 있기 때문이며, 사정이 이러한데도 미적 확신을 끌고 가려는 일종의 권위적인 '인격'의 이미지가 있기 때문이다. 그 모델은 학계의 페미니즘 담론 자체로서, 반은 인간이고 반은 기계인 도나 해러웨이의 사이보그의 이미지다.

정치

부분 1

페미니즘 비평

부분 1 **목소리**

부분 1 **이익집단**

"어떤 이야기는 다른 것만큼 좋지 않다"고 해러웨이는 말한다
(Haraway 1989: 331). 곧이어 그녀는 내러티브에 대한 관심은 과학
에 대한 관심을 대체하는 것이 아니라 특정한 과학적 실천의 이야
기적인$^{story-laden}$ 형식을 "좋은 과학을 행하기 위한 조건으로서" 이해
해보려는 것이라고 말한다. 그 글의 주제는 영장류학이지만, 그녀
가 의도하는 논점은 그보다 더 일반적이다.

해러웨이는 페미니즘의 과학논쟁을 다룬 논문에서 행동주의
페미니스트가 역사상 다른 집합적인 주체와 더불어 '특수 이익집
단'에 속하며, 그 행동의 방향을 "스타워즈, 대형마트, 포스트모던,
미디어에 의해 가장된 시민상이라는 발가벗겨진 원자주의^{atomism}
에 감히 저항하는"(Haraway 1988: 575〔해러웨이 2002: 328〕) 것으로 파
악한다. 그녀는 이미 구축된 객관성에 이의를 제기하는 것은 그것

을 구축한 수사학의 장에 참여하는 것이라는 낯익은 논점을 비틀어 제시한다. 그녀가 살펴본 대로, 문제는 지식에 대한 모든 주장이 근본적으로 역사적인 우연성을 갖는다는 설명**과** 세계에 대한 참되고 충실한 설명에 (비례하는) 책무를 어떻게 양립시킬 수 있는가에 있다. 페미니스트는 거대서사가 필요치 않을 수 있고, 혹은 글로벌 시스템global systems에 관한 이론화도 필요치 않을 수 있다. 그러나 그녀들에게는 "매우 다른—그리고 권력-차별화된—공동체들 사이에서 지식들을 부분적으로 번역할 수 있는 능력을 포함한, 지구 전체를 연결하는 네트워크가 필요하다"(1988: 580[2002: 336]). 이렇듯 분해하고 분해되는 시대에 우리는 어떻게 페미니즘식의 객관성을 손에 넣을 수 있을까?

이익집단이라는 개념은 퍼스펙티브의 상념을, 그것도 약한 의미가 아닌 강한 의미로 내포한다. 이익집단이 조장하는 것이 바로 퍼스펙티브 그 자체, 즉 세계를 평가하고 어떤 편익의 주장을 만들어내는 '관점'이기 때문이다. 이익—쟁점이 된 물질적인 목표나 불만사항, 생활조건이나 그 무엇이든—은 활동가의 관점을 결정한다. 따라서 경쟁은 무엇을 볼 수 있으며 그 무엇이 어떻게 보이는지를 둘러싸고 벌어진다. 그러나 해러웨이가 주목한 문제는 보이는 것이 너무 많다는 현대적인 감각이다. 다중의 다양한 퍼스펙티브들로 구성된 세계에서 하나의 퍼스펙티브에 대한 주장 자체는 평탄화 작용을 한다. 이제 우리는 이와 똑같이 청각의 은유를 사용할 수 있다. 떠들썩한 아우성, 논쟁적인 입장을 대변하는 목소리를 생각해볼 수 있다. 해러웨이 자신은 [또한] 이러한 청각의 수사학을 참조하지만, 그에 대해서는 잠시 후에 다루기로 하겠다. 그러나 시각화에 대한 그녀의 관심은 적절하다. 왜냐하면 그녀는 한계와 가능성에 대한 인식 그리고 제한적인 시야의 가능성들에 관한 구체적인 논의를 이끌어가기 위해 시각화를 이용하기 때문이다.

해러웨이는 다국적주의 포스트모더니즘 문화의 시각적 탐욕에 대해 다음과 같이 논평한다.[20]

이 과학기술적 향연 속에서 시각은 규제받지 않는 폭식이 된다. 이 모든 양상은 어디선지 모르게 모든 것을 둘러보는 신의 속임수(과업)를 신화적으로 상기시킬 뿐만 아니라 그 신화를 일상적인 (삶의) 실천으로 만드는 것처럼 보인다. (Haraway 1988: 581 (2002: 339 전면 수정)).

그러나 무한한 시야의 관점은 환상이다. 그것은 보는 눈을 탈신체화한다.

(오히려 우리는) 영장류의 색채감각과 입체시각을 갖춘 신체로서 우리의 이론적·정치적 스캐너에 객관적인 것을 어떻게 부착해야 할지를 배워야 한다. 이는 우리가 어떻게 명명해야 할지를 거의 알지 못하는 정치적·육체적 공간의 차원 속에서 우리가 어디에 있고 또 어디에 있지 않은지를 명명하기 위한 것이다. (Haraway 1988: 582(2002: 341 전면 수정))

이때 해러웨이가 논하는 객관성^{objectivity}이란 초월성이 아니라 특정하고 구체적인 신체화^{embodiment}에 관한 것임을 알 수 있다. 우리가 그리는 세계의 상들은 신체기관과 인공기기의 능동적인 지각 시스템에 의존한다. 그것들은 무한한 이동성과 호환성의 알레고리는 아니지만, 해러웨이가 말하듯이 "정교한 특수성과 차이의 알레고리이며, 다른 사람의 관점에서 충실하게 보는 법을 배우기 위해 사람들이 취하게 되는 애정 어린 배려의"(Haraway 1988: 583 〔2002: 342〕) 알레고리다. 이 관점에서 합리적인 지식은 이탈을 가장하지 않는다. 즉 부분성^{partibility}은 주장을 듣고 행하는 입장이며, 위에서 내려다보는 시선이라기보다 하나의 신체에서 비롯되는 시선이다. 그러므로 모든 시각의 가능성은 상당히 구체적이다. 해러웨이는 오직 부분적인 퍼스펙티브만이 객관적인 시야를 보증한다고 단언한다.

그렇다면 이것〔해러웨이의 저술〕은 담론의 당사자로서 담론의 내부에 스스로를 위치시키고 그와 동시에 열띤 비평활동의 참여자로서의 권리를 보유하는 우리 시대의 또 하나의 민족지라고 할 수 있다. 해러웨이의 자세^{stance}는 그녀가 관여하는 과학의 문화에 마주 섰을 때 과학문화에 자리를 내주면서도 그 자리를 자신이 있을 곳으로만 만들지 않는 것이다. 그렇게 다른 사람들의 관점을 위한 입장이 확보된다. 그러나 그녀의 설명에는 더한 비틀림, 곧 예상치 못한 차원이 있다.

다른 사람의 관점에서 충실하게 보는 법을 배우는 것은 그녀의 글에 따르면 "타자가 우리 자신의 기계일 때조차"(Haraway 1988:

583(2002: 342)) 충실하게 보는 것을 포함한다. 기계라는 말에서 그녀가 의도하는 것은 신체화에 대한 이중의 참조다. 즉 인간의 신체와 그 조직—눈처럼 고도로 전문화된 장치를 포함하여—을 '기계적' 성능과 가능성의 측면에서 인식하는 것, 그리고 우리가 다른 '지각의' 번역 양상과 사물을 보는 시각에 도달할 수 있게 하는 기계를 인식하는 것이다. 신체와 기계는 각각 그 자체로 시스템이다. 그리고 신체와 마찬가지로 기계의 감각적 성능을 알 수 있을 정도로 충분히 우리는 기계에 애착을 가져야 한다. 어떻게 우리는 우리 눈에 혹성체로 합성되어 보이는 컬러 사진—매우 상세하고 매우 부분적인 시야들로 이뤄진—을 인공위성의 카메라에서 뽑아낼 수 있을까?

우주 비행의 환기는 앞서 언급한 여행의 은유를 일깨운다. 우리 여행의 위치 설정, 우리가 상상할 수 있는 떠남과 귀환은 타일러의 표현을 빌리면 위치를 갖지 않는 창발적인 정신을 경유해야만 상상되는 것이 아니다. 종합능력을 가진 우리의 기관은 머릿속에만 있지 않다. 신체야말로 말하자면 언제나 상상의 당사자다.

부분 2 **부분적 참여자**

다만 돌이켜보건대 바로 그러한 창발적인 정신으로 상상될 수 있는 페미니즘 행동주의의 영역이 있다. 그 영역은 자신의 탈신체화의 감각에서 번성한다고 해도 무방하다. 그리고 그것이 가진 힘은 특정한 전위^{dislocation}에서 나온다.

페미니즘 연구의 최근 역사를 돌이켜보면, 그것은 포스트모더니즘에 대한 가장 신랄한 비판자로 볼 수 있는 만큼이나 포스트모더니즘의 찬동자라고도 주장할 수 있다. 나는 이 점에 관해 더는 논하지 않겠지만, 해러웨이가 대략적으로 이야기했듯이 "포스트모더니즘 사상과 이론의 주류'파'"가 페미니즘을 전유하는 것에 대해 페미니즘 내부에는 전반적으로 저항감이 있다(Lee 1987: 9; cf. Hawkesworth 1989). 그럼에도 불구하고 페미니즘 연구는 우리가 지금 포스트모던의 이름하에 소집하려는 몇몇 입장의 전조이자 실연^{enactment}으로 나타난다. 확실히 페미니즘 연구가 인류학을 파고든 때를 살펴보면, 그중 몇몇 형태는 현대적인 실험을 선도했으며 여러 면에서 한참 앞서나갔다. 흥미로운 것은 학술 잡지나 문헌상에서 벌어지는 페미니즘 논쟁이 반드시 '신체' 그 자체로서 공동의 혹은 집단의 기획 대상이지 않고서도 개개의 참여자들을 넘어선 곳에서 구축되었다는 것이다.

첫째, [페미니즘에서] 논쟁은 대상, 다시 말해 대립하거나 화해할 필요가 없는 각양각색의 이익으로부터 관심의 초점을 만든다. 개인들이 기여하고 있다고 그들 스스로 느낄 만한 합의된 지식의 몸체는 존재하지 않는다. 페미니즘의 지식은 인류학적 지식에서 고려되어야 하는 누적의 감각—일반적인 검토에 유용한 자료를 생산하는—으로는 다뤄지지 않는다. 학계의 페미니즘 사상의 아이템들은 역사학, 심리학, 문학비평, 생물학, 혹은 그 어디서든 각각이 처한 특정한 위치에서 나온다. 각각은 여성의 가시화[사회인

Ⅰ. 인류학을 쓴다

지도 혹은 정치참여도)를 촉진하는 것에 대한 관심이라는 공통의 지평에서 마주치지만, 학자들은 〔다만〕 그들 자신이 속한 학문 분야의 학자로서 그들의 소임을 다한다. '페미니즘 이론'을 집중적으로 구축하는 사람들은 급진주의, 사회주의, 마르크스주의 등등의 정치적 입장으로 그들 자신을 구분한다. 물론 당대의 정치적 분파에 따라붙는 꼬리표와 마찬가지로 이러한 용어는 이미 시대에 뒤떨어진 것이다. 〔여하간〕 내적인 관계들은 동질적으로 간주되지 않는다. 앤 게임Ann Game이 "페미니즘 이론을 두고 왈가왈부하는 것은 있을 수 없는 일이다. 왜냐하면 셀 수 없이 많은 페미니즘 이론들이 있기 때문이다"(Game 1985: 129)라는 합의된 의견을 검토할 때, 그녀는 작금의 정돈된 관찰을 되풀이한 것이다. 그것은 "다중 전선에서의 동시 활동"(Craig 1985: 63)의 문제일 뿐만 아니라 그러한 전선들 간의 지속적인 차이, 즉 "다중의 내적인 차이"의 문제다.

둘째, 이때 어떤 학문 분야에서 페미니즘의 지식은 실제로 그 진가를 발휘한다. 즉, 그것은 (외부) 출처에 매인 채로 있다. 인류학에서 일어날 법한 통찰은 과학사 연구자나 문학비평가에게는 그다지 흥미를 자아내지 않는다. 우리가 하는 일과 그들이 하는 일 사이에는 단지 유비유추analogy 혹은 병행성parallelism이 있을 뿐이다. "그녀/그들은 각기 다른 앎의 방법들을 산출한다."(DuBois 외 1985: 201) 샌드라 하딩Sandra Harding은 더욱 단호하다. 페미니즘의 과학 비평의 두 가닥을 식별해내면서 그녀는 "각각의 내부에서 충돌하는 경향을 조장하는 상당한 이유들"이 있다고 주장한다(Harding 1986: 654).

셋째, 그렇다면 페미니즘 기획의 성격에 따라 그 학계의 참여자들은 정의상 결코 '하나의 인격', '그저' 페미니스트만이 아니다. 혹은 반대로 말하면, 페미니스트는 절대로 완전한 인격이 될 수 없다.

페미니스트의 입장은 인류학자의 뒤떨어진 포스트모던한 자세stance와 병행하기만 하지 않는다. 양자의 노력은 서로 연결되어 있다. 둘 다 동시대적으로 서구의 역사문화적 환경에 속하며, 이제까지 발 빠르게 서로를 교차해서 참조하지 않았다 해도(cf. Strathern 1986), 유사한 원천에서 영감을 얻을 수 있었다.[21] 학술적인 페미니즘 활동의 성과물은 텍스트가 아닌 담론을 구성하고, 페미니즘의 다성성polyphony은 인류학자들에 의한 "단일 음성의 권위"(Clifford 1986: 15[클리퍼드 2000: 39])의 거부를 예기한다. "포스트모던 민족지에서 사례 따위는 없다. (…) 모든 시도는 언제나 불완전하다"(1986: 136[타일러 2000: 227])라는 타일러의 주장과 "부분적으로 페미니스트"일 수밖에 없는 민족지에 만족해야 한다는 주디스 스테이시(Judith Stacey 1988)의 주장 사이에는 평행선을 그려볼 수 있다. 정말로 스테이시는 민족지적 진실의 부분적인 성격에 관한 클리퍼드의 중요한 언명(cf. Clifford 1986: 7[클리퍼드 2000: 27])을 매우 흥미로운 방식으로 확장한다. 캘리포니아의 실리콘밸리에서 수행한 가족과 젠더에 관한 이 사회학적 연구가 직면한 역설은 민족지학자가 어떻게 제보자와의 사이에서 싹튼 공감대를 극복할 수 있는가라는 것이었다. 결과적으로 민족지는 오직 부분적으로만 페미니즘일 수 있어야 한다. 왜냐하면 민족지학자는 확장 가능

I. 인류학을 쓴다

하기에 민족지로는 회수되지 않는 상호관계에 휘말리고, 또 상호적인 페미니즘으로는 회수될 수 없는 민족지를 쓰는 일에 빠져들기 때문이다.

민족지적 진실의 부분적인 성격이 인류학자의 현장 만남으로부터 파생된다는 이 관념은 따라서 각기 다른 입장에서 서로에게 말을 걸었던 페미니스트의 방식 속에서 선취되었다. 그들을 부분적인 인격들로 만든 것은 차이를 드러내는 저 입장들이다. 페미니스트라면 반드시 다른 누군가가 되어야 한다는 감각이 있다. 따라서 페미니즘은 자신의 정체성의 또 다른 측면에 대해 '스스로 만드는 차이'에 존재한다. "어떤 페미니스트의 입장도 부득이하게 부분적이다."(Flax 1987: 642) 스테이시가 이에 상응해 암시했듯이, 사람은 부분적으로만 페미니스트일 뿐이다. 이것은 몰입이나 외곬에 관한 문제가 아니다. 전혀 다른 담론들 사이에서 페미니즘 담론이 네트워킹되는 문제다.

페미니스트 학문은 말하자면 그것의 문화적 인공물에, 즉 그 자체의 관심사 범위 내에서 사회적 삶의 다성성을 재발명하는 데에 능수능란하다. 중요한 것은 그것의 외부적인 관심사가 갖는 다-학제적, 초-학제적, 횡-학제적 성격이다. 어떤 관점에도 부합하지 않는 '그것'은 한 인격의 (집합적인) 목소리로 상상될 수 없고, 그래서 그것이 제공하는 입장은 한층 더 두드러진다. "논의의 다양함에도 **불구하고** 페미니즘은 남성권력에 대한 도전을 통해 단결한다."(Currie and Kazi 1987: 77 강조는 인용자) 〔그렇지만〕 반대로 페미니즘은 개별 학자의 이해나 파악을 넘어서 분명히 존재한다. 다원주의는 단일의 참여자가 포괄할 수 없는 담론을 창출한다. 이는 그것의 범위가 우리가 그것을 파악하기에 너무 거대하거나 광범위하기 때문이 아니라 이 외부의 차이가 내부의 차이와 연결되는 방식 때문이다.

게다가 중요한 것은 다양한 학문 분야 사이에서 그 사이를 횡단하는 페미니즘 논쟁이 그러한 분야에 한정될 수 없다는 것이다. 외부의 참조점으로서의 학문 분야들은 페미니즘 내부의 정치적 이미지^{imagery}에 따라, 즉 어떤 '종류'의 페미니즘이 논제인지에 따라 매개되거나 가려진다. 이 내부의 차이들은 상호관계 속에서 구축되는 한에서 대항적인 차이화의 원천으로 개입한다(Eisenstein 1984: xix).[22] 내부의 위치는 단순한 병치가 아니다. 〔그래서〕 하딩에게는 미안한 말이지만, "한 마디의 상대주의"(Harding 1986: 657)도 되지 않는다. 그리고 그것들은 파스티슈도, "유머의 센스를 잃은 공허한 패러디"(Jameson 1985: 114)도, "비판적 차원을 앞지른 아이러니"(Webster 1987: 58)도 작성하지 않는다. 해러웨이는 그와 반대로 아이러니의 개념이 또 다른 이미지를 산출하게 만든다. "아이러니는 변증법을 통한다 해도 더 큰 전체 속으로 용해되지 못하는 모순들에 관한 것이며, **양립될 수 없는 사물들이** 둘 다 혹은 전부 필요하고 진실하기 때문에, 이것들을 **한데 뭉치는 긴장에 관한** 것이다."(Haraway 1985: 65〔해러웨이 2002: 266〕) 사물들은 한데로 뭉친다. 여기서 우리가 심사숙고하는 것은 서로를 반향하기 위해서만 작동하는 일련의 스타일이 아니라 작동 가능한 양립성이다.

페미니스트 논쟁은 그것에 참여하는 것 외에 참여하는 사람

Ⅰ. 인류학을 쓴다

들 간의 비교가능성을 요구하지 않는 양립성에 의해 특징 지어진다. 내부의 차이라는 측면에서든 외부의 차이라는 측면에서든 사람들은 다양한 입장들 사이를 여행한다. 이때에는 마치 불균형이 의도되는 것 같다. 페미니스트 학문은 다른 학문과 동형적인 분야가 아니고, 단지 다른 분야에 끼어들어 그것을 이용할 뿐이다. 따라서 나는 페미니즘을 인류학의 대용으로 쓸 수 없으며, 그 반대도 마찬가지다. 한쪽의 말을 귀담아 들으면서 다른 쪽을 망각할 수는 없다(cf. Moore 1988). 이와 동시에 각각은 반대쪽 입장을 주시할 수 있는 입장을 수립한다.

이제 페미니즘과 인류학 간의 분절^{disjunction} 혹은 분단^{partition}은 장소성^{locality}의 은유로 제시되는 구분과 달라진다. 한 '자리'^{place}를 떠나 다른 자리로 가지도 않는다. 둘 중 어느 것도 내가 전체 인격으로 구성될 수 있는 피난처를 위한 자신의 한 자리를 제공하지 않는다. 즉 어느 것도 완전한 맥락이 되지 못한다. 그것들이 나의 행위의 맥락으로 간주될 때에도 나는 어느 쪽과도 같지 않다. 그와 더불어 그것들은 〔각각〕 전체의 반을 구성하지 않는다. 나는 페미니스트의 측면과 인류학적인 측면을 갖고 있지 않으며, 이 각각의 측면은 서로의 외관을 대체하지 않는다. 토론 혹은 대화^{conversation}의 은유가 모든 것을 해낼 수 없다. 누구도 자신이 참가자들의 집합 그 자체인 것처럼 내부의 끝나지 않는 대화를 이끌어가면서 손쉽게 스스로에게 순서를 돌리지 않는다. 마지막으로 그것은 단순히 두 퍼스펙티브의 문제가 아니다. 경험하는 자는 두 개의 다른 인격도 아니고 둘로 나뉜 하나의 인격도 아니기 때문이다.

이 주관적인 관점에서 다양한 목소리에 대한 앎^awareness은 탈신체화의 이미지—각각의 방들, 각각의 대화들—그 이상이기도 하며 그 이하이기도 하다. 그러나 만약 각 '측면'^side이 그로부터 다른 측면을 볼 수 있는 입장을 제공한다면, 아마도 우리는 신체화 자체의 유비유추를 사용하게 될 수도 있다. 각 입장이 그로부터 그리고 그것을 통해 다른 입장을 지각하는 기반과 매체가 될 때, 그에 따라붙는 앎^awareness은 그녀/그가 거하는 신체로부터 그리고 신체를 통해 본다는 것을 아는 어떤 인격의 의식으로서 상상 가능하다.

부분 2 **신체**

부분 1 **하나는 너무 적지만 둘은 너무 많다**

해러웨이에 의한 신체와 기계 간의 유비유추는 세계의 모든 시각화가 가진 기계적 혹은 생리학적 특이성^{specificity}에 주의를 끌기 위한 것이었다. 그러나 그녀의 유비유추는 앞서 쓰인 논문(Haraway 1985)과 공명하는데, 이 논문은 그 중심적 이미지에 의해 우리 시대의 고전이 되었다. 그 이미지란 신체도 기계도 아닌 존재, 곧 사이보그다.

사이보그가 신체도 아니고 기계도 아닌 것은 그것의 각기 다른 부분들이 작동하는 원리가 단일 시스템을 형성하지 않기 때문이다. 각 부분은 서로 균형을 이루지도 않고 불균형하지도 않다. 내부의 연결들은 집적회로로 이뤄져 있지만, 단일한 단위는 아니다. 이것은 또한 해러웨이의 이미지가 작동하는 방식이다. 그것은 한데 모으는 이미지이지만 전체를 말하는 이미지는 아니다. 왜냐하면 그것은 상상적인 것$^{\text{the imaginary}}$과 현실적인 것$^{\text{the real}}$을 한데 합치기 때문이다. 이미지는 가상의 존재에 대한 것이면서 그 맥락이나 참조점에 대한 것이다. 다시 말해 이미지는 사이보그들의 가상세계에 있는 타자들과 연결된 사이보그인 것과 동시에 그 이미지를 사고하기에 유용하게 만드는, 오늘날의 세계 속 상황들 간의 연결인 것이다.

사이보그는 공상과학소설이 꿈꾸는 사이버네틱한 환상이며, 부분적으로 생명을 부여받고 부분적으로 기술을 장착한 창조물이다. 그것은 장치가 삽입된 인간존재이거나 인간의 기관과 합체된 기계이거나 이식과 유전적인 조작의 혼종물이다. 이와 동시에 허구는 이미 존재하는 포스트-과학세계에서 실현되고 있다.

> 미소전자공학^{microelectronics}은 노동을 로봇공학과 문서 처리로, 성을 유전공학과 생식기술로, 정신을 인공지능과 의사결정 절차로 번역하는 과정을 매개한다. (Haraway 1985: 84〔해러웨이 2019: 52〕)

자연적인 것과 인공적인 것 사이에, 물질과 의식 사이에, 혹은 인간과 기계의 관계에서 누가〔무엇이〕만들고 누가〔무엇이〕만들어지는지 사이에 구분은 더 이상 지속 가능하지 않게 되었다. "코딩 작업으로 구성되는 기계에서는 무엇이 정신이고 무엇이 신체인지 분명치 않다."(Haraway 1985: 97〔해러웨이 2019: 78〕) 생물학적인 유기체는 지식의 대상으로서 존재하기를 멈추었고, 그것의 〔지식의

I. 인류학을 쓴다

대상으로 존재한) 장소는 생물 성분$^{biotic\ components}$에 양도되었다. "기계와 유기체, 기술적인 것과 유기체적인 것에 관한 우리의 공식적인 지식에서 어떤 근본적이고 존재론적인 분리는 없다"(Haraway 1985: 97〔해러웨이 2019: 78〕)라고 해러웨이는 말한다. 정신과 신체 혹은 자연과 문화 간의 구별의 상실은 유기체와 기계의 융합 그 자체, 즉 "인공장치, 친근한 부품, 다정한 자기들"(Haraway 1985: 97〔해러웨이 2019: 79〕)로서 갖는 기계의 시야에 반영된다. 이러한 동맹이라면 유기체적 단일성을 그리워할 필요는 없다.

해러웨이의 비평을 움직이게 한 것은 사람들—페미니스트까지 포함해서—이 이분법적인 혹은 분리된 세계라는 관념을 극복하기 위해 애써온 통일성이다. 그들은 사회들이 커뮤니케이션할 수도 있고 노동이 소외되지 않을 수도 있다는 관념으로 그렇게 해왔다. 〔그러나〕 그러한 전체성의 시야는 불가피하게 그들이 무너뜨리려고 하는 기초적인 이원론을 영속시킨다. 사이보그는 그와는 다른 사고를 준비하기 시작한다.

사이보그는 연결에 목말라 할 수 있으나, 그녀에 따르면 유기체론을 경계해야 한다. 해러웨이는 다음과 같이 쓴다. "유기체론은 자연적인 신체에 대한 분석적 갈망이며, '인공적인 것'에 의한 혼란의 바깥에 있는 순수함에 대한 분석적 갈망이다. 그것은 초월성^{transcendence}을 갈망하는 다른 형식들의 반전이자 거울 이미지다. (⋯) 페미니즘은 유기체적 지배의 논리와 실천을 피하고자 한다면 총체적 유기체론에 맞서야 한다. (⋯) 나의 희망은 사이보그가 적대적인 대립, 기능적인 단속, 신비한 기능에 의해서가 아닌 부분적인 연결에 의해서 차이와 관계하는 것이다."(Haraway 1986: 86) 사이보그는 "통합적인 정체성을 추구하지 않으며 그래서 적대적인 이항대립을 끝없이 발생시킨다"(Haraway 1985: 99〔해러웨이 2019: 83〕). 사이보그는 단일한 경계를 갖지 않으며, 그것의 부분들은 내부의 분리에서 이뤄진 것도 아니다. 그것은 태초의 가족 혹은 에덴동산을 꿈꾸지 않을 것이다. "사이보그는 포스트젠더 세계의 피조물이다. 그것은 양성성, 오이디푸스 이전의 공생, 소외되지 않는 노동과 상대하지 않는다. 또는 부분들을 상위에서 통합해 그 전체의 힘을 최종적으로 전유하여 얻어지는 유기적 전체성을 향한 유혹과 상대하지 않는다."(Haraway 1985: 67〔해러웨이 2019: 20〕) 부분들로부터 전체성을 형성하는 관계성은 자기와 타자, 공公과 사私, 신체와 정신 같은 포섭하는 이원성에 의해 촉진되는 지배 및 위계의 관계성과 마찬가지로 의문의 여지를 남긴다.[23] 무엇보다 "자연과 문화는 다시 제작된다. 그래서 한쪽은 다른 한쪽에 전유되거나 합병되기 위한 자원일 수 없다"(Haraway 1985: 67〔해러웨이 2019: 22〕). 예전의 지각은 분리와 이분법에 의해 구조화된 세계에 속했다. 그 속에서 사람들은 기계에서 자유로워지고자 분투하면서 기계에 의해 지배받고 있음을 스스로 깨달았다.

그녀는 "기계는 생명을 불어넣거나 숭배하거나 지배할 **그것**it이 아니다. 기계는 우리이며, 우리의 작동 방식이며, 우리의 신체화의 한 측면이다"(Haraway 1985: 99 강조는 원문〔해러웨이 2019: 82〕)라고 덧붙인다. 기계는 인간의 경험을 복제하지 않는다. 그리고 해러웨이는 유기체가 기계를 모델로 삼고 있다고 말하지도 않는다.

I. 인류학을 쓴다

이와 반대로 논점은 〔양자의〕 차이를 보는 법에 있다. 다양한 방법들로 만들어지고 재생산되며, 이 의미에서 다양한 기원들을 가지면서도 함께 작동하는 실체들 사이에서 어떤 종류의 연결이 그려지는지를 물어야 한다. 그녀는 커뮤니케이션 과학에 의거하여 정신, 신체, 도구가 매우 친밀한 사이가 될 수 있다고 서술한다.

아마도 이 친밀한 세트^{set} 속에 이미지를 재도입할 수 있을 것이다. 나는 앞서 구식의 이미지가 잃어버린 타당성^{plausibility}을 회복할 가능성이 없다고 주장했다. 해러웨이도 1985년의 논문〔《사이보그 선언》〕에서 포스트모더니즘은 이러한 의미에서 하나의 선택지, 즉 여러 스타일 가운데 하나가 아니며 모더니즘이 예전에 그랬듯 실제로 찬성하거나 반대할 수 있는 어떤 것이 아님을 강조한다. 오히려 우리는 사물을 달리 보게 만드는 맥락 속에 살고 있다. 확신^{conviction}의 상실을 대신하는 것은 아무것도 없으며 새로운 확신밖에 없다. 그리고 작금의 확신은 "비판적 거리라는 속 편한 허구에 의미를 부여하는 외부의 어떤 장소도 더 이상 존재하지 않는다"(Haraway 1985: 69〔해러웨이 2019: 88〕)라는 것이다. 해러웨이는 다음과 같이 말한다.

> 나의 입장은 페미니스트(를 비롯한 다른 이들)에게 지속적인 문화의 재발명, 포스트모더니즘적 비판, 역사유물론이 필요하다는 것이다. 사이보그만이 그 가능성을 갖는다. (Haraway 1985: 69〔해러웨이 2019: 88〕)

해러웨이의 설명은 유기체적 통일성에 호소함으로써 차이를 해소할 수 있을 것으로 상상하는 것의 한계에 의해 추동된다. 왜냐하면 그녀는 정치가 단일한 시야라는 불길한 유산을 넘어서기를 바라기 때문이다.

사이보그 세계는 지금까지 살아온 사회적·신체적 현실성에 관한 것일 수 있다. 사람들은 (…) 영구히 부분적인 정체성과 모순적 입장을 두려워하지 않는다. 정치적 투쟁이란 동시에 ('동물'과 '기계'의) 두 퍼스펙티브에서 보는 것이다. 왜냐하면 각각은 (…) 상대 관점의 유리한 점에서 상상할 수 없는 지배와 가능성을 드러내기 때문이다. (Haraway 1985: 72〔해러웨이 2019: 29〕)

나는 해러웨이의 정치적 사이보그에 내 나름의 관심을 갖고 있다. 사이보그에는 어떤 미적 확신이 있으며, 그 형식에는 설득력이 있다. 해러웨이의 저술 동기가, 공동의 단일성 혹은 기원을 호소하는 것에 얽매일 필요는 없지만 서로가 서로에게 외부의 다른 존재로서 연결되어 있는 사람들 사이에 커뮤니케이션의 연결망을 창출하는 것이라면, 그녀는 우리가 사회관계의 행위conduct를 어떻게 그려낼 수 있을지에 관한 상상력의 물꼬를 터주고 있는 것이다.

부분 2 **숨겨진 확장**

사이보그는 비교가능성을 전제하지 않고 연결을 만들어낸다면 어떠할지를 생각해보라고 한다. 그에 따라 인류학과 페미니즘 간의 관계를 생각해볼 수 있다. 한쪽이 다른 쪽 역량의 실현 혹은 확장이라면, 그 관계는 동등하지도 포섭적이지도 않다. 그것은 사람과 도구의 관계처럼 인공기관적^{prosthetic}인 것이리라.[24] 비교가능성 없는 양립성, 즉 한쪽이 다른 쪽을 확장하지만 그것은 어디까지나 다른 쪽의 입장에서 확장한다. 확장이 산출하는 것은 각기 다른 역량들이다. 이 관점에서 사람과 도구 사이에 존재하는 것은 주체-객체의 관계가 아니라 확장되거나 실현되는 역량이다.

사람과 도구 간의 호혜성을 암시하는 이 설명은 (도구를 사람과 동등하게 다루는 탓에) 곧바로 터무니없다는 비난을 받을 것이다. 그러나 우리는 종종 인간의 신체는 그 자체의 정신을 갖고 있지 않다는 (신체를 도구화하는) 이상한 생각을 한다! 정말로 유기체로서 심장은 정신 또한 있는 신체에 서식하는 반면, 기계로서 심장은 자체의 어떤 정신도 부착되지 않은 시뮬레이션이다. 그래서 이 기계에 주체성이나 의도를 묻는 것은 우스운 짓이다. 물론 나는 그러지 않는다. (내가 말하려는 것은) 이것은 사람의 형상을 본뜬 우리 의인$^{擬人, anthropomorph}$이 기계의 관점—즉 우리가 기계를 통해 본다는 지각 과정의 특이성—에서 사물을 보기 위해 창출해야 하는 의인화된 수사라는 것이다.

이러한 시선은 학술용어로 번역되면, 다른 세계들, 곧 다른 관객들에게 다가갈 수 있는 사고의 방법을 제공한다. 이에 따라 '나'가 스스로 인류학자로 생각할 때, 페미니즘 연구는 보조 혹은 도구가 되어 인류학자로는 미처 생각해내지 못한 사고를 도입한다. 그리하여 인류학자는 페미니즘 담론을 뚜렷한 외부의 현존으로서, 말하자면 신체의 '바깥'에 존재하게 할 수 있다. 왜냐하면 그것[페미니즘 담론]은 인류학의 확장으로서 각기 다른 소재들로 이뤄진 수단이며, 애초의 신체가 홀로 할 수 없는 것들을 할 수 있기 때문이다. 그와 동시에 도구는 그것이 어딘가에 부착된 채로 있는 동안만 작동한다. 도구는 한 사람이 다른 사람들과 상호 작용하기 위한 수단이지만, 그렇다고 그 사람의 [실제] 사용과 별도로 포섭되거나 소유되는 무언가가 아니다.

　이것이 대화의 부분적인 연결들에 관한 우리의 사고방식을 확장할까? 앞서의 예로 돌아가보자. 페미니즘 담론은 참여자들 간의 연결을 창출한다. 그러나 그들이 자신들 사이에 단일한 실체를 창출하지 않는 한 부분적인 채로 남는다. 각각이 창출하는 것은 입장의 확장이다. 그리고 그러한 확장은 대화라는 수단 없이 이뤄질 수 없지만 결국 그나 그녀가 자신을 **위해** 각각 차지하는 입장으로부터 이뤄진다. '부분적'이라는 말은 전체성이 없을 뿐만 아니라 각 부분이 당파적인 입장을 규정한다는 의미에서 상호 간의 주고받는 대화의 성격을 적절히 포착한다. 이와 마찬가지로 민족지적 진실은 그것이 불완전하면서도 깊이 천착한다는 면에서 부분적이다(Clifford 1986: 7[클리퍼드 2000: 26]).

　나는 사이보그의 연결되어 있으면서도 비교 가능하지 않은 부분들을 이중적인 방식으로 사용하고 있다. 첫째, 도구가 신체를 확장하듯이 기계는 유기체에 연결되어 있다는 상념은 한쪽이 다른 쪽을 위해 역량을 실현한다는 사실에 기초한 실체들 간의 연결을 시사한다. 즉 한쪽은 다른 쪽을 '움직이게' 만든다. 이에 따라 한 사람과 그녀/그의 사고 간의 관계, 혹은 그녀/그의 사고와 다른 사람들과의 대화하는 방식 간의 관계, 혹은 페미니즘 논의에 참가하는 각기 다른 배경(분야)의 학자들의 관계를 그려볼 수 있다. 여기서 어떤 경우에도 실현 혹은 확장은 그것이 부착된 무엇 혹은 그것이 유래한 곳과 동일해지지 않는다. 해러웨이는 사이보그에 대해 재생성^{regeneration}은 가능해도 재생산^{reproduction}은 불가능하다고 말한다. 한 부품은 다른 부품과 다른 층위^{order}에 놓이며, 다른 부품을 생산해낸 무엇에 의해 생산되지 않는다. 각 부품은 서로의 스케일에 편성되지 않는다. 해러웨이도 말했듯이, 이와 같은 방식으로 포스트과학계의 정치는 생산자와 동일한 것을 생산한다는 재탄생^{rebirth}을 이야기할 것이 아니라 재생성^{regeneration}, 즉 확장을 이야기해야 한다. 나는 대화를 이어가면서 내 역할을 할 수 있기 때문에, 도구가 제 역할을 다하듯이 대화가 나를 위해 제 역할을 다하게 할 수 있다.

둘째, 이 균형의 결여는 부분과 전체 시스템의 관점에서 다시 읽히지 않는다. 언뜻 보기에 '도구'는 여전히 그 용도를 규정하는 제작자 및 사용자에 의해 포섭 가능할 듯하다. 그러나 문화에 관한 우리의 이론들이 진작 우리에게 말해주었듯이, 우리의 재량에 맡겨진 도구**를 통해** 우리는 비로소 용도를 알아챈다. 유기체와 기계는 부품(부위) 하나가 다른 하나를 완전히 규정할 수 없는 한, 부분과 전체의 관계로 연결되지 않는다. (가령) 인류학과 페미니 즘 각각의 퍼스펙티브를 서로 바꿔친다고 해서 남겨진 입장이 없 어져야 한다거나 더 포괄적인 퍼스펙티브가 되어야 할 필요는 없 다.[25] 그다음으로 어떤 입장도 포섭적인 맥락이나 포괄적인 퍼스 펙티브를 제공하지 않는다. 그보다 각각은 장소화되고 신체화된 시야로서 존재한다. 인류학자가 된다는 것은 페미니즘 연구를 인 류학적 통찰력의 자원 혹은 확장으로서 활용한다는 것이다. 이것 은 마치 기계가 아닌 유기체가 된다는 것이 유기적인 가능성을 확 장하는 것과 같다.

　여기서 한 입장은 다른 입장에 의해 구성된 것으로 생각될 수 있다. 어떤 인류학적 담론에서 사회관계가 인격들을 구성한다고 상상되는 것처럼 말이다. 개별의 인격에 장소를 제공하는 외부의 특정한 타자들의 존재는 그나 그녀에게서, 그녀/그 자신의 일부임 과 동시에 일부가 아닌 연결들로서 저 사회적 관계들에 대한 지각 을 이끌어낸다. 아마도 이러한 위치설정의 감각은 또한 존재들(각 각의 '누군가'인 인격들)의 특이성에 의해서뿐만 아니라, 특이성이 없 다면 존재할 필요조차 없는 역사에 의해서도 창출될 수 있다. 우 리가 알아야 하는 모든 것은 이 타자들이 '어딘가'에서 왔다는 점 이며, 그들이 퍼스펙티브를 스스로 구성하지 못하는 퍼스펙티브 를 갖고 있다는 점이다.

정치

부분 2

침입과 비교

부분 1 **침입**

부분 1 **지배의 기술**

    해러웨이가 거의 인간의 차원까지 스케일을 축소해서 만들어낸 사이보그의 배후에는 무시무시한 기술-군사 복합이 버티고 있다. 나는 그것을 제대로 전달하지 않았다. 그녀는 전체화하는 세계관들world visions에 대항해서 희미하지만 확실히 들리는 커뮤니케이션의 그물망을 환기하려 한다. 겉으로 보기에 나의 논의에서 사이보그의 이미지는 너무 친근한 것 같다.[26] 인간 역량의 확장이나 실현 그리고 그것의 도착perversion이나 전복subversion, 이 양자 간의 차이를 우리는 어떻게 분간할 수 있을까? 사용자의 역량을 확장하는 도구와 조작자의 결정 시스템에 조작자 자신을 편입시키는 기계, 이 둘의 차이를 드러내지 말아야 할까(Ingold 1998)? 인격이 기계의 작동경로routine에 갇혀서 통제될 때, 엔진의 리듬에 매이는 것은 역량의 강화가 아니라 감축이다. 이 의미에서 타자의 통제하에 놓인 도구는 단순히 기계로 보일 수 있다. 이것은 내가 읽기로《페미니스트 리뷰》에서 최근 되풀이해서 나타나는 논점이기도 하다.

> (…) 물건^{objects}을 생산하는 데에 필요한 도구가 사적으로 소유될 (때), 노동자들은 자신의 관념과 욕구를 표현하는 물건을 이미 자유로이 생산할 수 없게 된다. 그 대신 그들은 자신의 노동력을 자본가에게 팔아야 하고 그렇게 해서 도구는 추상적으로 '확장' 된다. 자신의 노동을 통해 생산자들은 이제 자신의 관념이 아니라 투자된 자본에 이익을 가져다줄 생산물을 설계하는 타자의 관념에 물질적인 표현을 부여한다. (Currie and Kazi 1987: 85)

이 경우에 '확장된' 것으로 보이는 것은 전체 과정을 통제하는 저들의 권력이다. 즉 지배자들은 통치의 수단으로서 자신에게 도구인 것을 타자에게 기계인 것으로 바꾼다.

아이와 옹^{王愛華, Aihwa Ong}은 하이테크 산업의 생산과정에 종사하는 제3세계 여성들을 다루면서 혁신기술이 억압의 새로운 형식을 낳는 양상을 기술한다(Ong 1987a). 그녀가 관찰한 바에 따르면, 전자제품의 제조현장에서 여성들이 문자 그대로 기계에 부착됨으로써 그들의 젠더 자체가 분해된다. 이 사례의 출처는 말레이시아의 공장 관리체제다(Ong 1987b). 한편으로는 일이 극도로 세분화되어서 노동자들은 반복적이고 미세한 작업을 이어가야 한다. 다른 한편으로 관리자 측은 그녀들에게 작업을 견딜 수 있는 능력을 타고났다고 누누이 언급함으로써 그녀들의 자기인식^{self-perception}을 통제하려고 한다(Ong 1987a: 622). 그러나 이뿐만이 아니다. 기업들은 그들 자신의 문화전통cultural origins에 기대어 여성 노동자를 관리자의 보호가 필요한 딸로 정의하거나(일본), 여성의 성적 정체성에서 비롯된 특정 취향을 추구하는 소비자로 정의한다(미국). 그 결과는 다음과 같다.

> 하이테크 산업에 몰려든 여성들의 젠더는 분해되어왔다. 마이크로칩 제조는 본질적으로 '여성적인 것'feminine으로 규정되고, 여성의 지향과 안목은 전자산업의 수단성의 확장으로서 코드화되며 여성의 역량과 주체성은 순수한 섹슈얼리티로 환원되고, (…) 기술, 남성, 제도 등에 대한 여성의 관계는 (…) 관능화된다. (Ong 1987a: 623-624)

여기서 다루는 기계들과 신체들이 확장인 것은 맞지만, 그것들은 기계에 즉각적으로 얽매인 것으로 보이는 저들 이외의 다른 인격들의 확장을 구성한다. 만약 이것이 사이보그의 또 다른 버전이라면, 그것은 마치 즉각적인 주체와 그녀/그의 인공기관만을 생각하면 그만인 것처럼, 인간의 역량이 일상적으로 실행되는 권력 관계의 연쇄로부터 떼어져서 추상화될 때에는 오직 유순하게 보일 수 있다.

그러나 이미지의 불쾌함이 그 자체로 사회적 진실을 보증하지는 않는다. 위의 단락은 [앞에서 논한] 관광객의 형상에도 똑같이 적용될 수 있다. 불가피하게 이 형상은 인류학적 설명 속에서 불

　　　　　　　　　　Ⅰ. 인류학을 쓴다

운한 기운과 함께 나타날 운명을 타고났다. 나는 '관광객'을, 그녀/그 자신의 감각을 강화하는 방식으로 타문화들을 표본 추출하거나 소비함으로써 개인의 경험을 확장하려는 인격으로 본다. 이 관점에서 그녀/그는 소비자일 뿐이며 세계의 다양성을 포식하는 문화적인 탐식가일 뿐이다. 부풀어 오른 이미지는 확실히 불쾌하다. 그러나 또 다른 관점에서 관광객은 그 대신에 〔자신이 머무는〕 사회의 주인인 다른 인격들을 저도 모르게 확장하는 듯도 하다.

관광객이 참여하는 사회적인 만남을 고찰한 프레더릭 에링턴 Frederick Errington과 데버라 게워츠 Deborah Gewertz는 정치에 주목할 필요가 있음을 분명히 밝힌다(Errington and Gewertz 1985). 맬컴 크릭 Malcolm Crick이 행한 인류학과 관광 간의 발랄한 비교로는 충분치 않다 (Crick 1985). 에링턴과 게워츠는 크릭이 써내려간 전체화하는 세계상, 즉 "사회생활(사회생활을 검토하는 학문 분야까지 포함해서)이 그 파편성과 다수성 속에서 질서 정연하지 않은" 널리 유행하는 "포스트모던한 인식"(Errington and Gewertz 1985: 38. 강조는 생략)을 비판한다. 형식과 교섭하거나 형식을 갖고 노는 것은 사람들이 참여하는 일종의 상호작용을 특징짓는 것처럼 보일 수 있다. 그러나 에링턴과 게워츠는 "상호작용, 즉 교섭의 조건을 누가 통제하는가 그리고 누가 이기고 누가 지는가가 지대한 문제인 세계에서 인류학자는 유희의 감각이 아닌 정치적인 감각을 키워야 한다"(Errington and Gewertz 1989: 39)라고 말한다.

에링턴과 게워츠는 파푸아뉴기니의 세픽 Sepik 강 연안에 사는 사람들이 관광객들 그리고 자칭 '여행자들'을 접대하는 모습을 묘

사한다. 특히 그들은 챔브리^{Chambri}에 자리를 잡는다. 정기적으로
챔브리에 방문하는 관광객은 이제 챔브리의 생활 자체에서 주요
한 역할을 맡게 되었다.[27] 1987년의 조사여행 중에 그들이 목격한
'의례'는 일련의 입사식 의례를 받으려는 신참자들과 관광객들 양
쪽 모두의 이익을 위해 치러졌다. 신참자는 조롱당하며 호된 기합
을 받았고, 관광객은 자신에게 개방된 그 의례의 모습을 촬영할
수 있었다. 의례의 주관자는 입사식 의례가 차질 없이 진행되는
데에 필요한 막대한 경비를 조달하기 위해 관광객에게서 입장료
를 받았다. 그래서 그는 행사가 진행되는 근 한 달 사이에 여러 그
룹의 관광단이 찾아오기를 바랐다. 에링턴과 게워츠가 관찰한 의
례에서는 충분한 수의 관광객이 배를 타고 도착할 때까지 그 진행
이 지연되었다고 한다.

이렇게 주변 사정을 고려했음에도 불구하고 행사는 그다지
순조롭게 진행되지 못했다. 의례가 시작되자마자 관광객과 신참
자는 모두 겉으로 보기에 혼란스럽고 짜증나고 불안한 모습으로
남자들의 오두막에서 나왔다. 신참자는 무척이나 거칠게 다뤄졌
다고 불평했고, 관광객은 연행이 너무 폭력적이며 자신이 지나치
게 전면에 나서는 역할을 하고 있음에 불편함을 느꼈다. (신참자가
먼지투성이에 피를 뒤집어쓴 상황에서 관광객은 사진촬영을 위해 그 옆에 있어
야 했을 뿐만 아니라 박수칠 것을 영어로 지시받았다.) 그들은 기계^{machinery}
에 사로잡힌 것이다.

에링턴과 게워츠의 분석에 따르면, 외부자의 존재는 실제로
신참자를 향한 기합의 사나움을 누그러뜨렸다고 한다. 그러나 그

Ⅰ. 인류학을 쓴다

빈자리를 차지한 것은 일종의 조롱이었다. 신참자들은 무력감에 간혔을 테지만 그것은 관광객들도 마찬가지였다. 만약 관광객들이 그 자신을 고의적으로 포함시킨 의례적인 절차에서 빠졌더라면, 그들은 자신이 묘사할 수 있는 진정성 있는 무언가를 목격했을 것이다. 관광객들은 연행의 마지막 절차에서 자신마저 피해자로 만드는 의례를 승인하도록 요구받았다. 신참자들의 머리에 쏟아진 경멸과 조롱은 어떤 이유에서인지 관광객들에게도 퍼부어졌다. 즉 그들은 "부분적인 표적"(1989: 50-51)이 되었다. 아마도 신참자들의 신체가 얼차려를 주는 연장자들 자신의 문화적 형식에 대한 지배의 확장물로서 사용된 것일 텐데, 그와 똑같은 방식으로 땀범벅의 어색한 관광객들은 연장자들의 무수한 외적인 신체와 마찬가지로 신체적 지배의 권력을 과시하는 임무를 떠안게 된 것이다.

부분 2 **횡-문화적인 막다름**

〔그러나〕 에링턴과 게워츠의 기술에는 그 이상의 차원이 있다. 그들의 의도는 인류학자를 위한 자리, 즉 관광객도, 관광객의 반대편에 있는 여행자도, 〔나아가 이 둘을 포함해서〕 모든 이들의 반대편에 있는 챔브리의 여러 정황들에 의해서도 선점되지 않는 자리를 찾아내는 것이다. 그들이 〔이렇게 포스트모던 민족지를〕 거부하는 것은 포스트모던 담론의 전체화의 유혹에 대한 감수성이야말로 인류학

자를 관광객으로 만들어버리기 때문이며, 그 외에 여러 선택지가 있기 때문이다. 적어도 그 선택지들 중의 하나는 이와 같은 만남들에 개입된 권력관계를 예의주시하는 것이다. 〔이에 대한〕해결책이 반드시 대화dialogue, 심지어 '타자의 목소리'에 안주할 필요가 없음을 그들은 명확히 한다(Errington and Gewertz 1987). 인류학자는 타자의 당파성에 응할 수 있어야 하고, 여기에는 좋든 싫든 다른 사람들의 독백monologues, 그러니까 다른 사람들의 특정한 정치적 관심과 이익까지 포괄된다.

나는 타자의 이익을 위한 술책machination에 말려든 현실의 사이보그 여공의 이미지를 환기했고, 자신이 지배받고 있는 상황을 반만 인식하는 관광객의 이미지를 환기했다. 이는 사회생활에서 어느 정도 자명한 점을 강조하기 위해서였다. 관계를 맺거나 모두가 자신의 연행의 참여자가 되거나 하는 일들이 무조건 순탄하기만 한 것은 아니다. 우리는 사회성을 단지 개인의식 혹은 문화의식을 강화하는 특정한 장으로만 사용할 수 없다. 우리의 학술적 코즈모폴리턴들은 그들의 세상경험에 사회관계를 '덧붙일' 수만은 없다. 도리어 문화연구의 최근 흐름을 거슬러 사회, 세계체제 등등의 퍼스펙티브를 되돌려놓으려는 그들의 목소리를, 게다가 그 속에서 지배와 권력의 사회관계 그리고 사람들이 상호 작용하면서 만들어내는 사회적 대상에 대한 새로운 물음을 듣게 된다.

그중에서도 파비안은 인류학자들이 그들 자신의 연구에서 만들어진 대상에 대해 나름의 앎awareness이 있다 해도 이 연구의 주체가 같은 시대를 살아가는 존재로 보이지 않는 한 그 앎은 그녀/그

Ⅰ. 인류학을 쓴다

의 설명에서 '힘을 발휘할'work 수 없다고 주장해왔다(Fabian 1983).
과거와 현재를 제각각 드러내기 위해서는 적어도 [인류학적] 설명
은 동시대화co-temporalized해야 한다는 것이다. "그곳(멀든 가깝든 이국적
인 장소)으로 가야 하는 이유는 정말로 우리가 이곳에 있으려는(세
계에 우리의 자리를 만들려는) 욕망에 있다."(Fabian 1990: 756 강조는 생
략) 그는 이 두 운동[과거에서 현재를 찾고, 그곳에서 이곳을 찾는 운동]은
'현전'presence에서 합류한다고 덧붙인다. 이것은 단순히 문화적 재
현에 관한 언명statement일 뿐만 아니라 사회적 관계성에 관한 진술
statement이기도 하다.

　　문화를 연구하는 것만으로는 물론 인류학의 과제를 완수하지
못한다. 실제로 파비안은 문화연구가 인류학을 전유하는 것에 공
개적으로 불만을 표시했다(Fabian 1985). 작금의 성찰적 전회에 앞
서 수십 년 동안, 즉 이 전회의 형식이 전반적으로 다듬어진 시기
에, 문화는 "포괄적인 개념으로" 통용되기에 이르렀고 "지식의 이
론을 요약하는 역할을 도맡음으로써 우리 분야의 지표로서 역사
적으로 기능"(Fabian 1985: 7)해왔다. [그러나] 인류학은 파비안의 지
적과 달리 당연히 문화의 개념을 독점하지 않았다. 이것은 민족지
의 개념을 강조했던 클리퍼드의 주장이기도 하다. "시시각각 긴
급한 사태에 당면하는 근대의 '민족지'는 문화들 사이를 끊임없이
이동한다. 그러나 그것은 서구의 민족지적 분신인 '인류학'과 달
리 인간의 다양성과 성장 과정의 전 범위를 망라하기를 열망하지
않는다."(Clifford 1989: 9 강조는 생략) 오히려 민족지는 20세기의 "이
제와는 전혀 다른 전통의 겉감"으로 스스로를 계속해서 대체해왔

다. 그럼에도 불구하고 인류학에서 끈질기게 놓지 않는 문화와 전통 간의 동일시는 파비안의 우려를 샀다. 그의 주장에 의하면, 문화라는 개념 자체가 삶의 사라지는 형식들에 대한 향수의 몸짓이며, 많은 경우 사회적 차별과 폭력의 결과로 나타나는 것들을 문화적 '변이'로 설명을 끝내는 데에 낙관적으로 쓰이고는 한다 (Fabian 1985).

인류학적 탐구의 초점으로서 문화의 출현은 〔인류학의 주요〕 논의의 핵심으로서 재현주의representationism를 이끌어냈다. 그러므로 작금의 재현비평이 문화경험을 전달하는 그 외의 양식에 눈독을 들이는 것은 그리 놀랄 만한 일이 아니다. 파비안이 제기했듯이, 우리는 재현주의뿐만 아니라 문화 개념 자체에 대한 우리의 충성도를 되짚어봐야 한다.

프리드먼은 〔또한〕 이와 같은 시기에 비슷한 공격을 가했다 (Friedman 1987).[28] 그에 따르면, 문화는 몇몇 학문 분야의 집결지가 되었고, 연구자들이 〔자기 분야를 넘어〕 논의에 참가할 수 있도록 이끄는 핵심어가 되었다. 나아가 문화는 모든 차이를 문화적 차이로 읽어내는 인류학의 포스트모던한 형식에 빠져들면서 인류학을 석권해왔다. 인류학의 역사 자체가 모델이나 패러다임의 연쇄가 아닌 장르의 연쇄로 받아들여지게 된 것이다(Friedman 1987: 168). 그런데 프리드먼은 가능한 모든 언명이 문화적 언명이라면 이론적인 것과 문화적인 것 간의 인식론적인 구별이 존재하지 않을 것이라고 주장한다. 물론 이러한 진단을 그의 공격 대상마저 동의할 수도 있다. 그러나 그가 자리를 마련해주려는 것은 사회이론, 즉

Ⅰ. 인류학을 쓴다

상대주의를 향한 반가운 손짓까지도 포함하여 [이론의] 자기생산 과정을 이해할 수 있는 이론이다. 차이와 차이에 대한 지각은 모두 역사적 산물이라고 프리드먼은 말한다. 그러므로 인류학은 인류학적 대상의 구축과 그 대상을 생산하는 사회시스템 및 물질적 조건 모두에 관여해야 한다. 둘 다 관계의 소산인 것이다.

> '문화'는 우리 문명이 세계를 대상화하는 독특한 방식이다. 그것은 타자성^{otherness}이라는 보편 개념으로 환원될 수 없다. 타자성은 오랜 시간에 걸쳐 형성된 '그들'에 대한 '우리'의 관계의 특이성, 즉 물질적 과정에 배태된 개념적 배치의 측면에서 이해되어야 한다. (Friedman 1987: 165)

나는 지식의 사회적 생산이나 그 이면에 있는 권력관계의 문화적 코드화를 둘러싼 온갖 논의를 다시금 되풀이할 생각은 없다. 그보다 여기서는 이러한 학술적 대화 자체에 흥미로운 논점이 있다는 것을 말하고 싶다. 내가 미심쩍어 하는 것은 '문화적'이라는 형용사든 '사회적'이라는 형용사든 어느 쪽으로도 차별화의 작업을 행할 수 있다는 점이다. 사회 혹은 사회구성체의 관점에서 급진적이거나 비판적일 수 있는 만큼 문화 혹은 장르의 관점에서도 그럴 수 있다.

우리는 스케일의 문제로 되돌아오고 있다. 글로벌 시스템에 대한 문화적 비판은 지식의 이론으로서 문화가 지닌 특권에 대한 사회적 비판과 마찬가지로 상당히 효과적일 수 있다. 해러웨이가

〔어딘가에〕파묻혀서 신체화된 지식을 논하듯이, 우리는 지식에 자리를 잡아주려고 애쓰지만 어떤 자리^{situation}나 특이성의 부담을 안고 있다. 약간의 '역사'를 얹는 것만으로는 충분치 않을 것이다. 가령 역사를 통해 권력관계, 즉 특수한 지배 형식과 생산관계를 상기한다 해도 그렇다. 각각의 참신한 차원—'역사적' 위치, '물질적' 조건, '사회적' 관계의 파악—은 구체의 감각을 회복시키고 선명한 맥락을 제공하도록 일시적으로 기능하지만, 곧이어 순식간에 그 자신의 세부적인 것들의 소용돌이 속으로 흩어진다. 그래서 우리는 결국 '문화' 혹은 '수사' 혹은 '내러티브'의 감각이 이제 막 사라지고 없는 구체성의 일부만을 회복시킬 것임을 깨닫는다. '사회적' 차원과 '문화적' 차원은 인류학적 기획의 각기 다른 스케일처럼 행동한다. 어느 성좌〔배치〕^{constellation}든지 그것은 지금 여기에서 현실로 간주되는 무엇, 다시 말해 권력관계에 이르는 길을 알려주는 것 같다.

스케일은 스케일의 전환을 통해 선명하게 드러난다. 커스틴 하스트루프$^{Kirsten\ Hastrup}$는 이러한 전환 중 하나를 유려하게 그려낸다 (Hastrup 1992). 그녀는 동시대성을 항변하는 파비안의 호소에 대한 응답으로서 타자의 현전을 이끌어낸다는 이슈를 파고든다. 그러나 그녀는 이 이슈에 대한 기술을 '역사화하기'^{historicizing}보다 오히려 민족지적 현재라는 시제를 회복시켜야 한다는 답을 내놓는다. 포스트모던 인류학의 문학적 관심은 장르로서의 리얼리즘을 대체하는 것이지 인식론으로서의 리얼리즘을 대체하는 것이 아니라고 그녀는 주장한다. 인류학은 언제까지나 '진짜' 차이를 상정한

I. 인류학을 쓴다

다. 그와 동시에 민족지 쓰기는 특정한 종류의 지식, 그녀의 표현을 빌리면 경험적인 것을 초월하는 지식을 구성한다. 민족지적 지식은 필연적으로 '시간 밖'에 있다.

하스트루프는 "민족지적 현재를 인류학적 담론의 방법론적 사례로서 되찾아야 한다"(Hastrup 1992: 128)라는 도발적인 제안을 한다. 역사화하기의 방법론은 (역사라는 이름으로) 특정 순간을 다 써버리는 것이라는 데에 문제가 있다. 이것은 결코 파비안이 의도한 것은 아니라고 말해두어야겠다(반대로 그는 "서로의 현존 속에 일부러 머물기 위해" 서로의 과거를 공유해야 한다고 말한다(Fabian 1983: 92)). 그녀의 특이한 논점은 현장연구의 경험이 텍스트가 되기 이전의 기억이라는 것, 그리고 작가는 언제나 그녀/그의 현재의 기억에 몰입하며 그 기억에서 과거는 과거가 아니라는 것이다. "대화^{dialogue}는 '그때'였지만 담론은 '지금'이다. 시제의 선택권은 없다."(Hastrup 1992: 127) 부재하는 실재성에 관한 진실을 드러낼 다른 방도는 없다. 민족지는 모던하게도 포스트모던하게도 보일 수 없다고 그녀는 말한다. 그것은 항상 '비-모던'$^{non-modern}$했으며, 항상 위계적이었다. 그것의 위계적인 성격, 당파성, 저자의 소유욕을 인식할 필요가 있다. "담론의 수준에서 '타자'는 텍스트상에 고정된다. 그리고 [텍스트에서] 부재하는 사람들은 그 외의 다른 문화를 구현하고 있다고 인식된다."(Hastrup 1992: 129)

이 논의는 저 모든 타자들 **사이의** (내적인) 차이로서 우리가 지각하는 것을 어떻게 다룰 것인가라는 질문을 우리에게 되돌려준다. 이 질문은 정확히 말해 인류학의 직업적인 기술$^{job\ description}$에서 한때 중심이었던 횡-사회적인 비교에서 논제로 다뤄지는 관계들과 연결들을 어떻게 정식화할 것인지를 묻는다. 비교분석은 과거의 확실성에 대한 향수를 불러일으키는 것 그 이상일 수 있다. 그러나 우리는 어떤 스케일로서 무엇을 선택해야 할까? 그리고 이 질문의 한 측면에서 우리는 사이보그의 관념이 유용하다고 말할 수 있지 않을까? 우호적이거나 비우호적인 함의를 다 빼고 보면, 사이보그는 연결을 연결 자체의 스케일로 상상하는 방법을 제공해줄는지 모른다.

I. 인류학을 쓴다

부분 1 **비교분석을 위한 단위**

1987년 《인류학 연간 리뷰》에 횡-문화조사에 대한 논문 한 편이 게재된다. 그 논문의 관심은 복잡한 데이터를 좀 더 적절하게 처리하는 통계학적 민감도의 최근 개선에 있으며, 예를 들어 다변량 해석을 위한 방법의 혁명적인 확산을 다룬다(Burton and White 1987: 148). 문제는 비슷한 단위들 간의 비교가 오히려 머독의 초기 해결법을 참조함으로써 처리되고 있다는 점이다. 사회들—〔서남아시아의 섬인〕 티코피아Tikopia나 중국에서 사례를 찾을 수 있는 사회들—은 '복잡성이나 스케일의 각기 다른 수준'에 있을 수 있지만, '문화적 지방들'이나 '특정 공동체들'에서 일부의 사례를 추출함으로써 이 문제를 극복할 수 있다는 것이다.[29] 그런데 저자들은 일전의 어느 리뷰 논문에서도 다룬 골턴의 문제Galton's problem를 길고 상세하게 논한다(J. Jorgensen 1979). 이 고전적 문제의 간략한 역사는 살펴볼 가치가 있다.

그것은 에드워드 타일러가 1888년에 (왕립)인류학협회에서 검토한 논문과 연관된다. 그 논문은 세계 350개 집단들의 표본에서 데이터를 체계적으로 정리함으로써 혼인과 친족에 관한 일군의 제도 발전을 설명하고자 했다. 당시 회장인 프랜시스 골턴^{Francis} ^{Galton}은 타일러의 발표를 듣고, 각 단위의 독립성에 대해 즉 "함께 비교되는 부족들 및 인종들의 관습이 동일한 기원의 복사본이 아니라 독립적일 경우"(Stocking 1987: 318에서 인용)에 대해 질문했다. 조지프 조르겐센^{Joseph Jorgensen}이 간결하게 서술했듯이 타일러는 골턴의 질문에 답하지 못했다.

타일러는 표본을 통해 다룬 각각의 사회를 위치시키는 혹은 각 변수의 분포를 위치시키는 지도를 만들어내지 못했다. (…) 타일러가 변수들의 지도를 그렸더라면, 적어도 유사한 실천들 간의 근접성을 밝혀낼 수 있었을 것이고, 가령 어떤 사회들의 가계에 관한 관습이 다른 사회들의 혈연의식에 영향을 주었을 가능성에 대해 평가하는 수단을 마련할 수 있었을 것이다. (…) 타일러는 그가 사례를 추출한 부족의 집단들이 가진 제도적 유사성이 (자매어^{sister languages}를 말하며, 갈라지기 전의 모사회^{mother society}에서 함께 물려받은 유사한 문화적 특질을 공유하는 둘 혹은 그 이상의 사회들에서 보이는) 원문화^{原文化, protoculture}에서 물려받은 것인지, 차용을 통해서 획득된 것인지, 그도 아니면 부족들 간의 제도적인 유사성이 독립적으로 발명된 것인지를 구별하지 못했다. (J. Jorgensen

I . 인류학을 쓴다

1979: 313)

마이클 버튼과 더글러스 화이트에 의하면, 저자인 조르겐센도 '사회 간 연결'intersocietal connections의 논제를 그 자신의 연구프로그램의 일부로 삼고 연구를 진행해왔다.

이 문제에 관한 통계적 모델화에 대해 상세히 알진 못하지만, 앞으로 다루게 될 스케일과 수에 대한 관심을 위해 여기에 버튼과 화이트의 말을 그대로 인용하고자 한다.

골턴의 문제는 표본 단위가 상호독립적이지 않다는 것과 관련된다. (…) 이 문제는 횡-문화적인 비교에 고유하지 않고, **연구 단위들 간**의 친족, 상호작용, 생물학적인 것을 포함한 공통의 유산 등의 **연관**이 있는 경우에는 어떤 연구에서라도 일어난다. 이것은 단순히 특질에 따른 지역 나누기의 문제가 아니다. 지역 나누기 자체는 지리적으로 나뉜 환경의 특성에 대한 사회의 독립적인 적응의 결과일 수 있다. 사회들에서 만들어진 어느 집단의 특질적인 가치가 기능적 적응에 의해 예측되는 것들과 유의미하게 다르다면, 그리고 이러한 일탈이 지역적으로 혹은 역사적으로 네트워크에 기초한 사회들의 위치에 의해 설명될 수 있다면, 우리는 골턴의 문제에 해당하는 사례를 갖게 된다. (…) 골턴의 문제에 대한 네트워크 자기상관분석은 (…) **사회들 간의 연관**이 각각의 특질에 끼치는 영향을 수치화해서 보여준다. 이 절차에는 역사, 세계체제 등의 중요한 현상을 표본에서 제거하는 것이 아니라 그것들을 횡문화적인 분석으로 가져올 수 있다는 이 점이 있다. 네트워크 자기상관분석의 첫 단계는 **사회들 간에 관찰된 관계성의 네트워크를 산출하는 것**이다. (…) 역사적 연관성은 (…) 통상 언어들 간의 관계성에 의해 측정된다. 이것은 타당한 접근이다. 왜냐하면 (…) 언어의 유사성은 공통의 기원을 갖는 이주를 포함해서 공유된 문화적 역사에 대한 탁월한 지표를 마련해주기 때문이다. (Burton and White 1987: 146-147. 강조는 인용자, 참고문헌 생략)

통계분석은 어떤 의미에서 자체의 스케일을 제공한다. 다뤄야 하는 상관관계는 '사회들 간의 연관'이라는 **이미지에 기초해서** 모델화된 실체들 간의 상관관계로 보인다. 이 상관관계를 찾아내는 세련된 기술의 요점은 사회들 간의 상호의존관계를 보여주는 것이다. 그리하여 사회들은 반드시 독립적이고 별개의 단위로 다뤄질 필요가 없다. 오히려 사회들의 속성은 공통의 스케일상에 위치하는 점들로 찍힐 수 있다. 현상들이 지니는 각기 다른 '수준'들은 각기 다른 범위의 점을 제공한다. 이에 따라 사회들, 공동체들, 지역들이 하나의 스케일을 형성하고, 그 한편으로 거칠고 다정한 사회화 같은 행위 특질의 범위 혹은 부계^{父系}와 전쟁 등의 다양한 사회제도들의 범위는 짐작건대 다른 스케일을 형성할 것이다. 어떤 수준(스케일)에서도 목록화^{enumeration}는 가능해 보인다. 따라서 만약 "신부대[30]와 부계상속이 일부다처제에 의해 예측된다"면(Burton and White 1987: 153), 이것들은 현상을 비교하기 위한 층위를 구성하고 그 상대적인 발생을 열거할 수 있게 만든다. 나는 이 방법에 이의를 제기하지 않겠다. 내가 관심을 갖는 것은 이 방법의 실행자가 특정 지점에서 횡-문화적인 비교라는 접근을 통해 다른 실행자들과 공유하는 것으로 보이는 언어다.

일례로 버튼과 화이트는 K. E. 페이지와 J. M. 페이지(Paige and Paige 1981)(그들의 의견을 직접 구한 것은 아니다)의 연구를 인용한다.

〔K. E. 페이지와 J. M. 페이지의〕 주요 가설은 "의례는 권리를 주장하고 분쟁을 조정하는 보다 공식적인 장치가 부재할 때 일어나는 정치적 교섭의 한 형태다"(Paige and Paige 1981: 69)라는 것이다. 이 분석에서 초경의례, 남성할례, 의만擬娩[31], 월경금기 등의 재생산 의례는 남성이 여성과 아이에 대한 권리를 주장하는 갖가지의 방식들이다. 남성에 의한 지배형식의 변이는 해당 사회의 자원 기반의 수준quality과 남성 친족들 간의 이익집단의 규모size에 달려 있다. (Burton and White 1987: 152)

버튼과 화이트는 이어서 페이지와 페이지의 연구가 두 개의 독립변수와 네 종류의 재생산 의례 간의 강한 관계성을 찾아냈다고 말한다. 그러나 통계학적 언어로 표현된 비교분석의 의도가 논변적인 언어로도 표현될 수 있다는 점은 명백하다. 이 사례는 가령 멜라네시아 연구자들이 논하는 바로 그 특정한 요소를 다룬다. 비교되는 것은 (남성의례의 존재 유무 같은) 사회-문화적 속성인데, 내가 보기에 그 발생빈도〔존재 유무〕는 이런저런 사회/문화나 공동체

'내에서의' 그러한 요소들의 위치를 통해 암시된다(cf. J. Jorgensen 1979: 311-312). 물론 각기 다른 변수는 그것이 속한 사회적 단위의 위치를 각각 정해줄 것이다. 그러나 [상관분석은 사회들과 문화들의] 최종적인 총합이라는 것이 있을 수 없는데도, 거칠게 말해 결과적으로는 사회들과 문화들이 어떤 시점에서는 셀 수 있는 존재일 수밖에 없다. 그러나 [단위들 간의] 중복이 통계적으로 드러난다 해도 문제는 '어디에서' 그 속성이 발견될 수 있는지에 있다. 이것은 우리에게 익숙한 논변적인 실천방식이기도 하다. 사례의 셀 수 있는 발생빈도라는 측면에서 사회들 그리고/혹은 관습들에 대해 생각하기 위해 반드시 확률통계 혹은 상관관계 등의 통계로 처리할 필요는 없다.

부분 2 **부분적인 연결들**

이제까지 비약하거나 횡단한 각양각색의 입장들은 비교에 대한 논변적인 접근의 도정에 놓인 몇 가지 질문을 시사해왔다. 내레이션의 형식과 그것이 주제로 삼은 타자성에 대한 성찰은 이러한 개념들에 의해 가능해진 어떤 연결에 대한 성찰이기도 하다.[32] 상관관계는 사회관계가 아니지만, 사회관계는 아마도 현상을 연결하기 위한 모델 같은 것을 실제로 제공할 것이다. 그리하여 이 책에 일관되게 등장하는 인간 모습의 형상은 인류학자이면서도 인류학자가 아닌 어떤 자세[posture], 즉 일종의 현존을 채택한다.

Ⅰ. 인류학을 쓴다

비교를 하거나 유비를 밝히는 것이 반드시 연결로 이어지는 것은 아니다. 그것은 관계보다 유사성을 암시할지 모르며, 그 유사성은 현실적이라기보다 환상적이고 '마술적'(Jackson 1987)일지 모른다. 그렇지만 비교하는 행위 자체가 연결을 만드는 일이 되기도 하고 은유적인 관계를 환기하기도 한다. 마이클 잭슨[Michael Jackson]은 "사물[things]이 마술적 유사성의 토대 위에서 활용된다는 사실은 사물이 갖고 있는 지식적 가치와 치료적 가치를 배제하지 않는다"(Jackson 1987: 21)라고 말한다. 그와 반대로 유사성의 활용은 사물에 가치를 부여한다. 그리고 지식적이든 치료적이든 비교는 다수성[multiplicity]을 창출한다.

영국인의 일상세계로의 우회, 그리고 그와 더불어 페미니즘과 포스트모더니즘에 대한 서구인의 집념은 복잡한 사회를 살아가는 사람들의 문제를 강조하는 듯 보였다. 그들의 문제는 복잡하다. 단독의 현장연구자라는 전통적인 이미지는 적어도 사회가 단순할수록 문제는 단순하다는 반전을 제시함으로써 안도감을 불러일으킨다. 그러나 물론 안도 따위는 존재하지 않는다. 그와 반대로 인류학자들은 사회들 및 문화들로 가득한 자신들의 통계적 세계에서 상당한 어려움을 스스로 만들어왔다. 문제로 인지되는 사안은 어떻게 사회들 및 문화들을 연결할 것이며 그것들 사이의 연결을 어떻게 다룰 것인지에 있다.

라디슬라프 홀리는 비교의 절차를 둘러싼 가정들의 과거의 전환을 추적한다(Holy 1987). 비교의 절차는 문화들을 가로지르는 일반화를 목표로 삼는 '실증주의의'[positivistic] 기능적 상관관계를 입증하는 것에서부터 개별 시스템들 간의 적절한 분석적 번역을 목표로 삼는 '해석상의' 기술을 촉진하는 것으로 옮겨갔다. 두 절차 모두에 비판이 있어왔고, 비교가능성에 대해서는 질문이 끊이지 않고 있다. 한편으로는 명확한 경계 설정과 분석의 단위에 관한 이제는 낯익은 의심이 기능적 상관관계의 추구를 성가실 정도로 간섭해왔다. 다른 한편으로는 번역과 관련해서 온갖 우려가 제기되어왔고, 하나의 세계관을 다른 세계관의 관점에서 제시하는 것의 불가능성이 불거져왔다(e.g. Overing 1987). 전자의 문제군은 별개의 문화적 상황들을 한데 묶어서 일반화하려는 시도에서, 후자의 그것은 이국의 낯선 시스템을 서구의 체계와 병치하려는 것에서 발생했다. 그러나 문제는 여기서 끝나지 않는다. 홀리가 편집한 저작의 기고자들이 증명하듯이, 통계학적 적용이 아니라면 표면상 가장 논변화되기 쉬운 상황하에서 문제가 생기는데, 그것은 특정 지역 내에서 사회들의 비교와 사회-문화적 요소들의 비교의 문제다.[33] 그런데 여기서 논변적 분석은 통계적 분석과 마찬가지로 수의 문제에 직면한다.

파푸아뉴기니 고지대는 이 문제에 관한 사례 하나를 제공한다. 흥미롭게도 파푸아뉴기니 연구는 인류학의 역사에서 비교분석이 이 학문의 결정적인 특징으로 당연시되던 시기에 개시되었다. 지금 우리는 이 지역에 대해 리더십, 원예농업의 실천, 집단 형성, 교환관계, 결사와 의례생활의 성격 등등의 변화율^{gradient}을 입증할 수 있는 몇몇 사회시스템에 관한 정보를 갖고 있다. 무르익은 연구, 의례의 상세함이나 경제관계에 대한 통찰력으로 가득한

Ⅰ. 인류학을 쓴다

논문, 세계관의 무수한 환기 등 이 모든 것은 [비교연구를 수행하기에] 부족하지 않다. 내적인 비교를 행하기에는 완벽한 상황이라고 할 수 있다. 그런데도 대부분의 민족지학자들은 통상 그들 자신의 민족지적 발견의 고유성^{particularity}을 명시하기 위해 그와 인접한 사회들 및 문화들을 방문해왔으며, 그렇지 않더라도 지역 내 지역이라 할 수 있는 두세 개의 무리집단을 비교해왔다. 우리는 여전히 사례의 다수성^{multiplicity}이 성가시다.

이는 또한 '하나^{one}의 대안은 여럿^{many}'이라는, 대체로 인류학자들에게 장려되는 숫자에 대한 독특한 사고방식에서 나온다. 그 결과 우리는 하나들^{ones}, 말하자면 단독의 사회들이나 속성들을 복수로 다루거나, 그렇지 않으면 특정한 목적을 위해 한데 모은 총체로서 하나의 다수성^{multiplicity}을 다루게 된다. 현상들을 한데 모으면 연결이 만들어지기 때문에 여하간 관계성은 이 현상들 밖에 존재하거나 그 사이에 존재해야 한다. 상관관계라는 상념 자체는 사회들 간의 공간—그러한 공간이 있다면—을 점유할 수 있는 다소 창발적인 정신처럼 허공에 매달린 실체의 상념과 거의 같다.[34] 이런저런 변수에 따라 사회의 구획을 나눠보는 것은 '관계성'이라는 가상의 선들이 가로지르는 별들 사이의 진공^{void}의 이미지를 창출한다.

하나들^{ones}과 그것의 곱셈과 나눗셈에 갇힌 세계는 관계성의 개념화를 둘러싼 질문을 창출한다. 원자론적인 개인을 넘어서면서도 의미를 공유하는 전체론적인 공동체의 성원에 미치지 못하는 것으로 인격을 상상할 수 있다면, 그것은 비교분석에 직접적인 이익을 가져다줄 것이다. 인류학자들은 그들이 이미 마치 유일무이한 경계가 지어진 개인들인 양 사회들 및 문화들을 재현하는 것에 수반되는 모든 곤란을 알고 있다. 문제는 그 전제에 기댈 필요가 없는 방식으로 그것들 간의 연결을 어떻게 생각해야 하는가다.

*
**

〔비교분석이 맞닥뜨린〕 곤란에 빠진 것이 정말로 산술의 단순성 때문이라면, 우리에게는 선택할 수 있는 다양한 이론적 전환이 있다. 〔시공간적〕 근접성propinquity을 측정하는 계수coefficient나 반응도scalogram를 활용해서 사회들 간의 유사성과 차이를 상상해보는 것도 가능할 것이며(J. Jorgensen 1979), 포스트구조주의 담론에 눈을 돌려 여행으로 개념화된 '차이' 자체를 찾아낼 수도 있다. "차이는 항상 우리를 **어딘가 다른 곳으로** 데리고 간다. 우리는 어쩌면 의미의 전위displacement와 차연差延, deferral의 무한히 증식하는 네트워크에 휩쓸릴지 모른다."(Moi 1985: 153) 레오 하우Leo Howe가 행한 것처럼 관찰을 통해 전체 논의를 단순히 짧게 끝내는 것도 가능하다. 그는 다음의 간단명료한 진술로써 비교의 논제를 에워싼 다양한 혼란을 쉽게 빠져나간다. 비교란 본래 비슷하거나 다른 사물들을 찾아내서 그것들을 비교하는 일이 아니고, 비교의 선택성 덕분에 비교과정 자체가 유사와 차이의 관계를 만들어낸다는 것이다(Howe 1987: 136). 비교가능성은 어떤 것에도 내재하지 않는다.[35]

비교의 요점은 하우에 따르면 더욱 명확히 파악되는 현상의

Ⅰ. 인류학을 쓴다

조합을 참조해서 이해하기 어려운 현상을 밝혀내는 것이다. 어떤 현상을 비교할 것인지의 선택은 연구자의 이론적 목적을 포함한 수많은 요인에 의해 결정될 것이다. 그렇다면 수중에 있는 데이터에서 어떤 목적으로 유사와 차이를 창출할지를 알고 있는 이상적인 연구자상에 모든 것을 일임할 수 있다. 하우의 논점은 훌륭하고 우리 모두를 안심시킨다. 그러나 이해의 정도를 가늠한다는 것은 **이미** 연구자의 정신 속에 불균형이 스며 있다는 뜻이다. 연구자는 잘 숙지된 생각과 덜 숙지된 생각을 연결해야 한다. 이 논의를 더 밀어붙일 만한 가치가 있다면, 그것은 균형 잡힌 기술의 문제가 인류학적인 설명에 여전히 남아 있기 때문이다.

내가 사이보그에 천착한 이유는 휴머노이드 형상이 이 균형 감각에 맞서기 때문이다. 사이보그는 스케일을 지키지 않는다. 그것은 단수도 복수도 아니며 하나도 여럿도 아니다. 상호동형적이지 않는 한에서는 비교 불가능한 부분들을 집적하는 연결회로다. 하나의 실체로서 혹은 실체들의 곱으로서, 전체론적으로나 원자론적으로 접근될 수 없다. 사이보그는 흥미로운 복합성(복수성)을 반복한다.

파푸아뉴기니의 고지대 사회들과 그 구성체의 요소들은 상호 복합적인 부분들이자 불균등한 파생물들이다. 그것들이 연결되어 있다면, 오직 부분적으로만 그렇다. 내가 상정하는 연속성은 추상적인 유사성(Parkin 1987)이라기보다 시공간적인 근접성(Fardon 1987)에 더 가깝다. 어떤 고지대 사회도 동시대적인 위치에서 특정한 다른 사회들을 자기의 변이로 볼 것이다. 따라서 각각은 **다른 구**

체적인 형식의 변이로 나타날 것이다. 이러한 사회들은 무엇보다 사람들의 커뮤니케이션의 결과로서 존재하며, 커뮤니케이션 속에서 사람들은 항상 그들이 보유한 관념들을 확장하고 축소하면서 옛것을 새것으로 대체한다. 그것은 마치 사회 자체가 서로의 확장처럼 유사하게 보일 수 있고, 그래서 말하자면 부득이한 불균형 속에 있는 것과 같음을 말해준다.

만약 그렇다면, 우리는 고지대 사람들이 (일련의) 역사적 사건을 통해 어떤 세계를 다른 세계 속으로 숨기거나 전환하면서 끊임없는 자기대체의 과정에 있다고 생각해볼 수 있다. 비교가능성은 저 은폐 속에서 잃어버리겠지만, 일종의 양립성은 남는다. 유비유추는 여전히 가능하다. 이 전환은 실제로 인류학자가 한층 더 나아간 사회를 염두에 두면서 어떤 사회에 대해 쓸 때에 관례적으로 반복하는 전환이다. 그래서 (이를테면) 기미^{Gimi}나 그 외 동부 고지대의 사람들을 서부 고지대의 퍼스펙티브에서 생각해볼 수도 있다.

기미^{Gimi}에 관한 나의 민족지적 지식을 상기하면서 하겐을 고찰하기 위해, 나는 입사식 의례가 아닌 정치적 삶에 대해, 즉 결사활동이 아닌 남성들이 꾸려가는 씨족집단에 대해 쓰려고 한다. 이것은 그들의 연설에 관한 것이지 그들이 부는 피리에 관한 것이 아니다. 이러한 하겐의 실천은 그 외의 어딘가에서 사람들이 결사활동을 하면서 같은 형식이 아니더라도 행하는 실천과 연결된다. (물론) 그들은 그들 나름의 형식을 갖는다. 하겐의 남자들은 집안일에서 동떨어져 지내야 하는 남성들의 집합적 삶에 대한 그들 나름의 감각을 생산한다. 그러나 이때 (이를테면) 정치활동과 가사활

Ⅰ. 인류학을 쓴다

동 간의 관계성에 대한 어떤 분석적인 문제제기는 [기미와의 비교를 상정하기보다] 처음부터 하겐 사람들의 편향에 의해 주어지는 실마리를 따라가게 될 것이다. 그 문제는 여하간 사회들 사이에서 일어나는 문제가 아니다. 그래서 하겐의 [분석적] 대응물이 하겐 산 주변이나 와기^{Wahgi} 계곡의 건너편 끝에서 발견될 것이라고 추정할 수도 없고, 만약 누군가 그렇게 추정했다 해도 의미^{significance}의 균형을 잡지는 못할 것이다. 사실 누구나 [한 사회의] 문제가 다른 곳에서는 하찮아지거나 그렇지 않으면 과장되거나 비약된다는 것을 쉽게 알 수 있다. 하겐의 관심사에서 [연구를] 시작하면 그것이 다른 사회들에서 얼마나 확장될 수 있는지를 살펴볼 수밖에 없다. 그러나 하겐에 대한 질문은 말하자면 단순히 그곳의 생활조건에 의해 주어지지 않는다. 그 질문의 정식화는 내가 그 외의 다른 입장과 퍼스펙티브를 견지할 수 있었기에 설계 가능했다. 나는 또한 '기미를 염두에 두면서' 이 글을 시작했다. 입사식 의례, 특히 동부 고지대의 입사식 의례에 대한 고려는 의심할 여지없이 지금 내가 어떻게 하겐의 사회성을 쓸지에 영향을 준다.

사고가 어떻게 시작했는지, 그 시초에 개의하지 않을 수도 있다. 참여자가 점하는 입장 이상으로 그녀/그를 확장시키는 논의 혹은 대화는 역사적 과정을 숨길 수 있기 때문이다. 자신의 사고에 공백이 있음을 안다는 사실은 더 이상 상기되지 않는 무엇이 있음을 지적함과 동시에 그 무엇을 덮어버린다(cf. Battaglia 1990). 실제로 누군가는 사람들이 일반적으로 자신(의 생각)이 지금은 어쩔 수 없이 '잊혀진' 어딘가 다른 곳에서 왔음을 알기 때문에 자신이 어디에 있는지 아는 것이라고 다소 생뚱맞은 이야기를 한다.

그렇다면 결국 글 쓰는 인류학자라는 타일러의 이미지는 뒤집힌다. 잡다한 사건과 장소를 통합하는 혼합물을 경험한 여행자를 나는 사이보그로 대체했다. 인류학자의 글쓰기는 서로의 확장으로 작동하는 부분들 사이에서 일종의 집적회로를 형성한다. 확장의 장으로서 사이보그는 여행하지 않고 이동한다. 그것은 마치 고지대의 한 사회에서 다른 사회로, 혹은 사회생활의 한 측면에서 다른 측면으로 사고를 도약시키는 효과를 상상하는 것과 같다. 그러나 그 회로는 여전히 인류학자의 인지수단에 초점을 맞추는 듯하다.

II

부분적인 연결들

슈미츠의 《완토아트Wantoat》(1963)에 실린 사진 35와 36

그림 설명: 파숨Pasum의 여자들과 남자들이 짊어지고 있는, 정령의 '얼굴 도안'이 그려진 춤 방패. 여자들이 짊어진 방패(오른쪽)는 정령의 움직임을 따라 위아래로 움직이도록 되어 있고, 남자가 짊어진 방패(왼쪽)는 대나무의 신성을 나타낸다. 모든 방패는 새 깃털로 테를 두르고 있다.

부분 1

나무와 피리는
차고 넘치고

부분 1 **나무들**

부분 1 **수직**

파푸아뉴기니의 후온^{Huon} 반도에 위치한 완토아트^{Wantoat} 계곡의 주민들은 산이 그다지 많지 않고 해안가도 아닌 지역에 살고 있다. 높고 험한 산들은 해안선에서 내륙 쪽으로 겨우 10마일가량 뻗어 있다. 완토아트 사람들은 열대우림의 경작자들로 특히 〔계곡을 따라〕 길게 이어지는 얌 재배에 중점을 두어왔다. 돼지는 상대적으로 그만큼 중시되지 않는다. 야생 돼지는 거의 없고, 돼지를 가축으로 사육하는 것에 대해서도 민족지학자는 "부차적 활동"으로 기술하고 있다(Schmitz 1963: 27).

민족지학자들이 관습적으로 행하는 일종의 노동 분류에 준해서 보면, 이 구역^{area}은 이 나라의 다른 해안 지역과도, "하일랜드"^{Highlands}라고도 불리는 내륙의 계곡 지역과도 특성을 공유하는 것 같다(J. Weiner ed. 1988 참조. 또한 돈 가드너〔Don Gardner 1983〕는 오크[ok] 산의 소수집단인 미안민[Mianmin]의 내적인 구분에 고지대/저지대를 차용한다.) 칼 슈미츠[Carl Schmitz]는 완토아트 사람들과 그들의 이웃을 산악파푸아인들이라고 부른다. 이 산악파푸아인들에게 붙여진 이름인 완토아트를 제목으로 따온 슈미츠의 저서(Schmitz 1963)에서 관심의 중심은 종교와 예술에 있다. 슈미츠는 완토아트 사람들의 화려한 축제에 대해 '중앙 고지대의 전형적인 축제와 달리 돼지를 중심에 두지 않으며 돼지를 도살하거나 교환하는 일도 없다'는 간결한 부정적 진술로 설명을 시작한다. 사람들의 관심은 오히려 작물의 성장과 밭의 비옥함에 있는 것 같다.

웅장한 축제에서 펼쳐지는 완토아트 사람들의 춤에서 중대한 차원은 규모다. 연행자들은 문자 그대로 그들 자신을 확대한다. 그들은 수피포[樹皮布]와 대나무 확장물을 몸에 두른다. 슈미츠는 때때로 이것을 춤-방패라고 부르는데, 그중에는 표면이 평평한 것만 있는 것이 아니라 누에고치, 거대한 헬멧, 원 모양을 한 것도 있고 화식조[cassowary] 모형처럼 전신을 본뜬 것도 있다. 그것들은 댄서의 몸에 한데 묶여서 운반된다. 얼굴 디자인이 장식되어 있는 것이 일반적인데, 이 확장물은 "피규어"로 총칭해서 불리는 것이 더 적절할 것이다. 신체를 확장하는 피규어 자체는 자기 둘레에 부착된 깃털에 의해 확대될 수 있다.

어느 경우에는 이러한 피규어가 댄서의 신장을 세 배로 늘인다. 댄서의 가슴과 등에 받쳐진 채 윗부분이 물결치듯이 흔들리는 이 거대한 조립체[assemblage]는 남자 댄서의 두 배 크기에 달한다. 이 구성체는 전체적으로 보면 밑동에 사람이 있는 나무의 모습을 하

고 있다. 수피^{樹皮}에 덮인 골조는 실제로 긴 대나무 장대로 만들어
진다. 대나무는 개개의 남자들을 위해 베어지고, 그와 동시에 마
을 중심에 거대한 받침대를 조성하기 위해서도 살아 있는 나무가
여러 그루 쓰러진다.

　　남자들이 자기 등에 묶는 대나무 장대는 보통 18~20미터에 달
　　한다. 이 흔들거리는 엄청난 장대는 조심스레 준비되어야 하고,
　　축제 현장에는 그것들을 세워두기 위한 구조물이 마련되어야
　　한다. (사람들이 몸에 두르지 않을 때에 장대는 이곳에 세워진다.) (…)

　　축제가 열리기 며칠 전 남자들은 숲에 들어가 희끄무레한 빛이
　　나는 껍질의 특정 나무들의 몸통을 베어낸다. 어느 저녁에 기둥
　　을 지탱하기 위한 구멍을 판다. 그리고 여자들과 아이들이 잠든
　　밤에 남자들은 서둘러 숲으로 되돌아가 베어둔 나무기둥을 가
　　져온다. 남자들은 그날 밤 가져온 나무기둥을 소리 내지 않고
　　조용히 조립한다. 아침이 밝아오고 모두가 잠에서 깨어날 즈음
　　에 받침대가 건조되어 있음을 볼 수 있다. (…) 마치 정령이 설치
　　해놓은 것처럼. (Schmitz 1963: 88)

　　이 높은 구조물에 대해 진실인 것은 그와 더불어 행해지는 춤
에 대해서도 진실이다. 댄서들은 그들 자신을 '나무'로 만들 수 있
고 그와 동시에 '정령'으로도 만들 수 있다. '나무'는 정령이 모습
을 보일 수 있는 유일한 형식^{form}은 아니지만, 옷과 골조는 반드

시 나무와 대나무에서 재료를 갖다 써야 한다. 수피포 위에 그려진 도안 자체는 피규어에게 독특한 분위기나 힘을 불어넣어주고, 그 '얼굴들'은 때때로 '모든 대나무의 신' 같은 특정한 이름의 신들을 가리킨다. 이 섹션의 앞장에 실린 두 장의 사진은 그러한 피규어의 모습을 담고 있다. 그러나 그것들은 엄밀히 말해 완토아트에서 찍은 것이 아니다. 슈미츠는 라무^{Ramu} 강 상류를 거슬러서 동쪽으로 사흘간 걸어가면 당도하는 곳에서 만날 수 있는 파숨^{Pasum}의 이웃부족을 찾아가 조사를 확대해갔다. 그곳에서는 소년과 소녀 모두 입사식을 치른다. 그리고 남자들뿐만 아니라 여자들도 거대한 조형물을 짊어질 수 있다. 남자들은 머리 부분에 얼굴의 눈과 입이 달린 생물체 같은 키 큰 나무줄기의 모습을 하고 있는 반면, 두 여자의 사진에서 여자들은 자신들의 머리에서 멀찍이 떨어진 부분에 눈과 입만 그려진 것을 들고 있는 모습을 하고 있다. 여자들의 피규어에서 잘려나간 것처럼 보이는 부분은 남자의 피규어에서는 메꿔져 있다. 양쪽 다 흔들리면서 움직이도록 설계된다. 이 독특한 피규어들은 파숨의 입사자들이 강제로 화염 바로 앞에 앉혀져서 땀에 흠뻑 젖은 채 고통스럽게 밤을 지새운 후에 대면하게 된다. 슈미츠의 설명에 따르면, 이 이벤트는 한 노인이 대나무에게서 인간을 나오게 했다는 신화적인 에피소드와 관련된다 (Schmitz 1963: 108). (그는 완토아트 버전의 신화를 통해 파숨에서의 이미지를 설명한다.)

태초에 한 노인과 그의 손자가 단둘이 살고 있었다. (…) 어느 날

           II. 부분적인 연결들

노인은 소년에게 어느 나무가 있는 곳으로 가서 비둘기가 오기를 누워서 기다렸다가 비둘기가 오면 쏘라고 말했다. (⋯) (그 나무에는 많은 새들이 날아왔지만 소년은) 노인이 설명한 대로 비둘기를 쏘아 맞추기에 적당한 장소를 골라 그리로 비둘기가 오기를 끈덕지게 기다렸다. 소년이 표적을 향해 활시위를 당기자 화살이 비둘기의 가슴을 정확히 관통했다. (⋯)

그런데 노인은 소년이 나무에게로 간 뒤 자신의 모습을 비둘기로 바꾸었다. 소년이 쏜 비둘기가 바로 그 비둘기였다. 소년이 비둘기를 주우러 갔을 때 비둘기는 인간의 모습으로 되돌아가 있었다. (⋯) 가슴에 화살이 깊이 박힌 채로. 숨을 내쉴 때마다 화살은 부드럽게 앞뒤로 흔들렸다. 소년은 자신을 심하게 책망했지만, 노인은 그를 달래주었다. 그는 소년에게 온갖 종류의 대나무 줄기를 모아 오두막으로 갖고 오라고 했다. (⋯)

이제 마침내 소년은 노인의 가슴에 박힌 화살을 빼낼 수 있었다. 화살이 뽑히자마자 상처에서 새빨간 피가 솟구쳤다. 둘은 함께 그 노인의 피로 〔소년이 가져온〕 대나무 장대를 채웠다. 모든 대나무 장대가 가장자리까지 피로 채워진 바로 그때 기적적으로 〔노인의〕 상처에서 흘러나오던 피가 멈췄다. 녹초가 된 둘은 털썩 주저앉았고 노인은 불을 지폈다. 노인은 빛나는 화구에 몇 번이나 힘차게 숨을 불어넣었다. 불길이 세지고 뜨거워져 더 이상 견딜 수 없을 때까지. (⋯) 그들의 살갗에서는 땀이 폭포처럼 흘러나왔고, 그들은 지옥의 고통을 맛보았다. 그러자 돌연 몇몇 대나무 장대가 귀청이 떠나갈 정도의 소리를 내며 갈라졌다. 각각의 대나무 밑에는 벌거벗은 남자와 벌거벗은 여자가 서 있었다. 최초의 인간들이었다. 벌거벗은 채로 자신들을 만들어낸 피에 흥건히 젖어 빨갛게 물든 모습으로 그들은 우뚝 솟은 대나무 밑에 서 있었다. (Schmitz 1963: 58-59)

열기에 의해 크고 날카로운 소리를 내며 갈라져 그 안에 있는 인간을 드러낸다는 대나무에 대한 묘사는 어딘가 모르게 마음을 끌어당긴다. 키 큰 조형물을 짊어진 댄서(이 섹션의 첫 장의 사진에서와 같이)의 모습에서 그와 그의 높이 솟은 피규어는 한 그루의 나무처럼 보인다. 혹은 댄서는 자기 위에서 흔들리는 대나무에 붙어 있으면서도 떨어진 것처럼 보일 수 있다. 이런 의미에서 그는 대나무에 의해 만들어지거나 나타나게 되는 것이다. 피규어를 짊어진 댄서들 자체가 나무들/대나무들을 명시한다는 것은 나의 견해임을 부언해둔다. 슈미츠는 거기까지는 말하지 않았다.[1] 그리고 그것이 또 하나의 이미지 조합을 환기시키지 않았다면, 나는 나무들에 이토록 주목하지 않았을 것이다. 그것은 파푸아뉴기니의 전혀 다른 부분, 오스트로네시아계의 마심 군도^{Massim Islands} 지역의 것으로, 우리는 여기서도 사람들로 가득 찬 나무들을 만나게 된다.

부분 2 **수평으로의 전환**

문자 그대로 내가 염두에 둔 나무는 카누다. 나무기둥을 통째로 건조해서 만들어진 각각의 선체는 부를 좇는 원정에 나서며 바다를 여행하는 남자들을 태운다. 이때 나무는 또 다른 의미에서 기동성을 갖는다. 나무는 남자들의 등에 실려서 운반되는 대신 그 내부에 남자들을 담아 운반한다. 전시를 위해 중심장소로 옮겨지는 것과는 반대로 남자들의 다양한 쿨라[2] 파트너들이 있는 주변부를 향해 방사선 모양으로 퍼져간다. 이에 따라 나무는 '더 많은' 사람들을 데리고 돌아온다. 항해자들이 타자의 부를 갖고 집으로 돌아오는 것이기 때문이다.

이 배에는 한층 더 사회적인 차원이 있다. 마심에서는 출계집단 같은 집합체와 카누의 연합, 그리고 카누의 여정이 집단의 명성을 가시적으로 확장시키는 것에 대한 기록이 잘 남아 있다. 예를 들어 낸시 먼Nancy Munn은 가와Gawa 섬 연구에서 카누가 선원 각자의 위신과 더불어 출계집단의 위신을 실어 나른다는 것을 밝혀냈다(Munn 1986). 각각의 남자는 바다 건너를 여행함으로써 웅대해진다. 즉 그는 자신이 맺는 관계들에 의해 확장되고 증대된다. 그러나 그때마다 그는 중심부로, 즉 고정된 땅과 견고한 지면의 출계집단으로 되돌아온다. 그곳에서 나무들은 자라날 수 있고, 자란 곳에서 잘려나갈 수 있고 떠날 수 있다.

바다로 떠나는 이 한껏 치장된 카누는 격식을 차린 인격이자 아름다운 청년으로 볼 수 있다. 이 피규어는 신화의 시대에 한 여자가 제공한 재료로 만들어진다. 어떻게 카누를 만들어야 하는지 그리고 그것을 어떻게 여행하기 좋은 이동수단인 날렵한 배로 만들 수 있는지를 남자들에게 처음 가르친 이는 여자였다. 그녀는 자신의 체액을 나무에 문질러두어 카누에 적당한 붉은 수목이 어디 있는지를 알려주었다. 그때까지도 신화 시대의 남자들은 밭에서 자체적으로 카누를 뽑아내려고 했다(Munn 1986: 139).[3]

먼은 카누와 인간의 신체 및 신체장식 사이에 있는 특별한 연결을 묘사한다. 목재 재질은 은유적으로 내부의 체액과 동일시된다. "가장 두드러진 연결은 (…) 선체의 (…) 붉은 나무와 피 사이에서 찾을 수 있다. 피는 모친으로부터 이어받은 신체의 구성요소이며, 가와Gawa 사람들이 말하기를, 태아를 형성하는 필수불가결한 매개물이다."(Munn 1986: 138 가와 사람들의 용어는 생략) 따라서 이매개물의 시각적 이미지는 카누로 깎이는 살아 있는 나무들의 여기저기에서 드러난다. 카누의 공정 과정에서는 우묵한 용기를 만드는 과정이 중요시된다. 피는 "사실상 태아를 만드는 재료"(Munn 1986: 140)이며, 신화적으로 최초의 카누 원료가 여자로부터 나온 것과 마찬가지로 피는 모친의 신체에서 나온다. 다만 피의 주요한 속성은 그것이 내부에 위치한다는 점이다. 가와 사람들은 모친의 피가 그녀의 체내에서 응결하여 아이의 형상을 만든다고 하는데, 아마도 카누의 이미지 또한 모친의 신체 내부 그 자체에 있는 피를 연상해보라고 우리에게 말해주는 것 같다. 카누의 움푹 파인 공간은 출계집단의 아직 태어나지 않은 아이들로 채워진다는 것이다.

카누는 출계집단이 단체로 보유하는데, 카누에 탑승해 항해하는 선원들의 출계집단은 다양하다. 실제로 카누가 인척들 간의 교환을 통해 순환하는 것은 정해진 일이다. 그래서 카누라는 이

용기에 담긴 '아이들'(선원들)은 항상 출계집단의 성원 그 이상의 존재들이다. 그들은 또한 인척관계 및 그 외 연결들을 통해 정체성을 갖는다. 실제로 바로 이 연결들이 배를 여행하게 만든다.

카누 안에는 수많은 아이들이 있지만—카누는 때로 내부에 농산물을 싣고 운반하는 까닭에 '어머니'라고 불린다(Munn 1986: 147)—배 전체는 그 자체로 단일한 인격으로도 다뤄질 수 있다. 여기서 물론 배가 항해할 때에는 선단 가운데 하나의 배로 상상된다. 모체와 태아 사이의 관계의 유비유추^{analogy}에서 용기 내부를 채우는 태어날-아이들$^{children-to-be}$과 외부의 형식^{form}으로 가시화될 아이 사이의 한층 더한 관계가 제안될 수도 있다. 카누 자체가 선체의 바깥쪽에서 남자들이 행하는 활동의 결과로서 '나타나기' 때문이다. 카누의 바깥쪽은 치장되고(조각되고 칠해지고 장식되고), 균형대^{outrigger}는 남자다움과 결부되는 흰 나무재질로 만들어진다. 붉은 나무 또한 희게 칠해져서 바깥쪽의 칠 아래에 감춰진다. 카누의 표면은 개성을 부여하며 또한 부계 쪽 용모를 환기시키고, 이 용모는 각 인격을 출계집단의 바깥에 있는 그녀/그의 친척과 연결시킨다. 따라서 카누에 조각을 새기고 장식을 입히는 것은 카누가 나무들이 자라난 〔모계 쪽〕 땅에서 떨어져나와 다른 땅의 인격들과 교환을 달성하기 위해 여행을 하려는 의미를 가진다.

지금 나는 카누를 채우게 될(눈에 보이지 않는) 인격들이 잠재적으로 복수^{plurality}라는 것 그리고 카누가 동료 배들과 함께 항해하면서 외부의 시선에서 하나의 대상으로 인지될 때에 단일한 (눈에 보이는) 인격으로 변환된다는 것 사이의 대비를 암시하고 있다. 그렇다면 퍼스펙티브가 외측인지 내측인지에 따라 '하나의' 아이는 '수많은' 아이들이기도 하다. 결과적으로 하나의 출계집단이나 한 척의 카누로 간주되는 단일한 인격은 사실상 인격들이 복수[plurality] 라는 점을 내포하고, 또 출계집단 내부의 다양성은 다른 친족으로 부터의 외측 퍼스펙티브에서는 하나의 통일체[unity]로 인식될 수 있 다. (카누, 곧 어머니라는) 하나의 형식은 자체 내의 수많은 형식을 담 고 있다. 이는 마치 수많은 나무들이 하나의 영토에서 성장하는 것과 같다. 카누는 젊은 남자일 뿐만 아니라 어머니와 아이 모두 이기도 하다.

가와 사람들은 이것을 이미지의 변환조합 속에서 밭작물의 성장과 신체의 생식 간의 유비유추로 그려낸다(Munn 1986: 296, n. 29). 밭은 여자의 신체처럼 하나의 덩어리를 이루며, 출산한다고 도 이야기된다. 출계집단의 성원들은 그곳에 '심은 것들'[plantings]로 언급된다. 마심의 그 외 지역에서는 땅속의 얌[4]과 여자 몸 안에 서 성장하는 아이 간의 명시적인 평행관계가 찾아질 수 있다. 여 기서 결정적인 것은 내포된 무엇이 탄생의 순간까지 숨겨져 있어 야 한다는 것이다. 그래야만 성장할 것이기 때문이다. 가와 사람 들은 땅은 품기 위해 무거워야 한다고 말하며, 그들의 미적 실천 에서도 땅의 무거움과 땅에서 먹고 자라는 인간의 가벼움이 표현 된다(Munn 1986: 86). 실제로 성장과 숨겨진 것 간의 동등함이 매우 강해서 가와 사람들은 음식물[식물]을 소비하기보다 그것을 떠올 리는 것을 더 즐겨할 정도다. 음식물을 소비해버리면[식물을 먹어버 리면] 굶주릴 가능성이 높아지지만, 땅에서 자라는 식물은 개별 신체의 공복을 채워줄 것이다. 따라서 눈에 보이는 것—부풀어오르는 발이라는 외적인 형식—과 눈에 보이지 않는 것 사이에는 밀접한 연결이 있으며, 사람들은 발에서 여전히 성장 중인 풍족한 음식물(식물)을 지각하는 것만으로도 신체 내부의 만족, 곧 포만감을 얻을 수 있다. 가득 찬 발은 말하자면 아직 캐내지 않는 부른 배胚와 같다. 바로 이것이 더 완전한, 그리고 더 충족된 이미지다.

가와 사람들은 영어권에서 수량의 역설quantitative paradox이라고 불릴 만한 것을 우리에게 알려준다. '하나'가 '다수'를 담고 있다면, 하나는 다수의 한 버전이다. 이는 출계집단의 (복수의) 성원들을 (전체의) 하나로서 반복적으로 다루는 데에서 잘 요약된다. 더 이야기해보자면, 이러한 성원들 간의 유대는 땅과 피에 의해 이뤄지는데(Munn 1986: 27), 신체의 구성이라는 측면에서 성원들은 유대 자체를 반복한다. 각 성원은 집단을 담고 있다. 그와 동시에 확장과 연결을 만들어내는 능력 면에서 각 성원은 잠재적으로 방사상으로 뻗어가는 관계의 매트릭스에 속한다.

나무는 이중의 이미지로 작용한다. 나무는 인격들의 용기(카누와 선원들)임과 동시에 운반되는 인격(출계집단/모체 안의 파인 공간에 수납된 태아)이기도 하다. 이 점(나무 이미지의 이중성)은 선원에 의해 운반되는 가치재 속에 정교하게 반복 복제되며, 사람들은 주문과 주술을 통해 이 가치재에 움직임의 성질 자체를 실어 나르려고 애쓴다(Munn 1983).

데버라 바타글리아Debbora Battaglia의 조개 목걸이에 대한 분석 또한 이 논의를 보강한다(Battaglia 1983). 가와에서 남동쪽으로 상당히 멀리 떨어진 사발^{Sabarl} 섬 사람들이 교환하는 목걸이에는 의인화의 의미가 함축되어 있다. 바다를 가로지르며 교환파트너를 찾는 사발의 남자들은 그/그것 안에 기동성을 함유한 인격의 복제물을 갖고 다닌다. 여정의 나가고 들어오는 움직임은 목걸이의 꼬아놓은 하얀 가닥과 빨간 가닥에 새겨진다.

> 가닥들은 걸쇠에 의해 '나가는' 쪽과 '돌아오는' 쪽으로 나뉜다. 걸쇠는 상징적으로 (가닥들이 지나가는) 원반 모양의 조개 가치재의 흐름이 '고향으로 되돌아도록' '전환한다'. (…) 목걸이를 기혼여성의 장신구에서 예식의 가치재로 변환하는 '머리'〔에서 그것들은 하나로 묶인다〕. 머리가 있는 목걸이는 조개방울의 형태로 '목소리'를 얻도록 도와준다. 머리야말로 이 물건을 '더 인간답게' 만든다. (Battaglia 1983: 300, 사발 용어는 생략)[5]

이 이미지는 말하고 움직인다. 그에 따라 여행은 이미지 안에 담긴다. 이는 마치 파트너들의 호혜적인 관계성이 선물거래 안에 담기고, 왕복하는 거래의 축적된 역사가 출계집단의 평판 안에 담기는 것과 같다. 그래서 우리는 인격들이 출계집단에 의해 생산되면서 그 집단의 배에 수송되는 사람들이라고 생각할 수 있고, 혹은 그들이 구성하면서 스스로를 확장하게 만드는 관계들이라고 생각할 수 있다. 이와 동일한 방식으로 완토아트의 댄서들은 그들 자신의 모든 근원인 정령의 얼굴로부터 출현해서 그것과 다시 합체된다.

나는 파푸아뉴기니의 북부와 동부에만 사례를 한정하지 않았다. 여기 완토아트, 저기 파숨, 가와, 사발까지 제각각이며 무작위적인 사회적-역사적 상황들에서부터, 그리고 특별한 의례를 위해 조성된 피규어와 구조물에서부터 내구성을 갖춘 배에 이르기까지, 그리고 또 신화에서부터 수태 이데올로기에 이르기까지 이 것저것 가리지 않고 사례를 이끌어냈다. (이것들 사이의) 유일한 연결은 나의 자유로운 연상association인 것 같다. 그러나 여전히 걸리는 문제는 바로 이 연상이라는 논제인 듯하다. 사람들은 그때그때 자신이 무엇을 '보고 있는지'를 어떻게 아는 것일까?

부분 2 **피리**

부분 1 **이미지의 막다름**

여기서 연결이라는 논제에 앞서 풀어야 할 또 다른 논제가 있다. 그러니까 이 연결은 어떤 종류의 **형식**^{form}으로 인식되는 것일까? 만약 우리가 색깔의 미세한 부분을 무시한다면, 카누가 자기 뱃머리에 눈과 입을 달고 항해한다는 것 혹은 높이 솟은 대나무 장대의 자주 언급되는 특질 중 하나가 연사^{speaker}의 머리 위로 그것이 움직이고 흔들린다는 것임을 잊어버린다면, 완토아트의 조형물과 가와의 카누를 연결하는 모든 것은 고도로 일반화되고 접근하기 쉬운 유사성뿐이라고 평할 수 있다. '머리'와 '눈'과 '신체'는 세상 어느 곳에서도 사람들이 애용하는 도상^{visuals}이다. 그렇다면 그것들을 비교라도 하듯이 구태여 그것들 간의 결합을 생각해내는 것은 왜일까?

비교를 생각해내는 것은 다른 사람들도 그러하기 때문이

II. 부분적인 연결들

다. 예를 들어 쿨라 교역에 관한 논문집에서 명시적으로 드러나는 교환시스템들 간의 비교를 생각해볼 수 있다(Jerry W. Leach and Edmund R. Leach 1983). 혹은 길버트 허트 $^{Gilbert Herdt}$ 가 파푸아뉴기니와 이리안자야 $^{Irian Jaya}$ 의 각각의 의례에서 나타나는 동성애적 행위를 검토한 것—입사식, 새로운 인격의 창출, 남자들을 감금한 후 풀어주는 것 등등 이제까지 다뤄왔던 몇몇 요소들을 포함한다—을 떠올리는 사람도 있을 것이다(Herdt 1984). 증여, 축제, 입사식 의례, 성적 행위, 이것들은 인류학자가 비교할 때에 즐겨 사용하는 현상의 스케일이다. 우리는 또한 개인의 물건이나 자잘한 소지품 같은 각기 다른 스케일들을 거리낌 없이 가져오는 데에 익숙하며, 실제로 이에 대한 우리의 확신은 종종 아무 의심 없이 분포도를 작성하는 데까지 이른다. 이에 따라 케네스 구어레이 $^{Kenneth Gourlay}$ 는 (파푸아뉴기니 전역의 233개에 이르는 사회들이나 장소들이나 구역들에서) 악기의 몇몇 타입의 분포를 추적하고 기술했다(Gourlay 1975). 그중에서 불로러(bullroarer, 울림판)는 마치 완토아트의 일부 피규어의 축소판처럼 가늘고 길게 생겼으며, 어떤 것들에는 정령의 거처가 되는 얼굴 문양이 새겨져 있다. 그것은 오스트레일리아 북부, 이리안자야, 그리고 고지대와 마심 섬들을 제외한 파푸아뉴기니의 대부분 지역에서 볼 수 있다.

'보기'만 하면, 이 가늘고 긴 타원 형태는 파푸아만 $^{Papua Bay}$ 의 조상이 깃들 널빤지 $^{ancestor boards}$ 라고도 말할 수 있고 고지대의 전쟁 방패라고도 말할 수 있다. 그러나 완토아트의 피규어를 기명악기 氣鳴樂器로 생각해보는 것은 비교를 특정한 방향으로 몰고 간다. 하여간 인간의 기원은 요란한 소리를 내면서 쩍 갈라지는 대나무다. 즉 소리를 내는 '나무'인 것이다. 아마도 보통은 나무 자체를 기명악기로 생각해내지는 못할 것이다. 그러나 카수아리나^{casuarinas} 나무 꼭대기를 훑고 지나가는 늦은 오후의 바람소리를 들은 적이 있거나, 과일나무에 새들이 마치 나무껍질이나 대나무로 만든 장식판 주변에 달아놓은 깃털처럼 무리 짓는 것을 떠올려본다면, 이야기는 달라진다. 남자들이 새라는 형식을 취한 정령으로 그들 자신을 표현할 때(e.g. Feld 1982), 그들의 노래는 또한 새의 노래가 된다. 그리고 다른 어떤 곳에서 나무들은 소리를 내기 위한 목적으로 구멍이 뚫린다. 세픽^{Sepik} 남자들의 오두막에 수평으로 눕혀져 있는 거대한 큰북, 리듬에 맞춰 위아래로 흔들리듯이 고지대 댄서들이 두드리는 묵직한 모래시계형의 큰북, 그리고 트로브리안드 젊은이들이 관광객들의 파티를 위해 춤출 때 연주하고 파티가 끝나면 파는 소형 악기가 있다.

구어레이는 비슷한 것들끼리 비교한다는 방법론상의 요구를 충족시키려는 스케일을 가져오는데, 그것은 곧 자신의 조사 범위를 불로러, 갈라진 큰북$^{slit-gongs}$, 성스런 피리라는 세 가지 방식에 한정하는 것이었다.[6] 그러나 파푸아뉴기니의 이미지가 시사하는 비교는 소리 나는 도구를 조사한다는 기본 전제하에서조차 분명이 세 차원에 담기지 않는다. 밀폐된 공간에서 방출된 음표는 예를 들어 가면의 배후에서 들리는 소리 혹은 집안이나 담장 너머에서 들려오는 정령의 목소리를 환기시킨다(Tuzin 1980: 56-57). 구어레이는 음악이 조상의 목소리를 자주 연상시키고, 바람이 그 속에 담긴 인격들/태아들을 자주 연상시킨다는 것에 대해 충분한 증거를 내놓는다. 그러나 구어레이의 스케일에서 이 연상^{association}은 그저 대상물의 속성 혹은 '의미'가 돼버린다.

우리는 카누에서 꽤 멀리 떠나온 것 같다. 해안에서 카누의 도착을 알리는 소라고둥, 혹은 카누가 물살을 헤치며 내는 마찰음을 지나쳐서는, 그 누구도 카누가 기명악기로 분류된다고는 생각조차 못할 것이다. 그러나 카누를 보유한 사람들은 갈라진 큰북에 새겨넣어진 것과 같은 방식의 토템 문양을 카누의 측면에 새겨넣기도 한다(e.g. Gewertz 1983: 40). 트로브리안드의 집 지붕은 무심코 보면 뒤집어진 선체와 닮았다. 입사식 의례를 행하는 멜라네시아 사람들 중 일부는 신참 소년들이 남자들의 오두막 입구에서 등장하고 정령의 바람이 큰북에서 뿜어져 나오는 것과 같은 방식으로, 소년들을 괴물의 입에서 출현하게 할 수 있다. 때때로 사람들은 이 내포된 의미를 정말로 문자 그대로 받아들인다. 질리언 길리슨^{Gillian Gillison}이 수차례 발표한 대로, 기미^{Gimi}의 피리는 명시적으로 입의 확장으로서 물고 부는 대나무 재질의 기명악기이자, 남자들의 혼을 방출시킴과 동시에 〔그 자체가〕 태아로서 방출되는 기구다(Gillison 1999). 그것은 또한 새의 울음소리를 환기시키며, 어머니의 신체라는 포장이 뜯겨진 아이와 같을 뿐만 아니라 자궁이라는 관에 생명을 불어넣는 어머니와도 같다.

그러나 여기서 집이란 무엇이며 나무란 무엇인가? 지극히 당연하게 보이는 도상^{visuals}에 대해서조차 나는 지나치게 안일한 것이 아닐까? 무엇으로 나는 완토아트의 조형물에 눈과 입이 있다고 확신할 수 있을까? 실제로 우리를 응시하는 것 같은 저 완토아트의 '얼굴들'은 현지 연사^{speaker}의 이모저모 뜯어보는 구두 해설을 들어보면 전혀 얼굴이 아니게 된다.

슈미츠는 현지 해설에 따라 이 얼굴들 중 일부의 특정 도안을 분석한다(오른쪽 그림 하단 가운데에 있는 얼굴 도안 참조. Schmitz 1963: 941). 그의 논의가 전개됨에 따라, '얼굴'은 작은 문양으로 부분부분 표면에 나타나는 수많은 덩어리로 흡수되고 인간다운 특질은 사라지는 것 같다. 그는 얼굴의 도안 **내부에** (사람들이 휴대하는) 큰 북을 나타내는 모래시계 모양을 찾아낸다(오른쪽 그림 상단 참조).[7] 모래시계 모양은 몸통 전체를 사이에 끼고 있다. 그 한편으로 얼핏 보면 손으로 보이는 것은 손이 아니고 (사람들이 그들의 몸을 채우는) 울퉁불퉁한 얌의 뿌리줄기의 윤곽이라고 말할 수 있다(오른쪽 그림 하단 가운데와 오른쪽을 참조). 게다가 사람들은 슈미츠가 눈과 코라고 '인식'한 부분에 대해서는 기꺼이 동의하면서도 바로 그 밑에 있는 띠 모양으로 열려 있는 부분이 입이라는 것에 대해서는 부인한다. 슈미츠가 사람들로부터 전해듣기로 정령들은 입이 없다. 슈미츠는 하단의 파인 공간이 입을 표시한다고 말하는 사람들을 찾기 위해 파숨에까지 가야 했다.

그러나 여전히 나는 어리숙한 것이 아닐까? 물론 우리는 이 형식이 무엇인지를 결정하지 않아도 된다. 그것이 무엇이든 수많은 기회에 수많은 사람에게 수많은 것을 '의미할' 수 있다는 것은 상징분석이 이미 충분히 밝혀놓은 바다. 이렇게 무한히 이어지는 잠재적인 유비유추 속에서 내가 하는 모든 것은 의미의 수집일 뿐

　　　　　　　　　　　　　　　　　　Ⅱ. 부분적인 연결들

슈미츠의 드럼

슈미츠의 《완토아트》의 도판 14, 15, 16에서

얼굴 도안(왼쪽과 가운데), 얌 도안(오른쪽)

완토아트의 댄스방패

이며, 물론 아무도 의미를 비교하는 따위는 꿈꾸지 않는다. 인류학자는 다만 의미를 만들어내는 실천과 활용을 비교할 뿐이다. 잠재적인 유비유추의 한계를 정하는 것이 아니라, 사람들이 그리는 유비유추를 기록한다. 몇몇 수준과 맥락은 확실히 이 유사 프레이저 풍의 파스티슈에서 벗어날 필요가 있다.

부분 2 **수준과 맥락**

그러나 수준과 맥락 또한 식별되어야 한다. 입사식의 실천을 일련의 사회적 맥락으로 규정할 수도 있고, 혹은 예를 들어 구어레이가 남성-여성 관계를 그 자신의 상징분석을 수반하는 주요 테마에 반영된 중요 영역으로 설정할 때에 제안한 것처럼 설명의 '수준'을 찾아낼 수도 있다(Gourlay 1975: 94). 또한 종종 두 개의 서로 다른 층위^{order}의 현상들을 결부하여 서로가 서로에 맥락과 기반을 제공하게 할 수도 있다. 테런스 헤이스^{Terence Hays}가 파푸아뉴기니의 고지대에서 '성스런 피리 복합'의 세심하고 사려 깊은 연구에 착수한 것도 바로 이런 맥락^{vein}에서다(Hays 1986, 1988). 그는 단순히 물질문화의 일부를 항목별로 분류할 뿐만 아니라 성장과 풍요에 관한 관념들과의 관계에서 그 의의를 검토할 것임을 분명히 표했다. 헤이스는 자신의 연구 의도를 다음과 같이 말한다.

〔연구가 목표로 하는 것은〕 고지대의 많은 사회들의 연결뿐만 아니

라 파푸아뉴기니에서 관악기를 사용하는 다른 결사활동과의 역사적인 연결을 제안하는 (…) 특정 테마를 식별하는 것이며, (…) [그리고] 이러한 공통의 테마[에 기초하여], 다른 분석을 진행할 수 있는 비교의 기반을 수립하는 것이다. (Hays 1986: 435)

고지대 전역에서 대나무 피리는 의례절차ritual treatment의 중심으로서 특히 남성 입사식에서 여러 차례 나타난다. 나아가 헤이스는 이 [피리] 관이 어떻게 해서 예전에 남자들에게 빼앗기기 전까지 여자들의 부속물이었는가에 대한 상당히 유사한 이야기들이 도처에 깔려 있음을 보여준다. 이 도둑질은 남자들에게 권력power, 특히 생식에 관한 권력과 개개인의 성장 및 번영에 대한 통제력을 가져다주었다. 이제 피리는 남자들이 여자들에게서 몰래 간직해야 할 비밀이 되었다. 사회에서 사회로 여행할 때마다 비슷한 추측을 접하게 된다. 즉 피리가 내는 것이 새의 울음소리든지 선조나 아이의 목소리든지 간에, 남자들이 피리를 불 때마다 피리는 그 힘을 불러일으킬 수 있다는 것이다(Gewertz ed. 1988).

연결이 있다는 것은 분명하다. 헤이스가 기록한 고지대 사회들 간의 대응관계는 지나치기에는 매우 긴밀하다. 로저 키징Roger Keesing이 지적하듯이, 이 대응관계가 독립적으로 발명된 것들로 구성되어 있지 않다는 점 또한 분명하다(Keesing 1982: 35). 만에 하나라도 그렇다면 그것은 일종의 관습적인 레퍼토리를 구성한다. 한 걸음 더 나아가 단일한 광역문화를 상정하고 각 사회 모두가 동일한 테마의 변이variation를 보인다고 가정해보는 것은 매력적이다. 헤이스는 바로 그러한 '공통의 테마', 즉 연속성을 해명하고자 했다. 그것은 고지대 사람들이 이 악기에 귀속시키는 힘, 남성 비밀결사에서 이 악기가 맡은 역할, 그리고 무엇보다 (앞서 소개한) 도둑 신화를 통해 남자들의 지배를 입증하는 데에 피리가 사용되는 방식에서 나타나는 연속성이다. 피리복합$^{flute\ complex}$을 기층^{substrate}에 깔아두면 분석자는 비교에 끌리게 된다. 예를 들어 동부 고지대에서 행해지는 장기간의 남성 입사식에서 피리가 중심적인 역할을 맡는데, 이와 대조적으로 서부 고지대에서는 그 역할이 간소화되어 있다면 동부 고지대에서 어떻게 그렇게 (피리가) 작동할 수 있는지를 물을 수 있고, 혹은 하겐의 경우처럼 피리 이야기와 유사한 것은 존재하지만 입사식 실천이 없다면 그 이유를 물을 수 있다. 분석자는 나아가 이 실천들의 불균등한 분포를 설명할 수 있는 공유 변수를 찾아내는 길에 들어서게 되고, 그리하여 공통의 발판 위에서 다양한 유비유추를 주문하게 된다. 결과적으로 (피리의) 발생빈도를 좌표로 나타내는 스케일이 산출될 것이다.

그럼에도 불구하고 이 비교에 따라붙는 어려움은 상정된 공통의 광역문화가 연구대상으로서 갖는 바로 그 특질, 즉 사람들이 이 악기들에 부여하는 '의미'로서 그들이 설정한 유비유추로 구성된다는 바로 그 점에 있다. 우리는 문화를 합의된 상징적 기층에 여하간 기초한 것으로 다루었고 그것을 벗어나는 모든 것은 (부수적인) 정교화였다고 말할 수도 있다. 그러나 공통의 문화적 핵심, 즉 변이들 간의 공통된 주제는 지역의 관례와 무관한 맥락이나 수준에 있지 않다. 또는 달리 말하자면, 어디에 눈을 돌린다 해도 피리는 이미 하나의 이미지다. 피리는 결코 총칭적generic 형식으로 존재하지 않으며 오직 무수한 특정 형식들로 존재한다.

예를 들어 피리는 일반적으로 한 조를 이뤄 불리는데, 그것들이 만들어내는 멜로디와는 전혀 별개로 반드시 의인화된 용어로 지정된다. 헤이스는 이 변이를 기록한다. 피리는 자주 남자와 여자가 쌍을 이루는 것으로 묘사되고, 그렇지 않는 경우에는 같은 나이대의 (남성) 한 조, 남편을 공유하는 (여성) 한 조, 혹은 2인의 여성 정령들이 한 조를 이루기도 한다(Hays 1986: 438). (이 특정 조사에 대해서는 아니고) 이 분야의 인류학적 분석에 대한 일반적인 논평으로서 나는 다음의 점을 지적하겠다.

첫째, 피리가 남성인가 여성인가 아니면 둘 다인가라는 질문이 인류학자의 분석상의 수준에서 나타나는 남성-여성의 〔지배/피지배〕 관계와 거의 다를 바 없는 것처럼 보이는 것은 다소 당혹스럽다. 그 분석상의 수준이란 남성인 것과 여성인 것이 만들어내는 차이에 대한 지각(의 산물)**이다**. 첫 번째 차원에서 변이〔피리의 성차〕는 그만큼의 의미를 갖지 않은 것처럼 보이는데, 그렇지만 그 변이〔피리의 성차〕는 그와 동일한 변이〔성차〕에 의해 정의되는〔정의될 수밖에 없는〕 차원에 대응해서 좌표가 찍힌다. 둘째, 그럼에도 불구하고 현지에서 피리의 속성으로 묘사되는 힘, 즉 사람들이 그 피리 소리를 들을 때의 효과는 남자가 여자에 대해 힘을 행사하는 데에 피리가 활용된다고 인류학자가 논할 때의 피리의 전개방식에 관한 증거의 일부가 된다. 여기에는 놀랄 만한 불균형disproportion이 있다. 첫 번째 경우 분석의 '수준'은 차이의 지역적 구축에 전혀 영향을 주지 않는 것 같다. 반면 두 번째 경우에서 권력관계의 '맥락'은 처음부터 지역적 개념의 외삽外揷에 기초한 것으로 판명된다.

사실상 맥락과 수준에 대한 질문 자체는 또 다른 독특한 방식으로 섞인다. 한 사회에서 의미의 핵심, 즉 주요한 인공물로 나타나는 것이 다른 사회에서는 '부차적인 활동'일 수 있다. 이 의미에서 양자는 같지 않다. 한편으로 입사의식이 아무리 간소하다 해도 의식에 피리가 등장하는 것 자체가 피리의 의미를 가늠하기에 충분한 것 같다. 그러나 다른 한편으로 입사식 같은 의례가 실천되지만(서부 고지대의 파이엘라Paiela에서처럼) 피리가 전혀 중요한 역할을 맡지 않는 고지대 사회들도 있고 하겐의 경우처럼 의미 있는 입사식이 전혀 존재하지 않는 사회들도 있다.[8] 파이엘라의 경우에서 여자 정령의 축복을 바라는 독신 남성들이 정령의 속을 떠보기 위해 내다놓는 가느다란 대나무 튜브를 일종의 피리로 간주하는 것은 그렇게 생뚱맞은 생각이 아니다. 대나무 속이 물로 가득 차면, 대나무는 그녀의 존재를 드러낸다. 알레타 비어색Aletta Biersack의 설명을 들어보자.

대나무 의례에서 가장 중요한 측면은 적어도 전에 한번은 산속 은신처를 방문한 소년들과 관련된다. 소년들은 그때 대나무 튜브를 늪지대에 그대로 세워두고 돌아온다. (…) 그리고 그들이 없는 동안 물이 튜브 안으로 스며들 것이다. 그다음의 방문에서 이 물은 (정령의) 여자와 그녀의 활동이 소년의 눈에 보이게 된다면 그녀가 더욱 직접 전달할 수 있는 메시지를 풀어서 보여준다. 만약 수위가 높고 물이 투명하며 게다가 소년들이 발견했을 때 움직이고 있었다면, 〔그녀는〕 월경 중이 아니라 암암리에 소년의 속살을 성장시키고 있다고 해석될 수 있다. 그러나 수위가 낮고 물이 투명하지 않으며 붉은 기가 감돌고 또 발견했을 때 움직이지 않고 있었다면, 〔그녀는〕 월경 중이며 암암리에 소년의 안쪽 피부를 성장시키지 않는다고 해석될 수 있다.

대나무 튜브는 (…) 그 안에 〔정령의〕 여자가 정주하는 바로 그 집이다. (Biersack 1982: 246)

그러나 하겐에 관해서라면 우리는 잘못된 방향을 향해 있다. 아마도 더 적절한 유비유추는 다른 예식에 있을 것이다. 예식을 위해 대지에 박힌 돼지 말뚝은 어떠한가? 말뚝은 돼지를 '붙들어 매지' 않았지만 돼지는 말뚝에 묶여 있다. 이 말뚝은 돼지가 다양한 교환 파트너들에게 확산되기에 앞서 갖는 씨족의 생산성의 징표다. 실제로 이 말뚝은 돼지 먹이인 덩이뿌리를 땅으로부터 만들어내는 여자들 전용의 뒤지개[9] 중 하나를 연상시키는 것 같다. 그러나 이때 적어도 하겐에서는 돼지의 거래 이력과 미래의 기약을 나타내는 저 예식을 위해 일렬로 세워진 말뚝에게서 남자들이 가슴에 붙이는 조개 거래장부가 환기된다.[10] 명찰과도 같은 거래장부는 짧고 가느다란 대나무의 얇은 판으로 만들어지는데, 조개가 선물로 거래될 때마다 이 대나무 판이 하나씩 늘어난다. 눈에 보이는 대나무 판이 눈에 보이지 않는 조개를 붙박아놓는 것일까?

〔물론〕 이러한 환기가 〔어디에서나〕 잘 이뤄지지는 않을 것이다. '다른 방향'의 탐색은 고지대의 여러 사회들을 비교할 수 있는 실체entity가 단 하나라도 존재하지 않는다는 감각을 남긴다. 즉 기층 substrate을 이룰 만한 의미의 어떤 조합도 없으며 좌표축으로 사용될 만한 맥락이나 수준의 어떤 조합도 없다는 것이다. 하겐의 남자들이 재미로 부는 피리는 남자들의 오두막 어딘가에 둘둘 말린 채 방치되어 있거나 소년 가입자를 위압하는 도구로 쓰이는, 가로로 부는 성스런 악기처럼 쓰이기도 하고 쓰이지 않기도 한다. 있는 그대로 말해서 연결은 부분적이다. 그리고 연결이 부분적인 이유는 피리를 사용하는 방식에서 유비유추에 대한 〔일관된〕 기준이 없기 때문이다. 우리는 어떤 환기를 탐색해야 할까? 위압에 사용되는 피리의 유비물analog을 하겐의 남자들의 입에서 흘러나오는 설득의 말 속에서 찾아낼까? 하겐 사람들의 오락을 위한 악기의 유비물을 기미Gimi의 소문이나 농담 속에서 찾아낼까? 나아가 입사식 자체에 대한 하겐의 유비물을 우리는 어디서 찾아낼까? 남자들의 의례적인 교환에서? 여자들의 출산 관행에서? 모든 사례를 아우를 수 있는 맥락 혹은 수준의 독립적인 조합을 추상화할 수 없다면, 그때 우리는 우리가 인식하는 유비유추를 어떻게 통제할 수 있을까? 기미의 피리가 우리에게 말해주는 것은 하겐의 남자들이 자랑스레 목에 거는 대나무 기록명찰 같은 것일까 아닐까? 아니면 파이엘라 사람들이 여자들에게 들키지 않게 감춰둔 비밀 같은 것일까? 어쩌면 〔기미의 피리는〕 일찍이 하겐의 여자들이 등 뒤에 늘어뜨린 가늘고 긴 술 모양의 뜨개자루 같은 것은 아닐까?

진짜 문제는 필시 인류학자가 상정하는 분석의 맥락과 수준이 그 자체로 종종 그녀/그가 그것을 통해 조직하려는 현상의 일부이면서 그와 동시에 일부가 아닐 수도 있다는 데에 있다. 분석의 맥락과 수준이 설정하는 퍼스펙티브의 횡단적인$^{cross-cutting}$ 성질 탓에 하나의 퍼스펙티브에는 또 다른 퍼스펙티브에 잡아먹힐 가능성이 늘 따라붙는다. 성스런 피리는 입사식과 번식의례 그 어느 쪽과도 완전히 겹치지 않는다. 그리고 (입사식이든 번식의례든) 어떤 맥락이라도 그녀/그가 엮으려는 자료에 관한 각 맥락이 갖는 구체적이고 비일반적인$^{non-generic}$ 퍼스펙티브를 제공한다. 결국 피리란 무엇인가? 외부의 어떤 기준도 현지의 의미에 오염되지 않을 수 없다. 우리가 피리를 대나무, 그릇, 소리 내는 도구, 신비한 힘을 가진 인공물, 혹은 남성의 부속물이나 여성의 부속물 그 어느 것으로 본다 해도 마찬가지다. 우리가 '그것'을 만든 목적과 분리해서 단독의 실체로 인식할 수 없는 만큼 그것의 속성들을 모두 다 헤아려서 가늠하는 것은 불가능하다.

　　나의 관심은 인류학적 설명의 확신을 유지시키는 균형에 있다. 그러나 지금까지 살펴본 사례들은 내 손을 벗어나는 것 같다. 말할 수 있는 것은 그러한 사례들에 일종의 스케일이 있다는 것일 뿐, 그것 말고는 스케일을 벗어난다고 말할 수밖에 없다.

　　나의 한 가지 명백한 의도는 구어레이와 헤이스 그들의 비교 분석에서 스스로 관찰한 점들을 반복해서 개괄하는 것이었다. 즉 수준을 세분화하거나 실체들^{entities}을 맥락에 집어넣는 분석 전략은 이미 사회적/문화적 매트릭스로부터 개개의 아이템들(인공물, 제도 등등)을 추출할 수 없고 그리하여 그것들을 상호 구별된 수많은 단위들로 다룰 수 없다. 〔그에 따라〕 그러한 단위들에서 자동적으로 발생되는 스케일은 〔또한〕 존재하지 않는다. 스케일은 인류학자가 창출해야 하고, 결국 우리는 소리를 만드는 도구를 헤아리는 것만으로 만족할 수 없다. 그러나 내가 택한 사례들에는 또한 특징적인specific 점이 있었다. 나무와 피리는 서구인의 눈에 비치기에 본래부터 인격과 분리된 사물이다. 정확하게 말하면, 나무와 피리는 본래부터 개개 인격의 신체와 분리되어 있다. 그러나 나무와 피리에 직접적으로 연루된 멜라네시아인에게서 우리가 거듭해서 들었던 것은, 우리가 이 사물들의 안을 보든지 밖을 보든지 상관없이, 조형물, 카누, 말뚝 그 무엇이든 인격에 속함과 동시에 인격을 넘어선다는 것이다. 그것들은 인격이 만드는 관계들에서 없어서는 안 될 확장물이며 그런 의미에서 '기구들'instruments인 것인데, 그뿐만 아니라 물질로서의 신체physical body가 관계들로 구성되는 것과 마찬가지로 저 기구들에 의해서도 구성된다는 것을 이해해야 한다. 관계들(기구들)은 신체에 본래 갖춰진 것으로 나타난다. 그것들은 〔눈코와 마찬가지로〕 신체상의 특질이다. 각각의 사례들은 이 언명의 전체적인 형상화를 우리에게 제시한다. 그렇다면 우리가 다뤄야 할 논점은 인류학자가 유비유추를 어떻게 조절하고 통제하는가가 아니라 행위자들이 그것을 어떻게 하고 있는가다.

문화들

_____

부분 2

중심과 주변

_____

부분 1 **예기-제거**

부분 1 **예표**

전체의 형상화^{figuration}는 이미 입수한 내레이션의 전략을 통해 파악 가능하다. 가장 포괄적인 것은 아마도 로이 와그너가 예기-제거^{obviation}라고 부르는 재귀적 절차의 형식을 해명한 후에(e.g. Wagner 1986a, 1986b), 예기-제거 분석^{obviational analysis}으로 알려지게 된 방식일 것이다. 예기-제거는 "신화의 플롯(또는 의례의 형식)을 구성하는 일련의 치환되는 은유들로서, 그것이 다시 최초의 은유로 되돌아가면서 닫히는 변증법적 운동 속에서"(1986a: xi) 명시적으로 드러난다. 신화나 의례뿐만 아니라 사회과정 일반이 이런 식으로 인식되어왔다. 제임스 와이너^{James Weiner}는 파푸아뉴기니의 쿠투부^{Kutubu} 호수 지방의 포이^{Foi}족을 다룬 논문에서 이 점에 대해 "인류학자가 사회과정으로 인식하는 것, 즉 사건들의 흐름은 비유를 다른 비유로 대체하거나 치환하는 가운데 가장 잘 표현될 수 있다"(J.

Weiner 1988: 9)고 했다. 예기-제거 '분석'은 관찰자가 보기에 시간적 및 공간적 시퀀스를 반복 복제하는데, 사람들은 그에 의해 끊임없이 관계를 인식하고 재인식함으로써 한 위치position에서 다른 위치로 스스로 이동한다. 결국 '명백해지는' 것은 그들 인식의 관계적인 기반이다.

다음으로 이러한 해명 형식은 인간의 의도의 배경에 사회성이 있음을 당연시하는 사회의 관계적 상징주의에서 그 분명한 대응물을 찾을 수 있다. 관계가 사물과 인격에 내재적인 것으로 인식되는 곳에서 사람들은 사물과 인격이 드러내는 유비유추를 통해 그 관계가 알려지도록 노력한다. 그에 따라 인격과 사물은 그것들을 구성하는 관계를 드러내기 위해 분해된다. 이 노력은 인류학자에게 역설을 창출해주기도 한다. [관계가 사물과 인격에 내재한다는] 예표prefiguration는 '사회'나 '문화'의 자리가 정해져 있다고 상정하는 것, 즉 모든 새로운 인격이 스스로를 재구성하는 배치를 상정하는 것과 마찬가지다. 그렇지만 그러한 배치는 북부 메케오Mekeo의 생식에 관한 공간적인 이미지 속에 암시적으로 존재한다. 거기서는 그 어떤 것도 다른 것의 내부이거나 외부다(cf. Mosko 1985; Strathern 1989). 그것은 그 자체로 밀봉된 태초의 단일한 존재라는 이쿠와예Iqwaye의 개념 속에, 그리고 그로부터 생겨난 수학 속에 존재한다. 이쿠와예 사람들은 셀 수 있는 것은 오직 하나를 쪼갠 분수임을 알고 있다(cf. Mimica 1988; Gillian 1987). 우리는 이미 연결과 관계에 관한 그러한 가정에 접근할 수 있는 이론적인 도구를 갖고 있다.

(앞 섹션에서) 나는 한 걸음 후퇴한 듯했다. 이미 확립된 인류학적 이해의 전 영역을 내가 완전히 무시했기 때문에 앞 섹션에서 제기한 문제가 그렇게만 나타났던 것 같다. 마치 지난 수십 년에 걸쳐 인류학자들이 상징의 다양성을 다루는 데 사용한 해석의 개입양식이 나의 머릿속에서 완전히 누락된 것만 같았다. 이것은 예기-제거 분석뿐만 아니라 그 선임 격인 구조주의에서도 한 걸음 후퇴한 것이었다. 예기-제거 분석이 사회적 및 문화적 전체성^{totality}의 예시^{例示}를 해명할 수 있다면, 구조주의적 분석은 정신활동을 표면적으로 구성하는 요소들의 선취에 기초한다. 이 가능성들을 간과해온 것은 돌이켜보건대 어리석은 짓이다. 아마도 나의 설명에서 이 '공백'은 사례들이 분산되어 있다는 것의 효과에 의해 창출되었다.

부분 2 **형식을 끌어내다**

실제로 이제까지 다뤘던 사례들은 인류학이 오래전에 방치한, 목록화 사업의 일환으로 조성된 먼지투성이 책장에서 골라낼 수 있었다. 그것[사례들이 방치된 것]은 사례들 간의 대응관계에 대한 질문이 (그 자체로) 무의미하거나 잘못되었다기보다 대응관계의 위치가 정해지지 않았기 때문으로 보인다. (문화의 행위자로서) 파푸아뉴기니와 그 외 멜라네시아의 사람들이 어떻게 연결을 다루는지를 어느 정도 우리가 알기 위해서는 대응관계가 자리 잡힐 필요

II. 부분적인 연결들

가 있다.

물론 멜라네시아 사람들이 지각하는 움직임에는, 또 이 행위
자들이 떠나는 여행에는 **특이성**specificity이 있다. 그들은 세계의 문화
들에 도취해서 여기저기 손에 잡히는 대로 이것저것 맛보는 코즈
모폴리턴들이 아니다. 멜라네시아 사람들은 명성 있는 조개가치
재를 얻기 위해 바다 건너 익히 알고 있는 섬들과 교환파트너들
에게 가는 쿨라 교역자들처럼, 문화적인 의도를 갖고 여행을 떠난
다. 이와 마찬가지로 댄서가 거대한 대나무 조형물을 머리 위에
이고 있어도 목이 꺾이지 않는 것은 댄서가 이미지를 통해 세상에
드러내는 이름 있는 정령의 힘 덕분이다. 사람들은 남자와 피규어
가 한 몸으로 움직이는 것에서 그 정령을 보는 것이다. 이러한 것
들은 어떤 위험도 따르지 않는 가벼운 여행 혹은 몸짓이 아니며,
관계들을 알게 해주는 바로 그 특정한 효과를 지향한다. 특정한
상황에서 나타나고 또 나타나게 하는 것은 파트너에게서 얻는 특
정한 응답을, 그리고 관중에게서 얻는 특정한 인식을 끌어내려는
의도를 갖고 있다.

이 〔의도된〕 응답은 처음부터 예상되었고 사실상 때로는 미리
정해진 반응이었을 수도 있다. 그것은 또한 연출된 것일 수도 있
다. 한 이미지가 창출한 효과는 그다음의 이미지로 나타날 수 있
다. 즉 하나의 피규어는 그에 대응하는 피규어를 '생산하는' 것으
로 보인다. 아마도 우리가 흔히 연행performance 혹은 의례의 사회적
맥락으로 인식하는 것 또한 연쇄적으로 이어지는 피규어들(피규어
들과 반-피규어들counter-figures)로 구성되었을 것이다. 그것은 마치 비유

가 연쇄적으로 일어나는 것과 같다. 각각의 피규어는 바로 전 피규어에서 미리 선을 보이는데, 마치 바로 전 피규어에서 그다음 피규어가 도출되는 것과 같다. 우리는 이러한 도출^{elicitation}을 예시된 환기^{prefigured evocations}, 다시 말해 정처 없이 떠다니는 것이 아니라 예정된 목적지를 향해가는 것으로 생각해볼 수 있다.

그렇다면 여러 '문제'를 안고 있는 앞 섹션은 이와 대조적으로 예상치 못한 환기를 실행해본 것이다. 그 속에서 분석적인 관심을 조직하기에는 너무나 일반적이면서도 너무나 특이한 이미지를 좇았던 탓에 모든 균형감각을 잃어버리는 듯했다. 나무와 피리의 유사성을 암시하는 내레이션은 동떨어진 대응관계들을 차례로 이어붙이고 발동시켰다. 즉 구멍을 낼 수 있는 것과 새길 수 있는 것 사이에서, 잘려나가는 것과 성장하거나 성장을 의미하는 것 혹은 빈 구멍과 함께 성장하는 것으로 보이는 것 사이에서, 밖을 두드려 소음을 내는 것과 안에서 소음을 방출하는 것 사이에서 모두 그러했다. 유사성이 인위적으로 보이는 것은 그것이 내러티브를 통해 만들어지기 때문이다. 달리 말하면 멜라네시아인이 상동성^{similarity}이나 유사성^{resemblance}—사물들 간의 관계들—을 당연하게 여기면서 행하는 것들을 내러티브는 행할 수 없기 때문이다. 이러한 유사성을 배경에 깔아두는 "인간 행위의 도덕적 기반"은 그들에게는 차이를 만드는 구별짓기가 된다(J. Weiner 1988: 9). 이 변환과 차이화의 시퀀스를 모방함으로써 형식이 특정한 연쇄 속에서 나타나는 그 모습을 전면에 드러낸다면, 앞서 살펴본 대응관계들의 자의적인 성격은 해소될 것이다.

II. 부분적인 연결들

내가 환기한 완토아트와 파숨의 피규어들은 가면에 씌인 채 형상화되는 수많은 형식 가운데 일부다. 나무이자 나무 밑동에 있는 남자를 제외한 남자들은 또한 화식조火食鳥의 긴 날개 밑으로 몸을 구부리거나 머리 위에 거대한 둥근 둥지를 이거나 달 모양의 틀을 갖춘 모습으로 나타난다. 이것들의 형상은 무작위적이지는 않지만, 서부 세픽의 우메다Umeda와 야파르Yafar의 성장의례에서 나타나는 형식의 연쇄처럼(Gell 1975; Juillerat 1992), 이것들은 식별 가능한 시퀀스 속에서 차이화의 효과를 일으킨다.

이때 인류학자의 과업은 그러한 이미지를 생산하는 사람들을 위해 작동하는 특정한 환기여야 한다. 그녀/그는 사람들이 명시적으로 만드는 것에 주목해야 한다. 어떤 순간이나 형식은 다른 순간이나 형식을 발생시키거나 그에 의해 대체된다. 한 부류의 가면 쓴 댄서가 다른 부류의 댄서에게 자리를 내주는 방식이 미치는 효과 속에서, 혹은 대나무 피리가 용기로 다뤄지는 순간과 뜨개자루에 들려 운반되는 때가 중요해지는 순간을 구분하는 퍼스펙티브 속에서, 우리는 말하자면 이미지가 어떻게 이미지를 창출하는지를 목격하게 된다.[11] 이 모든 관념과 마찬가지로 사람들은 이미지를 다른 이미지의 확장으로 이용한다. 의미는 얼마든지 있을 수 있다. 이미지가 "그것들 모두를 **내포**하거나 **도출**하고, 여기서 필요한 것은 이미지 자체를 보유하는 것일 뿐이다"(Wagner 1986b: xv, 강조는 와그너). 만약 내포된 것이 도출되거나 환기된 것을 통해 알려지게 된다면, 의미의 해명은 그 이미지의 사용법에 적용된다.

행위자의 연행이나 시간의 흐름을 갖는 연행의 시퀀스는 이미지 자체의 창조성을 위한 유비유추의 틀을 제공한다. 가령 행위자는 약혼 선물에서 신부대를 거쳐 아기 출산을 위한 지불에 이르기까지 생식을 둘러싼 일련의 흐름 속에서, 혹은 의례적 교환에서 파트너들이 돌아가며 기증자가 되는 상호왕복 속에서 연행과 그 시퀀스를 창출하고, 그에 따라 유비유추의 틀이 마련된다. 성장과 이행의 감각은 하나의 가치 세트가 그다음의 가치 세트를 '생산함'(나타나게 함)과 동시에 그에 대체되는 방식에서 생겨난다. 이를테면 먼^{Munn}이 가와^{Gawa}에서 관찰한 대로, 여성의 생식력이 조개팔찌와 조개목걸이같이 개별적으로 기억되는 가공품으로 전환된다고 할 때(Munn 1986: 145), 혹은 댄서의 신체를 물질적으로 확장하는 깃털의 머리장식이 남자 개개의 명성을 확장하는 쿨라 목걸이의 은유로 간주된다고 할 때(Munn 1983: 287) 그러하다. 유비유추를 드러내는 것, 다시 말해 유사성과 차이 간의 내적인 관계를 드러내는 것은 직전 위치인 대체된 피규어를 드러내는 것과 같다. 인류학자가 그 경로를 밟다가 따라가게 되는 것은 실천의 시퀀스 안에서 일어나는 주도면밀한 대체다. 내가 지금까지 살펴보았다시피, 현대의 멜라네시아 연구는 몇몇 세련된 분석을 이미 손에 넣었다. 그러나 그 분석이 자급자족의^{self-sufficient} 차원을 제공한다고 여기는 것은 마치 멜라네시아인이 출발점으로 삼는 선취된 세계를 그 분석이 단지 완성시킬 뿐이라고 하는 것처럼 기만적인 생각이다. 멜라네시아인은 인격들 간의 움직임을 통해 그들 자신의 세계를 더 작게 분해한다.

여기서 나의 목적 중 하나는 인류학자들의 활동이 그들 스스로 '잔여'^{remainders}를 끊임없이 양산하면서 얼핏 보기에 새롭지만 전혀 독자적이지 않은 차원을 위한 출발점을 만들어내는 방식을 보여주는 것이다. 그리하여 나는 정말로 한 걸음 후퇴했고, 그렇게 후퇴한 헤이스의 위치에서 우리가 어떻게 그러한 통찰을 전개할 수 있으며 그의 개략적인 비교연구에서도 피하려 했던 단일문화에 대한 일종의 배타적인 관심을 우리가 어떻게 피할 수 있을지를 묻고자 한다.

부분 2 **커뮤니케이션**

부분 1 **복합적인 지식**

시퀀스라는 관념은 분석자의 발견 여행에 적절한 이미지다. 그리고 멜라네시아의 신화, 의례, 특히 교환관계에서 연쇄^{succession}와 계시^{revelation}가 분명히 나타난다. 그러나 그렇다고 사건이 사람들을 앞으로 실어 나르는 것만은 아니다. 리처드 워브너$^{Richard\ Werbner}$는 서부 세픽의 자료를 재분석하는 과정에서 이 점을 강조한다 (Werbner 1989).

그는 앨프리드 겔(Gell 1975)이 묘사한 우메다의 이다^{ida} 축제에서 펼쳐지는 사건의 시퀀스를 개괄하는데, 그러나 그때 그는 겔이 부수적으로만 다뤘던 피규어에 대해 분명한 입장을 취한다. 여기서 우리는 완토아트의 조형물들^{effigies}과 그다지 다르지 않은 형식과 마주친다. 그것은 다른 피규어들에 의해 확장되고 거대한 구조물에 감싸여 있으며 깃털 장식으로 길이를 연장하는 피규어다.

II . 부분적인 연결들

겔 자신의 분석은 하나의 도안이 다른 도안에 잇따라 나타나는 변증법적인 병치의 의의를 확립하는데, 그것은 "의례적 피규어가 **많지**는 않지만 변환 과정에서 기본이 되는 단 **하나**의 피규어가 있다는 관념에 **빠르게 도달한다**"(Gell 1975: 296)라는 관찰에 이른다. 이 관찰은 워브너가 그다음에 이어지는 여러 행위의 귀결을 개괄하고 예상하는, 겉으로는 중요해보이지 않는 사전연습preliminary act(탄생의 실연enactment of birth)을 전면에 드러내는 것과도 합치된다(Werbner 1989: 150). 따라서 시간은 그 순간에 내포되며, 개막을 알리는 몸짓은 (이다 축제) 전체의 피규어가 된다.

프레임, 덮개, 술 장식과 깃털 장식이 달린 가면은 목제 나팔의 반주에 맞춰 그 모습을 드러내는데(Gell 1975: 158), 나무와 식물의 관련 소재로 만들어진다. 남자와 그의 가면으로 구성된 형상 전체에 대한 우메다 사람들의 해설에서[12] 나무의 구조와 신체의 구조 간에는 명확한 평행관계가 형성된다. 예를 들어 화식조 가면 윗부분의 과일 한 묶음은 남자들이 결혼할 때 인도받은 딸들에 대응한다(Gell 1975: 237, 241). 어느 한 마을의 관점에서 보면, 다른 마을들은 딸을 교환하는 마을과 가면을 교환하는 마을로 양분된다.[13] 그에 따라 어느 한 남자의 관점에서 보면, 다른 공동체의 딸과 결혼하지 않는다는 조건하에서 그 공동체의 남자들의 가면을 쓸 수 있다(Gell 1975: 52).

워브너는 이 교환행위를 그 자신의 공간분석의 가장 중요한 항목으로서 개진한다. 우리가 발견했다시피 시간처럼 공간 또한 진동하는 중심-주변 관계로 되돌려진다. 수풀 곳곳에 흩어져 사는 사람들은 축제 기간에 마을에 집합했다가 또다시 흩어진다. 그 뿐만 아니라 그들이 창출한 중심은 다른 사람들의 중심의 유사물 analog로 간주되며, 이 중심 또한 그 사회적 주변과 공간적으로 멀리 떨어져 있다. 데이터가 복합적이기 때문에 나는 그의 논의 일부를 글자 그대로 제시하겠다(워브너에 의한 문단 구성은 무시한다).

가면을 씀으로써 남자는 공간을 통해 시간을 가로지르는 상징적인 이행을 달성한다. 가면 속에서 그는 생명이 출현한 내부 공간에 진입한다. 이 공간은 태초의 존재의 기원에 따라 어떤 나무였다가 또 다른 나무가 된다. 그리고 그는 공간과 시간을 역전하면서 마치 화식조처럼 태초의 존재가 된다.
서로의 영토에서 외부자outsider인 남자들은 가면을 교환한다. 이런 식으로 그들은 내부자insider에게 자신을 내주고, 그에 따라 서로의 내부 공간에 접근한다. 한해(…)의 대부분을 그들은 사실상 인근의 작은 땅에서 삶을 보낸다. (…) 그러나 축제 기간에 그들은 그들 자신의 한계를 확장한다. (…) 남자들은 가면과 여자를 이용해서 마을들 간의 영원한 접촉을 창출한다. (…) 여자는 가면처럼 내부자인 남자들을 담는 그릇인데, 각 그릇〔의 이용〕은 〔그릇, 즉 마을의〕 내부자로 제한된다. 가면은 남성적인 자궁이며 여자는 여성적인 자궁이다(Werbner 1989: 156 각주 생략).
사회적 교환의 측면에서 영토와 여자는 대조적으로 다뤄진다. 영토와 여자는 둘 다 생명-공간 제공자이자 그 그릇으로 다뤄지는데, 이 속에서 영토는 움직일 수 없는 반면 여자는 움직일

II. 부분적인 연결들

수 있다. 생명-공간의 그릇을 둘러싼 호혜성과 교환은 사람들에게 물리적인 접촉을 가져온다. 그리고 사람들은 생명-공간의 움직일 수 있는 용기를 선택함으로써 자신을 에워싼 물리적 환경, 즉 움직일 수 없는 주변 상황을 재구성할 수 있다. (…) 가면은 한편으로 여자처럼 움직일 수 있고, 다른 한편으로 영토 같은 영속성과 관련된다. 가면의 내부에서 공간에 대한 접근을 공유함으로써 〔남자들은〕 여자들을 교환하지 않는 영토들 간의 더욱 고차원적인 상징적 접촉을 확립한다(Werbner 1989: 195-196).

세부적으로는 균형이 맞지 않을 수 있지만, 여하간 워브너는 우메다와 그 외의 가까운 공동체(큰 마을이나 작은 마을) 사이의 교환 관계를 보여주기 위해 지리적인 배치를 지도로 그려낸다. 그는 이 관계가 두 가지 원리의 작동을 입증한다고 주장한다. 첫째, 사회가 단순한 이진법적인 단위로서 재현된다는 것인데, 이를 통해 그는 여기서 언급되지 않은 반족^{半族}[14]과 그 외의 이자^{二者}관계를 다룬다. 둘째, 각각의 공동체는 자신을 공동체들로 이뤄진 우주의 중심으로 본다는 점이다(Werbner 1989: 218). 남자는 그저 자기 네트워크의 중심에 자신을 놓지 않는다. 그보다 남자들은 **다른 남자들의 중심과 마주하는** 곳에 놓인다. 이에 따라 예를 들어, 푼다^{Punda} 마을은 우메다의 퍼스펙티브에서 보면 우메다의 일종의 거울본이며(Werbner 1989: 213), 이 한쌍의 마을을 가로지르는 영속적인 대외 교환은 인접하지 않는 영토들 간의 접촉규칙에 따라 더 큰 공동체를 형성한다. 각각은 다른 쪽에게 '또 다른 남자의 중심'이다.

광역의 커뮤니케이션에 관한 워브너의 이론화에서 푼다는 중축의 위치를 점한다. 푼다는 그 자신의 고유한 특징을 갖고 있기 때문에 우메다의 거울이라 해도 복사본은 아니다. 푼다 마을은 아마나브어^{Amanab language}를 말하는 이웃 공동체와도 접촉을 갖는다. 이 지역은 줄리에라트의 민족지(Juillerat 1992)의 연구대상인 야파르^{Yafar} 마을을 포괄한다. 푼다는 우메다와 야파르 양쪽 모두와 통혼한다. 푼다와 마찬가지로, 야파르는 우메다로부터 풍요신 숭배의 식인 이다^{ida}를 차용해서 그것을 양기스^{yangis}라고 부른다. 우메다의 '딸들'인 푼다와 야파르는 우메다를 '어머니'로 모신다.

서로의 결사활동에 관한 지식이 표면적으로 불균일하게 분포하는 것에 대해 도발적으로 접근하면서 워브너는 우메다의 이다와 야파르의 양기스 간의 차이가 야파르의 관점에서 이해될 수 있다고 지적한다(Werbner 1992). 여기서 야파르의 관점이란 우메다와의 관계에서 자신들을 보는 관점의 측면임**과 동시에** 자신들을 위해 실천을 재중심화하는 측면이기도 하다. 야파르는 양기스를 외부에서 차용했음을 공개적으로 인정한다. 그것(양기스라는 의례)은 그들(야파르)에게는 이국적이고, 그 반면 우메다에게는 토착적이다. 그것은 그들을 양성한 우메다 문화의 결실이라고 말할 수도 있다. 동시에 야파르는 결사활동이 그들을 진정으로 양성한다는 것을 보증하기 위해 그것을 재중심화해왔다. 워브너가 보았듯이 양기스는 이다를 반복 복제할 수 없다. 두 공동체는 동일한 기대효과(풍요로움)를 위해 의례를 연행한다. 그러나 '딸'이 보는 것은 '어머니'가 보는 것과 다르다. 이것은 텅 빈 은유가 아니다. 그것은

II. 부분적인 연결들

야파르가 낳은 쪽의 관점보다 태어난 쪽의 관점을 재구축할 때의 다양한 차원을 단적으로 표현한다.

워브너의 분석은 사람들이 서로의 의례를 해석하는 방식을 상상하기 위한 모델을 제공한다. 사람들은 세계가 다른 사람들의 중심들로 구성되어 있다는 것을 알고 있으며 그러한 세계를 바라보는 그들 자신의 중심을 창출한다. 그렇게 저 중심들을 바라보는 이 시야는 보존된다. 공동체들은 상호 소통하지만 자신의 퍼스펙티브를 타자의 퍼스펙티브에 강요하지 않는다. 각각은 자체 버전을 수립한다. 따라서 이웃 공동체의 실천은 변증법적인 산물도 아니고 계보적인 파생물도 아닌 반–실천$^{counter-practice}$을 이끌어낸다. 커뮤니케이션은 효과적이며 회로는 작동한다고 말할 수는 있지만, '메시지'는 오직 부분적으로만 전달된다.

이 모델은 본래 단일 언어권의 지역에서 파생된 것이지만, 우메다와 야파르처럼 각기 다른 두 언어를 말하는 지역으로도 확장될 수 있다. 워브너의 분석은 우메다의 축제 그 자체의 고동치는 움직임에서 착상을 얻었다. 공동체는 확장하고 그리고 다시 흩어진다. 그때 여기저기 흩어진 경작지에서 모여든 사람들은 자신의 중심성에 대해, 또 자신의 주변에 있는 다른 중심과의 관계를 유지할 필요성에 대해 즉각적으로 의식하게 된다. 이것은 곧 초점의 수축과 확산을 의식하는 것이다. 이 수축과 확산은 개개의 남자들이 그들 자신을 확대하기 위해 자신을 꾸미고 그다음에 다시 인간의 크기로 축소하는 방식에도 반영된다. 그러나 워브너가 이것을 찾는 데에 사용한 스케일은 항상 중심의 시야를 견지해야 한다.

주변의 시야는 중심에서 바라보는 또 다른 시야이며, 그것은 의례적 집회와 대외적 교환에 쏟는 남자들의 노고를 통해 상호소통 속에서 불러들이는 다양한 이름의 공동체에 의해 구성되는 하나의 버전이다. 이 시야는 우리가 앞서 살펴본 것처럼 언어집단을 넘어설 수 있다. 이 서부 저지대 사람들의 관심사는 자신의 고유한 내면을 그 외 다른 곳에서 중심화된 인격들의 내면들로부터 만들어내는 것, 즉 문화를 '빌려오는 것'에서 얻는 한층 더 나아갈 수 있는지의 가능성이다.

공동체들 간의 차이를 이어주면서도 에워싸거나 소진시키지 않는, 중심과 주변 간의 맥박(진동)은 상대적으로 한정된 지역을 위해 작동되는 것 같다. 그러나 그것은 마을들 간의 과거 커뮤니케이션이 그 후에 어떤 효과를 낳았는지를 묘사하는 마을사람들의 개략적인 설명처럼, 쿨라 교역의 참가자들이 파트너의 파트너를 생각할 때에 마음속에 그리는 일종의 파급효과처럼 어떤 회고적인 방식으로 작용한다. 그렇다면 이웃 그리고 이웃의 이웃으로 이어지는 궤도에서 벗어나는 순간, 그러한 커뮤니케이션에 필적할 만한 무언가가 있다는 것을 암시하는 부적절한 은유에 기대해야만 하는 것일까? 예를 들어 한 인구집단에 여러 개의 언어가 혼재된 오크 산 지역은 어떠한가?

상호 연관된 여섯 개의 언어공동체에 대한 바스의 분석은 이와 관련하여 흥미로운 반-입장을 제시한다. 여기서 종교적 신념과 실천은 매우 광범위하게 나타난다. 이와 반대로 가옥의 형태와 의복은 "몇몇 시사적인 세부사항을 제외하면 상당히 유사하고,

한 마을의 사진이 다른 마을의 생활을 설명하는 데에 사용될 정도다"(Barth 1987: 2). 그러나 우리는 여기서 그 자체로 고동치는 움직임을 묘사하는 아이템으로서 의복이 시사하는 미세한 차이를 드러내주는 하나의 사례를 검토하기로 한다.

부분 2 **수출과 수입**

이다에 관한 겔의 분석에 대해 워브너가 가한 비판 중 하나는 우리가 목격하고 있는 것이 단지 단일한 시퀀스(단일한 변환)의 전개가 아니라 그 개시의 순간에서 갈라져 나오는 시퀀스들의 융합과 얽힘이라는 점이다. 워브너의 지적에 따르면, 겔은 연행의 시작에 등장하는 화식조의 피규어를 되짚고 있지만 사실상 그 화식조('어머니들의 화식조')는 '딸들의 물고기'인 다른 존재들과 짝을 이루는 두 피규어들 중 하나일 뿐이다(Werbner 1989: 167). 이것의 중요성과 더불어 겔이 그 가치를 평가절하했던 광대의 중요성을 복원함으로써, 워브너는 이항 조직을 이론화하기 위한 분석적인 좌표를 만들어낸다. 마찬가지로 그는 야파르의 퍼스펙티브에서 어떻게 한쌍의 태곳적 피규어가 '같은'(하나의) 남성의 형식 속에서 남성으로 드러나면서 여성으로도 드러나는지를 보여준다(Werbner 1992). 이 점은 남자와 여자에 대한 관습적인 분리가 남녀 간의 상호관계를 비유적으로 본뜬 남성의 교차사촌들 간의 대립으로 변환한 것에 관한 제임스 와이너의 예기-제거 분석에서 명백하게 드러난다(J. Weiner 1988: 142). 나는 이것을 다른 방향에서 논할 수 있다. 하나로 하든 혹은 둘로 하든 어떤 숫자이든지 간에 완전한 혹은 전체의 피규어와 함께 출발할 수 있다. 즉 출발점은 단일한 피규어일 수도 있고, 이다에서 처음 나타난 2인조의 가면처럼 둘로 분할된 것으로 인식되는 피규어일 수도 있다.

왜냐하면 '하나' 혹은 '둘'은 다른 쪽의 확장 혹은 수축으로 볼 수 있기 때문이다. (하나는 두 배가 된 하나인 둘을 묶은 것이고, 둘은 반이 된 둘인 하나를 분할한 것이다.) 지금 내가 환기한 맥박[진동]의 이미지는 정확히 산술이라고 말할 수 없는 이 산술에서 장난치는 유희로 받아들여질 수 있다. 이 이미지는 남자의 신체가 나타나는 완토아트의 조형물이나 머리와 몸통을 에워싼 것처럼 보이는 묵직하고 목이 꺾인(Gell 1975: 240) 우메다의 가면과는 대조적으로, 광범위하게 퍼져 있는 평범한 망태자루(엄밀하게는 끈으로 땋아 만든 뜨개자루)의 한 버전에 속한다. 나는 텔레폴의 뜨개자루와 오크 산 전역에서 발견되는 이와 유사한 인공물과의 관계에 관한 모린 매켄지(Maureen Mackenzie 1986)의 분석에 기초하여 이를 고찰하겠다. 그녀는 자신의 논문의 서두에서 다음과 같이 말한다.

아마도 가장 인상적이고 또 멜라네시아 연구자들의 관심을 끌어왔던 뜨개자루의 용도는 아기 요람이다. 주머니쥐의 육아낭처럼 엄마의 머리에서 매달리듯이 들리는(Gell 975: 142-143) 느슨하게 땋인 자루는 자궁 같은 확장가능성을 갖고 있다. 시각적으로도 기능적으로도 바깥 자궁과의 유사함이 반영된 이 자루

는 밭작물과 자궁의 결실을 담아 보호하기 위해 늘어나고 볼록
해진다. (Mackenzie 1990: 88)

이러한 자루는 어디에서든 여자가 만들고 그 자루가 문화적
레퍼토리 중 하나인 어디에서든 여자가 몸에 두르기 때문에, 그
최초의 이미지는 여성적이라는 것이 적절하다. 일부 지역에서는
남자 또한 이 자루를 몸에 두른다. 〔파푸아뉴기니 남부의〕 텔레폴과
우메다가 이에 해당한다. 매켄지가 언급한 어느 인상 깊은 대목을
보면, 겔은 남자와 그의 개가 분리될 수 없듯이 남자와 그의 자루
("빌럼")가 어떻게 해서 분리될 수 없는지를 묘사한다. 여기서 개와
자루는 남자의 가장 인격적인 소유물들을 담고 있는 일종의 그림
자 정령이다. 그러나 만약 그렇다면 남자의 부푼 자루의 더 큰 버
전인 여자의 부푼 자루는 그녀의 '사회 속에서'의 공적인 역할과
가장 물질적인 현존^{presence}을 드러낸다.

그녀의 여성용 빌럼〔bilum, 옆으로 메는 가방〕이 등 뒤에 매달려 있
지 않으면… 〔여자는〕 '옷을 입지' 않은 것이나 마찬가지다. 그리
고 만약 남성용 빌럼이 주물^{呪物}이라는 형식 속에서 그의 인격을
담고 있다면, 여자들의 부풀어 오른 (…) 빌럼은 사회에서 그녀
의 역할이 아직도 더 커지고 있음을 표현한다. 왜냐하면 그것은
음식(영양 공급자)과/이나 후손(아이 생산자)으로 가득하기 때문이
다. (Gell 1975: 143)

물론 이 '뜨개자루'를 다른 인공물과 별도로 다루는 것은 '성스런 피리'를 그렇게 다루는 것과 마찬가지로 잘된 계산 단계라고 할 수 없다. 그것은 단일한 실체가 아니다. 예를 들어 독특한 뜨개질 기술에서 볼 수 있는 기교를 생각해보면, 그것이 남성의 머리덮개hair coverings를 위해서도 똑같이 발휘된다는 것을 알 수 있다. 우메다와 텔레폴의 남자들은 때마다 음경덮개penis gourds를 착용하는데, 중앙 고지대를 포함하여 남자들이 이러한 방법으로 신체를 치장하지 않는 파푸아뉴기니의 다른 지역에서는 여자들이 그것과 같은 기술을 사용해서 남자들을 위한 음부용 앞치마를 떠서 만든다. 매켄지는 또한 다른 지역에서 보이는 어망, 망토, 방호복에 대해서도 언급한다(Mackenzie 1986). 그러나 이러한 자루를 용기로 간주하면 바구니 모양으로 뜨개질한 어로장치(물고기 덫) 혹은 중부 세픽 사람들이 잠잘 때 치는 모기장까지도 비교 대상이 될 수 있다. 그런데 매켄지는 텔레폴 그리고 오크 산 지역 일반에 대해 남성 의복의 일부로서 뜨개자루와 여성의 그것 간의 특정한 내적 대비로 독자의 주의를 집중시킨다.

자루의 고동치는 이미지는 어떤 성별에도 들어맞는다. 여자들이 짊어진 뜨개자루는 작물의 열매 맺는 주기성에 따라 누그러지거나 부풀어오른다. 그 윤곽은 내부에 무언가가 있다는 것을 부각하고, 그 안에 담긴 것이 자루에 형태를 부여한다. 여자의 자루 안에서 뛰는 맥박은 사람들 사이를 오가는 맥박의 이동으로 반복 복제된다. 밖에서 보면, 여자들의 자루는 소박하다. 전혀 꾸미지 않은 자루는 그녀의 등 전체를 뒤덮는다. 이와 반대로 남자들이 머리와 어깨에 두른 자루는 정성스럽게 확대되고 깃털 장식이 달리며 입사식의 단계에 조응하여 각기 다른 의장이 입혀진다. 이와 같이 남자들의 확대와 성장은 바깥 피부의 일종으로 걸쳐진다. 이러한 자루가 이중의 사회적 기원을 뜻한다는 매켄지의 지적은 중요하다. 남자들을 위해 자루를 뜨개질해주는 여자들이 없다면, 남자들에게는 깃털을 매어둘 수 있는 틀조차 존재할 수 없다. 또 자루를 채울 남자들이 없다면, 여자들에게는 자루 안에 넣어둘 것이 아무것도 존재하지 않는다.[15] 말하자면 소통을 위해 사용되는 것은 세상에 만들어지기 전부터 남자들과 여자들 사이에서 소통되어야 한다.

남자들의 자루와 여자들의 자루 사이에 형식상의 명백한 상호의존성이 있지만, 이 두 유형 중 하나는 두 유형의 요약반복recapitulation을 구성한다. 남성용 자루는 남성과 여성 모두의 형식을 내포한다. 실제로 '여성의' 기본 형식을 넘어서는 자루의 정교화elaboration는 '남성의' 배타적인 활동이다. 게다가 남자들의 자루는 남자들이 입사식 단계를 통과할 때마다 변환된다. 여기서 매켄지의 글을 인용해보겠다.[16]

깃털로 장식된 뜨개자루는 성별을 명시적으로 표현한다. 그것은 아이들이 성 대립을 처음으로 깨닫는 바로 그 순간, 즉 소년에게 남자다움을 강제적으로 부과하는 입사식 순환단계의 처음에 도입된다. (…)[17]
성인 남성이 입사식의 최종 수준에 도달하면, 화식조의 깃털(뜨개자루)을 휴대하게 된다. 화식조는 수컷 새가 알의 부화를 책임지는 종들(중 하나)이다. 그러나 더 중요하게는 텔레폴의 신화에서 화식조는 아펙^{Afek}, 즉 태초의 어머니와 동일시된다. 텔레폴의 원로들이 그 자체로 이미 자궁을 상징하는 주요 형식으로서 화식조의 깃털을 취할 때, 그들은 아펙의 자궁의 휴대 가능한 화신을 창출하는 것이며 그녀의 비범하고 강력한 힘을 명시적으로 언급하는 것이다. (Mackenzie 1990: 102, 105 참고문헌 및 텔레폴 용어는 생략)

매켄지가 관찰한 바에 따르면, 입사식의 첫 단계의 맥락에서 남자들은 가입자 소년들을 '부화시킴'^{incubating}으로써 자신들을 남성적인 어머니로 변화시킨다.

(그리고) 남자들은 결사활동의 단계를 밟아갈 때마다 여자의 공헌 및 남녀의 성적인 상호의존의 중요성을 더 잘 깨닫게 된다. 남자들이 점차 나이를 먹어가고 전사의 힘을 잃어감에 따라 점점 더 성 대립의 완화가 강조된다. 이것은 원로 남성이 휴대하는 화식조 깃털로 장식된 뜨개자루에 반영된다. '여자의 풀잎치마'를 뜻하는 '꼬리' 달린 화식조 뜨개자루의 깃털은 여자의 외모를 암시한다. (Mackenzie 1990: 105-106)

(소년기에서 노년기까지 이어지는) 입사식의 시퀀스에서 나타나는 변환은 그 성질상 필연적으로 타자에게는 드러나지 않는 성장의

내적 단계에 대응한다. 오직 반족의 의례전문가만이 정해진 때에 제대로 자루를 장식할 수 있다. 매켄지는 남자들의 자루와 여자들의 자루를 대조하면서 공개된 지식과 비밀로 감춰지는 지식에 대해 관찰한 바를 다음과 같이 말한다.

> 여자 자루의 뜨개코의 개방적이고 유연한 성질은 자루를 쉽게 펼치게끔 하여 그 속의 내용물을 공공연히 노출시킨다. (…) 이것은 여자들이 자루를 떠서 사용할 때의 공개적이고 제한 없는 맥락을 반영한다. 이 영역에서 지식은 알기를 원하는 자에게 공개적으로 주어진다. 이와 대조적으로 남자들에게 부가된 깃털은 여자가 실의 끊어짐 없이 뜬 편물을 매듭 짓고, 남자들의 비밀의식 내용을 숨길 수 있는 사적인 용기容器를 창출한다. 이 사적인 용기는 남자들의 오두막의 감춰진 벽 뒤편에 깃털 모양의 장식이 달려 있는 배타적인 맥락을 반영한다. (…) 그것은 의례의 지식이 은밀하게 통제되는 방식을 〔미러링〕한다. (Mackenzie 1990: 93)

이에 반해 남성의 성장 과정 그 자체는 비밀에 싸이지만 그 결과는 공개된다. 공개된 모습 속에서 입사식의 어느 단계에 왔는지가 남자들의 복장을 통해 눈으로 확인 가능하다. 남자들은 자신을 성장시킨 비밀의 내적 과정의 효과 전부를 그 외관을 통해 제시한다. 여자들과 여자들이 만든 자루를 남자들에 의해 '길러지는' 것으로 간주한다면, 개인에 대해 진실인 것이 공동체에 대해서도 진실일 수 있다.

남자들의 자루와 마찬가지로 여자들의 가정용 자루 또한 변이를 신호화한다. 그것은 입사식의 내적인 위계의 변이뿐만 아니라 다른 집단으로 향하는 외적인 지향으로서의 변이까지도 표현한다. 적어도 텔레폴의 지금 관점에서 보면, 매켄지가 설명하듯이 텔레폴의 여자들은 오크 산의 다른 여자들과 '한 종류의' 자루를 만든다고 말하면서 그 친연성을 인정하는 한편으로, "전문기술을 사용해서 독특한 스타일의 날개 깃털을 고안하고 (…) 그들만의 제품의 독창성을 과시한다"(Mackenzie 1986: 143). 모든 레퍼토리를 습득해서 남자들의 의례를 위한 자루를 뜨개질할 권리는 특정의 기혼여성만 가질 수 있는데, 사람들의 의식적인 기술의 연마는 텔레폴의 뜨개자루를 민^{Min}이라는 다른 집단의 뜨개자루와 구별 짓는 기본적인 스타일을 창출한다. 전체적인 형상과 뜨개코의 질감, 이 두 가지는 이 지역의 언어공동체를 차이화한다. 매켄지는 자루 입구의 제작방식에서 적어도 두 종류의 양식이 확인되며, 여자들은 그것을 통해 종족 간의 차이를 표현한다고 말한다.

마지막으로 나는 자루가 공동체들 사이를 이동하거나 이동하지 않는 것에 대해, 그리고 자루의 이동에 대한 사람들의 각기 다른 반응에 대해 두 편의 인용문을 제시하는 것으로 마무리하겠다. 텔레폴의 퍼스펙티브에서 볼 때와 민^{Min}이나 오크 산의 특정 집단의 퍼스펙티브에서 볼 때의 상황은 매우 다르다.

최근 비행장 설립과 함께 지역이 개방되어 여자들의 이동이 활

II. 부분적인 연결들

발해짐에 따라 빌럼^{bilum} 스타일이 급속도로 확산되고 있으며, 그것이 민족적인 차이의 모호성으로 연결되어왔다. 보통 한 집단은 타 집단의 창의를 점차적으로 취사선택해서 받아들이는 것 같다. 그런데 흥미롭게도 텔레폴의 여자들은 민^{Min}이라는 타 집단의 스타일을 모방해서 흡수하려고 하지 않는다. 왜냐하면 그녀들은 자신들의 스타일이 가장 독창적이라고 믿기 때문이다. 이 점에 대해서는 타 집단 또한 동의하는 것 같다. 텔레폴의 스타일이야말로 주류이며 모든 방향으로 확산되어왔다. (Mackenzie 1986: 147 참고문헌 생략)

이와 동시에,

텔레포민[텔레폴의 또 다른 이름]에서 뜨개자루를 상품화하는 것에 저항이 있다. 텔레폴의 여자들은 외부 지향의 시장에 빌럼을 공급하는 것에 그다지 관심이 없다.[18]
유엔공보국 마케팅 매니저는 1984년 3월까지 1년 넘게 **옥삽민** ^{Oksapmin}**이라는 성공적인 프로젝트를 본떠** 텔레포민에서 빌럼의 상품화 프로젝트를 전개하고자 시도해왔다. (…) 옥삽민은 여자들이 파푸아뉴기니 전 지역과 해외로까지 빌럼을 수출하는 곳이다. (…) 그러나 그의 모든 시도는 "전혀 효과가 없었다"(Stephen Blake, 사적인 대화에서). (…) 블레이크가 얻은 최소한의 성공은 자신이 직접 물건을 사들이기 위해 마을을 순회했다는 것뿐이다. 그에게 자루를 판 여자들은 그 후 그가 다시 마을을 찾았을 때 그를 돌봐주었다. 그 여자들이 내게 말하기를 "그의 얼굴을 보고 불쌍하다고 생각했다"는 것이다. 텔레폴의 여자들은 빌럼을 뜨개질할 때 '받을 사람의 얼굴을 본 적이 있지' 않으면, 그리고 노동에 대한 사회적 답례를 바랄 수 없다면, 빌럼을 주고 싶어 하지 않는다. (Mackenzie 1986: 164 강조는 필자에 의함)

텔레폴 사람들 사이에서 자루는 지역의 친족네트워크를 따라서 유통된다. 실제로 떠나보내는 자루는 언제나 특정한 사회적 타자(아버지, 손아래 남자형제)를 위한다는 것이 그 목적이며, 그들에 의해 도출된 것이다. 자루는 그것을 선물 받는 사람이 자루 제작자의 이미지를 떠올리게 하는 데 도움을 준다고도 여겨진다.[19] 자루 제작자의 활동이 취하는 형식은 익명으로 도출되지 않는 것이다.

부분 1

역사비평

부분 1 **역사**

부분 1 **교역과 전달**

서구의 어떤 역사관에 기초한다 해도 지역 간 비교가 가능한 것은 파푸아뉴기니 내륙에서와 같은 사회들이 역사적으로 연관된다는 암묵적인 지식이 그 안에 전제되어 있기 때문이다. 사회들은 시원의('발생상의') 물질material에서 유래할 뿐만 아니라, 사회 각각의 상대적인 고립성은 어떤 경우에서든 사람 및 사물의 이동방식에 의해 언제나 완화되어왔다. 사회들은 인구집단의 이동과정에서 생기는 공통의 역사를 일종의 기원으로서 공유하며, 사람들과 함께 혹은 그들과는 별개로 여행하는 관념과 인공물을 공유한다. 이 의미에서 사회들은 서로 소통한다.

요 몇 년간을 살펴보면, 언어는 교역의 부분적인 장벽에 불과하고 또 사건을 둘러싼 정보의 확산에서도 부분적인 장벽에 불과하다. 그리하여 바스Fredrik Barth의 보고에 따르면, 오크 산 지역을 통

틀어 대규모의 입사식과 의례에서 연륜 있는 의례전문가들과 초
심자들까지 포함한 방문단이 원정 파견되는 경우가 드물지 않고,
이러한 덕분에 "참가자들의 네트워크가 이 지역을 통틀어 모든 중
심들과 모든 주요한 사건들을 이어주고 있다"(Barth 1987: 8). 선사
시대의 교역 그리고 그에 따라 상호 '역사적으로' 접촉해온 사람
들에 의한 스타일의 최근 도입은 둘 다 풍부한 증거를 갖고 있다.
성장의 통과의례를 위해 관광객들의 참관을 의례의 요소로 차용
한 챔브리Chambri 사람들은 "자신들의 사회가 확실히 차용에 기초
한다고 보고 있다"(Errington and Gewertz 1986: 99). 우리가 지금까
지 살펴본 대로, 하나의 언어집단이나 사회는 다른 집단이나 사회
로부터 독특한 특질을 도입할 뿐만 아니라, 그것을 자신에 맞게
끔 독특한 특질로 전환한다. 이를테면 1950년대와 60년대에 하겐
의 일부 지역에서는 (파푸아뉴기니 내륙 중심에 위치한) '엥가'Enga의 특
색을 띠는 가발 스타일이 폭넓은 인기를 끌었다. 머리를 완전히
감싸는 이 가발은 지금 논의의 적절한 예시가 된다. 하겐에서 흔
히 한 씨족의 새로운 성장점은 시집온 아내들의 외래의 기원, 통
상적으로는 하겐의 다른 씨족에 의해 지정된다. 내가 현지조사를
막 시작할 즈음, 나는 베이어Baiyer 계곡과 엥가 지방의 산들이 멀리
내려다 보이는 능선에 서서 하겐의 지방부족의 씨족들 중 하나가
'엥가 사람들'로 불린다는 것을 들었을 때에 잠시 혼란에 빠졌다.

　　물론 그들이 짊어진 이름 이외에 이 사람들에게 '엥가'적인
것은 아무것도 없다. 그럼에도 불구하고 다릴 페일Daryl Feil은 엥가
와 하겐, 나아가 멘디Mendi의 인구집단에서 주요한 의례적 교환의

제도들이 약 20만 명의 사람들을 사실상 하나의 체계로 묶어주고 있다고 지적한다(Feil 1987: 265ff). 그에 따르면, 이 체계 각각의 요소들은 한 결절점에서 다른 결절점으로 옮겨왔으며, 또 그 속에서 여하간 조개와 돼지라는 가치재의 흐름이 집단 간 관계에 영향을 미쳐왔다. 그는 엥가의 교환관습이 하겐의 옛 교환관습에서 '성장했다'고 추정한다. 즉 그것은 지금 엥가로 불리는 사람들에게 처음에는 사적인 배상지불이라는 형태로 "하겐 산에서 온 이주자들에 의해 시행되었고", 그 후에는 〔각각의 가치재를〕 생산할 기회가 늘어나면서 현재와 같은 복잡한 형태로 확대해왔다는 것이다.

결국 인구집단들 간의 실제 접촉의 역사를 상세히 **알기만 한다면**, 한 광역권을 관통하는 관념 및 인공물의 이동경로를 밟아가면서 그 과정에서 나타난 변이를 기록할 수 있을 것이며, 또 내가 줄곧 제시해온 문화적 유비유추를 사회적 연결들로 대체할 수 있을 것이다. 특정 아이템들이 각기 다른 맥락에서 다양한 중요도를 갖고 등장한다는 사실 자체는 전혀 이례적이지 않다. 우리는 역사적으로 상호 접촉해온 사회들을 우리 자신의 사안으로 받아들이고 숙고함으로써 하나의 스케일을 우리 손에 넣을 수 있다.

이러한 액추얼리즘actualism[20]은 매력적이다. 그리고 인류학자들은 잘 알려져 있고 또 기록에 남아 있는 시대의 역사적 변화, 그중에서도 특히 유럽인과의 접촉 자체의 역사를 전거로 삼기 시작했다. 그 결과 유럽인과의 접촉이 길었던 곳에서는 그만큼 역사적인 기록이 더 심오해 보인다. 이러한 착시는 그 자체로 멜라네시아 사회들의 역사성을 무시하는 것으로 비난받아왔다(예를 들어 다음에

수록된 논문들을 참조하라. Gewertz and Schieffelin 1985).

그렇지만 대지를 횡단하며 그 풍광의 여기저기를 수놓은 유럽인의 문물들, 이를테면 초창기 도보정찰대가 여기에 남겨놓은 붉은 옷과 저기에 남겨놓은 철제 도끼는 접촉 이전의 개척민들에 대한 그럴싸한 형상이나 이미지를 제공한다. 크고 작은 교전으로 인해 뿔뿔이 흩어졌거나 교역과 통혼에 떠밀린 사람들 또한 마찬가지로 고지대 내륙을 횡단했을 것이다. 물론 이 횡단은 한 사람만으로 이뤄진 것이 아니다. 사람들은 각자 혹은 집단을 이루어 이곳을 여행하고 저곳에 정착해왔다. 이 이동은 새로운 밭으로 이어지는 지름길을 따라가며 주거 장소를 옮기는 등등으로부터 발생하는 이동의 확대를 뜻한다. 그렇다면 여기서 각기 다른 사회들 간의 '연결'은 더 이상 논란거리가 되지 못한다. 그보다 관심을 끄는 것은 지방의 독특한 적응방식의 해명, 즉 지도방식이나 거래유형 등의 발전경로가 제각기 다른 이유일 것이다. 이와 같은 사회적 맥락에 들어서면, 사회적 경계를 가로지르는 문화적 유사성은 사소한 문제에 불과하다.

달리 말하자면 이 역설적 의미는 다음과 같다. "알기만 한다면" 그것들(인공물들, 관념들, 문화생활의 형식들)이 다양한 인구집단들 간에 어떻게 전달되는지에 대한 역사적 세부사항을 채워넣으련만, 그래봤자 사회적 과정에 관한 지식에 무언가를 실질적으로 덧붙이지는 못한다는 것이다. 인류학자들이 이미 잘 알고 있듯이, 커뮤니케이션이란 사람들이 인공물들을 비교하고 차용하고 적응시켜서 그들 자신이 사용하기에 적합한 아이템으로 바꾸는 것이다. 천 건의 개별사례를 수집한다면, 특정한 인구집단들 간의 역사적 관련성에 관해 더 많은 정보를 얻을 수 있을 것이다. 그러나 그렇지 않았어도 집단들이 역사적으로 연관되어 있다고 우리가 '알고 있는' 사실에 무언가가 덧붙여지는 것은 아니다. 반복하건대, 새롭게 제기되는 이 질문은 지역의 사회적 형식들의 발전 과정을 파고든다.

그러나 우리가 커뮤니케이션의 매 순간들을 붙잡아 알아내려 할 때에 정보의 부재는 탐구의 기세를 크게 꺾어놓을 수 있다. 우리는 또한 그 외에도 허를 찌르는 현상과 마주칠 수 있다. 예를 들어 바스는 상호방문단이 서로의 의례에서 목격한 것에 충격을 받은 상태로 되돌아가기도 했다고 적어놓았고, 가드너는 의례의 주기를 짜 맞추려는 텔레포민과 미안민^{Mianmin}의 시도가 상호관계를 절단하는 결과로 끝난 경위에 대해 사람들이 이러저러하게 이야기한 것들을 다시금 늘어놓았다(Gardner 1983: 357). 이것은 오크 지방의 수많은 민족들에게 중요한 입사식 시퀀스의 첫 단계에 관한 것으로, 이 단계를 위해 강한 효능의 판다누스^{pandanus}〔열대성 교목〕로 만든 가발이 입문자들^{initiands}을 위해 제작된다. 사람들의 이야기에 따르면, 미안민은 더 이상 이 단계에 대한 지식을 갖고 있지 않아 텔레폴 원로들에게 의탁해야 했다. 그런데 미안민들은 자신들이 도착해야 할 때에 나타나지 않았다. 이 일은 텔레폴 원로들의 비위를 심히 상하게 했는데, 알고 보니 미안민들은 텔레폴로 오는 도중에 야생돼지에 정신이 팔려 그것을 먹어치웠던 것이다. 그리하여 방만하고 무지한 미안민들은 텔레포민에게서 입사식을 받

II . 부분적인 연결들

지 못했다. 그러나 실은 이 이야기가 미안민 측에서 나온 것이며, 말할 것도 없이 쌍방의 우선 순위의 엇갈림과 관련되어 있다.[21] 게다가 이 일의 전말은 텔레포민이 비밀리에 공들여 추구하고 있는 무언가를 미안민은 진작부터 공공연히 갖추고 있었음을 말해준다. 그것은 바로 사냥의 기량에서 여실히 드러나는 남자다움과 생식력이다. 미안민은 험난한 의례가 갖는 효과를 미리 알고 앞당겼다. 아마도 이처럼 서로 거리를 두는 것의 실용적pragmatic 효과는 지역적 실천practices을 강화하고 그 독자성을 향상시켜서 이를 통해 사람들이 지역적 형식을 더욱 고수하도록 부추기는 것일 게다.

부분 2 정보를 잃다

다른 퍼스펙티브에서 보면, 이 모든 것은 극히 평범해 보인다. 외래의 '영향'에 개방되어 있으면서 그와 동시에 자신만의 독특한 표식marks of distinctiveness을 강화하는 것—이것저것 빌려오지만 그것을 자신의 사용을 위한 것으로 바꾸는 것—은 타자의 스타일을 자기의식으로 받아들이는 사람들의 종족적 관습이다. 또는 다른 종족집단에 대한 구체적인 지식이 없다 해도 그 유래를 알지 못한 채 수입된 형식들을 공들여 정교화하는 사람들의 모습은 여전히 상상 가능하다. 그들 내부의 동기 부여된 구별 짓기는 인류학자의 종족모델의 스케일을 조정한다. 내부의 차이화는 예를 들어 입사식의 의례 장신구가 남성결사 의식의 참여자들의 상대적인 지위를 표시해야 한다는 데에서 그 필요성을 드러낸다. 이러한 구별 짓는 표식은 범주를 창출하는 분류기^{classifier}—이 또한 인간이 만들어낸 평범한 것들 중 하나다—로 쉽게 간주될 수 있다. 사람들이 사용하는 소재^{materials}에 관해 말하자면, 우리는 브리콜라주로 되돌아간다. 사람들은 손에 쥔 것을 활용한다. 그런데 도대체 그들은 무엇을 손에 쥐었다고 상상하는 것일까?

"알기만 한다면"은, 바스에 따르면 박타만^{Baktaman}의 원로들과 오크 산 일대의 이웃민들도 간절히 바라는 요청이다. 그들은 상실의 감각에 부단히 맞서고 있다. 이 감각은 미래에 닥쳐올 지식 상실의 감각을 포함한다. 바스의 주장에 따르면, 조르겐센이 텔레포민에 대해 통렬하게 묘사한 엔트로피〔불가역적인 퇴행-균질화〕의 극한 경험(e.g. Jorgensen 1985)은 박타만에까지 일반화할 수는 없다 (바스는 텔레폴, 박타만, 비민-쿠스쿠스민^{Bimin-Kuskusmin}이 과거를 스스로 복원하는 방식에서 실존적 계기의 세 가지 유형분류 체계^{typology}를 이끌어냈다〔Barth 1987: 49-50〕). 그럼에도 불구하고 박타만은 다른 파이월^{Faiwol}어 화자들처럼 반드시 필요한 지식이 미래에 사라질 수도 있다는 끊이지 않는 두려움 속에서 사는 것 같다.

> 그들 생각에 입사식을 받지 않은 자들을 속여야 하고 또 비밀을 지켜야 성스러운 힘이 나오기 때문에, (…) 연장자에서 연소자로 이어지는 〔지식의〕 전달은 〔그 과정에서 지식이〕 언제든지 사라질 수 있다는 위험의 소지를 안고 있다. "조상이 우리에게 가르쳐 준 것은 이것이 전부"라고 말해야 할지도 모른다. 그러나 전달

II. 부분적인 연결들

의 실패가 인식되는 경우에 **이웃집단의 전통적 관습**^{tradition}**이 운만 따라준다면 자기집단의 전통적 관습의 상실된 부분을 대체하도록 이용될 수 있다.** (Barth 1987: 27 강조는 인용자, 참고문헌 생략)

바스는 현존하는 의례전문가가 한때 자신이 연행했고 다시금 연행해야 하는 입사식의 시퀀스를 마음속에서 재-형성^{re-form}하고자 고군분투하고 있음을 목격하면서 지식의 생성 그 자체를 되짚어본다. 다른 사람들에게 지식을 전달하려는 이들은 우선 이러한 조건하에서 지식을 스스로 창출해야 한다. 바스는 이 통찰을 오크산 지방의 우주론^{cosmology}에서 나타나는 문화적 변이를 해명하는 데에서 발휘한다.

이 변이의 문제가 출계집단의 구조나 하물며 정치조직에 대한 것이었다 해도, 바스는 집단에 관한 '기본적인 사회적 사실'을 분석의 출발점으로 삼았을 것이다. 그러나 씨족의 구조는 결사연행의 파생물로 나타나며, 그 반대가 아니다. 그는 또한 사람들이 견지하는 [결사연행에 대한] 근본적으로 매우 다른 해석과 활용법을 공-변이^{co-variation}의 모델을 통해서는 설명할 수 없다는 것을 발견한다. 체계 간의 비교에서는 통찰을 거의 얻지 못한다. 실제로 그들 자신 사회의 작동에 관한 일반적인 지식은 의례의 시퀀스를 재구축하려는 전문가들에게도 거의 쓸모가 없다. 그리고 그는 개념이 반대나 반전 같은 것을 생성할 수 있는 내부 역량을 갖고 있다고 가정하는 공-변이에 대한 자주적인 관점에서도 얻을 것이 없다고 본다. 그는 의미의 각기 다른 수준들을 모델화함으로써 답을 찾으려 하지 않았고, 오히려 오크 산 지방의 여러 집단들이 사안을 다룰 때 기준으로 삼는 스케일을 그대로 유지하고자 했다. 그리하여 그는 아날로그 양식의 박타만의 우주론에 관한 그 자신의 초기 분석을 끌어온다. 의미론상의 변환은 특정한 은유들이 정교하게 다듬어지면서 사람들의 해석을 다양한 방향으로 이끌어낸 결과다. 단일한 오크 문화가 존재하지 않는 것과 마찬가지로 단일한 지식체 따위는 존재하지 않으며, 다만 지역의 작은 중심들이 몇몇 존재할 뿐이다.

그의 논의에 따르면, 지식을 분절하거나 접합하는 사회적 기제^{mechanisms}를 이해한다면, 세대들 간에 그리고 지역의 중심들 간에 지식이 어떻게 변화하고 다양해지는지를 더 잘 이해할 수 있다. 지식의 재생산은 주체화^{subjectification}와 외재화^{externalization}라는 이중의 과정을 통한 끊임없는 재정식화를 내포한다. 전달되는 것은 서구의 학자들이 최종의 작업결과로 여기는 추상적인 체계론 같은 것이 아니라 특별한 전문가들에게만 통하는 구체적인 이미지가 갖는 구체적인 의미다. 그러나 동시에 바스는 (잭 구디의 책 서문에서) "침묵하는 지식은 잃어버린 지식"^{silent knowledge is lost knowledge}이라는 잭 구디의 관찰보고, 그리고 그것이 암시적으로 예고하는 '잃어버린 지식은 존재하지 않는 지식'^{lost knowledge is no knowledge}이라는 종착점을 받아들이는 것 같다. 그리하여 그의 저술을 떠받치는 동기는, 전달은 곧 위험을 무릅쓰는 모험이며 의례장구를 잃어버리거나 노인이 죽었을 때에 자신들의 행위능력이 빼앗길 것이라고 언제나 전전긍긍하는 세계 속에서, 오크 산 사람들이 어떻게 만전의 감각을 획득하는지를 이해하려는 시도에서 나온다.

바스가 밝혀낸 것은 [의례]전문가들이 사고의 전달수단^{vehicle}이자 숨은 의미를 드러내는 매개물^{vehicle}을 제공하고 재생^{regeneration}의 과정에서 변하지 않을 수 없는 전통을 그들 스스로 계속해서 생성시키는 일에 관여한다는 점이다. 그러나 이것은 끈질기게 남아 있는 어떤 인류학적 상념, 곧 '전통'이 살아남을 수 있는 것은 그것이 사건들, 이미지들, 의미들 간의 연결망에 실재하는 장식격자^{tracery}로서 손상되지 않는 한에서라고 하는 생각 자체를 당연히 무너뜨린다. 우리는 그가 강조했듯이 우리 자신의 존재론을 바로잡아야 한다. 이에 준거하여 저 [의례전문가들의] 작업에서 지식의 상실은 데이터의 상실로 볼 것이 아니라 데이터의 일부로서 다뤄져야 한다. 사람들이 [의례에서 행하는] 구별짓기에 관해 의구심이 생겼을 때 (가령 신참자의 머리카락에 판다누스의 나뭇잎을 붙여서 길게 늘이는 것이 가발을 씌우는 것이기도 할 때, 이것이 곧 젠더의 생성이듯이) 새로운 결론을 내려야 한다면, 어쩌면 전임자의 결론을 '잃는 것'이 의례전문가들이 가진 더욱 강력한 무기일 수 있다.

나는 바스의 생성모델$^{generative\ model}$을 오크 사람들이 그들 자신의 실천에 대해 사고할 때 분명히 표현되는 부재와 상실의 생산성^{procreativity}을 명시하는 것으로서 생각해보고자 한다. 유산이란 각각의 세대가 자기 앞 세대들에서 사라진 것들로부터 창출되었다는 것을 안다는 '지식'이다.[22] 나는 이것을 상상 속의 각본으로 다시 설명해보겠다.

다음을 가정해보자. 몇몇 아이템이 한 레퍼토리에서 떨어져

나가면 다른 아이템이 그 자리를 메운다. 그리고 그러한 공백을 메우는 것은 이미 존재하는 아이템이어야 한다. 즉 '두' 자리 중 남은 '한' 자리가 그 중요성을 배가시킨다(혹은 그 반대일 수 있다). 〔중요성이 배가된〕각 부분에 새로운 변이가 새겨진다. 이를 보여주는 사례를 우리는 잘 알고 있다. 박타민의 이웃인 볼로빕^{Bolovip} 사람들은 선조의 여러 두개골을 대대로 이어받으며 소중히 간직하는데, 그것들은 두 조로 확실하게 갈린다. 한 조는 붉은색으로 칠해져 있고, 다른 한 조는 흰색으로 칠해져 있다. 어떤 두개골도 두 색 모두로 칠해질 수 없다. 반면 박타만의 두 사당에는 선조의 수많은 유물이 있으면서도 두개골은 단 하나뿐이다. 이 두개골은 경우에 따라 붉은색으로도, 흰색으로도, 혹은 두 색 모두로도 칠해질 수 있다(Barth 1987: 3). 볼로빕과 박타만 중 어느 쪽의 퍼스펙티브에서도 붉은색과 흰색의 비율을 어떻게 정할지에 대해서는 미리 정해져 있지 않다. 짐작컨대 미리 주어지는 것은 총체적 형상total figuration, 곧 선조의 두개골을 붉은색이나 흰색으로 보게 될 가능성이다.[23] 이러한 속성의 적절한 배분은 특정한 형식이 바람직한 이미지를 산출해야 한다는 필요에 기인한다. 이 필요성을 과거에 투영해보면, 우리는 바스의 관찰을 재차 확인할 수 있다. 바스가 관찰한 바에 따르면, 의례전문가가 자신의 임무로 삼는 것은 자신의 생각을 전달할 수 있고 그에 따라 '세상을 잘 아는 남자들'로 초심자들을 변형시킬 수 있는 이미지를 복원하는 것이다.

내가 바스 자신의 설명에 맞춰서 지금까지 지식의 상실이라는 표현을 써왔지만, 실제로는 정보의 상실이라는 표현이 더 적확

II. 부분적인 연결들

할 것이다. 즉 "이용 가능한 신호, 상징, 메시지, 유형 중에 전달되어야 하는 것을 선택하는 (…) (기호학적) 자유의 정도"(Wilden 1972: 233)의 상실이다.[24] 그것은 감소되는 것으로 나타나는 선택의 자유이자 형식의 구체성의 감소다. 잃은 것은 커뮤니케이션을 위해 한때 존재한 전달수단vehicle 혹은 매체media라고 상상된다. 그러나 나는 전달수단 혹은 매체를 잃었다는 **지식**이 말하자면 잃어버린 지식이 아니라 오히려 부재에 관한 지식, 망각과 회복 불가능한 배경에 관한 지식임을 시사해왔다. 입사식을 베푸는 박타만들은 그러한 상실의 감각에 자극받아 현재의 이미지를 작동시키는 것만 같다. 그들은 공백을 메우는 불가능한 일을 하는 것이 아니라 현재 보이는 무엇에 그것이 해야 하는 차이화의 모든 작업을 맡겨두고 그에 따라서 스스로 정보를 창출하게끔 하는 것만 같다. 그들은 문자 그대로 손에 쥔 무엇을 만들어야 한다. 그 무엇에는 그들의 이웃에게서 지식을 빌려와 받아들인 것도 있다. 그것은 또한 지금의 인공물에서 복원 불가능한 배경을 알아내는 것도 포함한다. 왜냐하면 오직 인공물만이 배경을 담고 있기 때문이다. 인공물이 내오는 것은 '새로운' 정보다.

우리가 추측하기로, 의례전문가는 자신에게 남아 있다고 감지되는 것에서 충분한 의미를 읽어내는데, 어떤 면에서 그들은 지금 손에 쥐고 있는 것이 잃어버린 복잡성의 표식을 실어 나르도록 강제해야 한다. 그에 따라 그들은 한때 의례의 각기 다른 두 단계라고 생각했던 것 대신에 내부의 차이화를 창출할 수도 있다.[25] 어쩌면 그들은 자신의 활동을 무지라는 거대한 배경에 마치 여기저기 박힌 수많은 먼지 입자로 간주함으로써 그들 자신의 노력에 박차를 가할 수 있다. 이 무지란 알 수 없는 것에 대한 무지가 아니다. 그것은 레퍼토리에서 떨어져 나간 것, 곧 지금의 남겨진 공백을 한때 완전히 메웠던 입자에 대한 무지다. 다수성^{multiplicity}과 균형 잡힌 확장성의 감각을 보유하기 위해 그들은 남아 있는 '작은' 단위를 '더 작은' 단위들로 쪼개야 한다. 그와 동시에 각기 다른 공동체에 속하는 선임의 전문가들 사이의 커뮤니케이션이란 그들이 항상 그들 자신의 레퍼토리를 어딘가에서 가져와 보충할 수 있는 선택지를 갖고 있음을 뜻한다. 중요한 것은 공백이 보존된다는 것이다. 그들은 그들 자신이 놓치고 있다고 생각하는 것을 다시 만들어내는 것이 아니라 단지 자신이 아는 것을 다시 만들고 있다고 스스로 여긴다. 마치 그들은 그러한 부재를 강조함으로써 그들만의 창의력을 창출할 수 있다는 것을 아는 것만 같다.

그렇다면 이것은 예시화$^{豫示化, prefiguration}$의 개념에 주석을 추가한다. 어떤 의미에서 모든 것—사회성, 가치, 관계성—은 제자리에 있다. 그러나 끊임없이 만들어지고 다시 만들어지고 또 새롭게 발명되어야 하는 것은 저 모든 것이 나타나기 위한 형식이다. 사회적 인격이 이러저러한 집단의 구성원으로 나타나야 하는 것과 같은 방식으로, 생식력^{potency}은 신생아, 미어터지는 얌 창고, 성공적인 사냥, 기다란 영적인 조형물을 짊어질 수 있는 강인함으로 나타나야 한다. 그래서 기원서사를 갖고 있는 멜라네시아 사람들은 서사의 영웅들이 도구, 음식, 성적인 특성, 이름 있는 집단이 나타날 때 취해야 하는 **올바른 형식**을 땅에 흩뿌린다고 이야기한다. 가

　　　　　　　　　　　　II . 부분적인 연결들

와의 여성 조상이 한 일도 바로 이것이다. 그녀는 남자들에게 카누를 만드는 방법을 보여줄 필요가 없었다. 남자들은 이미 그 방법을 알고 있었기 때문이다. 그러나 그녀는 적절한 소재를 남자들에게 보여주면서 카누가 취해야 하는 적절한 형식을 알려주었다.

잃어버린 형식의 감각이 오크 산 지방의 일부 사람들을 괴롭힌다는 것은, 실제로 그들이 보유하는 형식에서 사회의 전체성이 나오도록 만들어야 함을 뜻한다. '다수의' 가능성들이 더 이상 부재할 때, '하나의' 형식은 그것이 입사식의 한 시퀀스든지 무엇이든지 간에 다수의 작업을 수행해야 한다.

부분 1 **미래로 향해가는 지도자들**

문화의 레퍼토리를 변환하는 데 일조한 박타만 원로들에 대해 바스가 숙고할 수 있었던 것은 그들이 탁월한 해설자였기 때문이다. 지식의 통제를 통해, 그리고 특정한 형식을 재창출하는 개개의 책임감을 통해, 몇몇 원로들은 전달되는 어떤 것에 불균형한 영향력을 행사한다. 이와 상당히 유사한 인물상이 바스의 저작과 같은 해에 출간된 비교 연구물인 다릴 페일의 고지대 사회들의 진화에 관한 고찰에서도 지배적인 위치를 점하고 있다.

그 속에는 미래를 짊어진 남자들이 있다. 선사시대와 역사시대에 사회적 형식들의 다양화를 촉진한 돼지사육과 원예기술의 발전에 관한 페일의 복잡한 설명은 부의 교환을 통해 영향력을 강화하거나 영역을 확대하려는 이 남자들의 에너지로 가득하다. 이들의 인물상은 빅맨 및 빅맨의 원형으로서 개개의 사람들에게 권력을 행사하면서 사회의 발전상을 그려갈 수 있는 힘 또한 보유하고 있다. 이런 기업가적 정신이 있는 사람이라면 전통적 형식들이 어떻게 전달되는지라는 문제에 연연해할 필요가 없다.

그런데 일종의 예시豫示, prefiguring가 페일의 분석에 배경으로 깔린다. 말하자면 진화를 위한 사회적 기제가 이미 자리하고 있다는 가정이다. 실제로 문화에 대한 사고에서 사회에 대한 사고로 분석의 퍼스펙티브를 바꾸는 것만으로 그러한 배경이 마련된다. 그러한 두 기제는 사회조직이라는 바로 그 상념notion에 내포되어 있다.

첫 번째는 내적인 차이화의 기제다. 이 관점에서는 사회들 내부의 권력 분포를 아는 것이 중요하다. 사회들은 균질한 문화들과 다르다. 이와 반대로, 모든 사회는 각기 뚜렷한 이익집단으로 구성되어 있으며, 사회 분석은 '문화'를 통제하는 자가 사실상 누구인지를 말하는 데에 필수적이다. 그러므로 관찰자는 한편으로는 이데올로기에 대해, 다른 한편으로는 생산관계에 대해 이중으로 관심을 갖는다. 이익집단에 대한 상정은 인류학자들에게 사회관계의 수행 그리고 생산 및 분배에 대한 통제의 구조를 가려놓은 이데올로기의 연막을 걷어낼 것을 독려한다(Josephides 1988). 두 번째는 이 관점과 관련한 것으로서 전유appropriation에 대한 예상expectation이다. 여기서 사회복잡화의 동인은 개개인이 다른 개인에 속하는 것이나 다른 개인의 특정적인 것을 전유하는 데에 있다. 분명 멘디Mendi 사람들은 씨족 연대의 가장 중요한 표현인 돼지축제가 최근 들어 도입된 것으로 본다(Lederman 1986: 21). 내부에서 전유는 특정한 타자의 행위를 연출하는 것을 뜻하기도 한다. 가장 전형적으로 인류학자들은 남성이 여성의 노동을 착취하는 방식을 고찰해왔다. 이 전유는 남성들 간에 그리고 남성과 여성 간에 생산과 불평등의 특수한 관계를 구성한다. 멜라네시아인이 타자의 성장점을 보유함으로써 스스로를 창조적이라고 생각하는 방식은 결국 사회조직의 다양한 형식에 관한 인류학자 측의 인과론적 설명으로 바뀔 수 있다.

페일 자신의 비교연구에 대한 관심사는 고지대의 동부와 서부 사회들 간의 명백한 생태학적 및 경제적 대비에 있다. 그는 이를 각각의 두 경제구성체의 각기 다른 발전의 결과로 본다(Feil 1987: 9). 그가 모아놓은 구체적 사실들은 인상적이면서도 조금 혼란스러울 수 있다. 왜냐하면 횡-사회적인 그의 극적인 대비 중 하나인 대규모 인구집단의 분산과 집중은 수백 명의 우메다 사람들이 숲속 농원에 머물다가 주요한 축제를 위해 능선 마을에 집결하는 소규모 이동과 거의 거울상을 이루기 때문이다.[26] 워브너는 우메다의 이 연간 주기에서 두 국면이 서로 다른 사회조직의 형식에 의해 특징지어진다는 사실을 강조한다(Werbner 1989: 189). 그러나 페일의 연구가 주로 지향하는 바는 따로 있다. 그래서 그는 상대적인 관점을 취하지 않은 것이다. 그보다 그는 고지대가 사회적인 발전의 정점에 이르렀음을 보여주는 제도, 즉 엥가와 하겐의 '복잡한' 교환체계에서 주어지는 특정한 퍼스펙티브를 제시한다.

그는 하겐 산 주변 지역이 고지대의 집약적 농경의 '태생지'일 가능성이 있으며, "엥가와 하겐의 두 교환체계의 발전은 가장 앞선 집약적 농경체제 및 그에 의존하는 돼지생산의 직접적인 산물"(Feil 1987: 263)이라고 주장한다. 그에게 하겐은 태초의 성장점이다. 거기에서부터 농작물과 돼지 잉여생산이 인구집단의 확대를 초래했다. 반면 엥가 식의 교환체계는 조직화의 측면에서 복잡성의 절정에 위치한다. 그가 지적한 대로(Feil 1987: 268), 고지대 사회들 전반의 스펙트럼에서 이 정도 규모로 "교환제도를 발전시킨 사회는 일부에 불과하다". 다른 지역 사람들은 편협한 지역주의 이슈로 인해 분열된 채로 소규모의 삶을 살고 있다. 농경의 집약화는 적어도 빅맨의 야심 속에 자리한 경제적 합리성과 밀접하게 관련되어 있다고 그는 논한다. 하겐과 엥가를 향해 서쪽으로 이동할수록 소년들의 입사식이 돼지축제의 고취에 비해 부차적이며, 그것이 돼지축제의 중요도 증대의 전조가 되고 있다는 사실은 그의 설명을 어느 정도 뒷받침한다. 그는 이 전환을 다른 것들과 상호 연관시킨다. 고지대 동부에서는 그곳 전설에 따르면 여자들에게서 훔쳐간 피리가 여자들을 위협하기 위해 사용되기도 한 반면, 서부에서는 피리가 있는 지역이라도 그것이 단지 남자들의 발명품으로 간주될 뿐이다. 그가 주장하기로, "남성 헤게모니의 상징으로서 피리복합이 붕괴되고 남성의 우월함을 신비화하는 남성들의 입사식이 끝난 시기는 (…) 고지대 사회들의 연속체상의 바로 이 지점에서다"(Feil 1987: 213). 이 지점이란 여자들이 "그들의 사회에 반드시 필요한 교환체계의 결정적인 참여자로서" 공적으로 인정받은 때다.

그는 여성 참가자들을 다소 낙관적으로 묘사하는 것에 대해 상정될 수 있는 반론에 맞서서, 가장 적대적이고 착취적인 남성―

여성 관계가 집약적인 돼지사육과 원예가 비교적 최근에 시작된 사회들에서 일어난다고 주장한다. 이와 대조적으로 그러한 집약적 생산이 훨씬 더 오래된 서부 고지대의 성숙한 사회들에서 여자들은 돼지생산과 친족네트워크의 이중적 역할로부터 '높은 지위'를 구축해왔다. 교환관계는 사람들의 관심을 집중적이고 일관되게 끌어 모았고, 이로 인해 생산의 지향 자체가 변환되었다(Feil 1987: 231-232).

따라서 페일은 (수많은 요소 중에) 남/여의 헤게모니적인 이분법으로부터 하겐의 '위계적'이고 '복잡한' 체계—그는 계급이라는 더 오래된 어휘를 부활시키고 있다—까지 그 변화의 기울기를 포함하여 점차 증대하는 사회적 복합성의 경사도를 구상한다.[27] 그의 주장은 고지대 전역을 관통하는 현저한 생태학적 및 문화적 차이들이 무엇보다 이 사회들이 각기 다른 역사를 거쳐왔음을 말해준다는 것이다. 그 결과는 사회들이 보여주는 다양한 배치configuration에서 확인된다(e.g. Feil 1987: 5). 만일 수많은 세부사항을 이해해야하는 것이 문제라면, 해결책은 이러한 배치가 역사적인 자리배치(증가하는 복잡성의 측면에서)와 지리적인 자리배치(동부에서 서부로 이어지는 연속체상에서) 양쪽 모두에서 이뤄질 수 있다는 점에 있다. 페일의 공간적-시간적 퍼스펙티브는 진화의 궤적을 결정적인 좌표축으로 제공하고 그에 따라 서열을 산출하여 당대의 사회들 간의 변이를 이해하는 것을 의도한다.

II. 부분적인 연결들

부분 2 관계의 정교화

다른 퍼스펙티브들로부터 간과된 복잡성을 도입함으로써, 페일의 저작처럼 광역을 다루는 연구를 비판하기는 쉽다. 그럼에도 불구하고 그의 연구에는 한층 더 도발적인 '잔여'remainder가 있다. 그것은 그의 기획에서 중대한 차원의 하나임과 동시에 그가 스스로 설정한 과제를 넘어선다. 그것은 복잡성이라는 개념 자체에 포함되어 있다.

페일은 농경의 집약화와 교환관계의 정교화와 관련해서 이 개념을 엄밀하게 전개한다. 나는 하나의 과정을 통해 나의 논점을 잡아보려 한다. 우리는 전체 사회들이나 체계들을 어떤 특정한 차원, 이를테면 노동 분업이나 기술적인 전문화의 정도에 따라서 어느 정도 복합적으로 상상할 수 있다. 그러나 일반적으로 서구인들이 사회관계를 추상화하는 사회 개념의 요소들로서, 즉 내향적 정교화involution, 피드백, 내부 조직의 수준, 번잡한 구조 등의 어떤 기준을 갖고 고지대의 한 사회 내 관계들이 다른 사회 내 관계들보다 더 복잡하다고 판단할 수 있을지 나는 잘 모르겠다.

사회관계는 외부인이 토착적 정식화에 참여하지 않고서는 기술할 수 없는 현상이다. 레더먼은 인류학자를 비롯한 타자가 파푸아뉴기니 사회들에 도입한 역사관을 비판하면서, 서구 역사가들이 말하는 '사건'의 토착적 유비물analog은 사회관계에서 인식된 결절점nod에 있다고 주장한다(Lederman 1986: 20). "관계의 확립이야말로 우연한 사건을 경험이라는 유의미한 범주로 형상화한다." 따라서 멘디 사람들이 이런저런 기회마다 상기하는 개개인의 이름 속에 보존되는 것은 개인 및 집단 간의 사회적 제휴의 기억, 그리고 미래를 위한 이름의 의의, 다시 말해 관계의 실현 혹은 그 예기된 '출현'이다. 그렇게 해서 현재는 과거를 반복하기보다 드러낸다. 이때 현재는 이미 과거의 한 버전으로 자리한다. 그래서 우리는 복잡성이 사회성의 재귀적 이미지 속에 '이미' 있다고 상상할는지도 모른다.

중앙 고지대 너머의 (페일의 기준으로는 낮은 생산성의 사회인) 텔레폴의 소박한 뜨개자루로 돌아가보자. 누구의 퍼스펙티브냐에 따라서 남자들에 의해 전유되기도 하고 아니기도 한 텔레폴의 뜨개자루는 교환의 목적에만 가치를 지닌 익명의 생산물이 아니다. 뜨개자루는 자기를 탄생시킨 관계와 별개로 존재하지 않으며, 그 관계를 위한 여자의 작물 혹은 남자의 개인적인 장구를 담는다. 실은 뜨개자루 제작은 이미 알고 있는 타자에 의해 유도된다. 특정 형식이 다종다양한 가면을 쓴 피규어들의 병렬배치를 통해 나타나는 것처럼, 특정 인물의 행위는 타자들의 사회적 행위에 의해 유도된다. 자루가 순환되는 내적인 맥락에서 관계는 항상 개별적이며 개개인은 말 그대로 서로 잘 알고 있으므로, 타자들에 의해 '운반되는' 것이다(Wagner in press).

어쩌면 나는 하겐에서 선물교환의 지배적인 형식, 즉 되돌려 줄 때 '더 많이'^{more} 주는 모카^{Moka}의 방식에서 영향을 받았을 수 있다. 그러나 유도^{elicitation} 자체는 정교화^{elaboration} 혹은 과장^{exaggeration}의 행위다. 호들갑 떠는 몸짓만큼이나 극히 일상적이고 미세한 행위

II. 부분적인 연결들

에 대해서도 이렇게 말할 수 있다. 행위가 취하는 형식—소년들을 성장시키는 것, 모친의 형제(외가 삼촌)를 만족시키는 것, 형제동기들에게 선물을 주는 것—은 그것이 현전하면서 특수한 실체와 물질성을 획득한다. 이 현전[presence]은 최초로 그것을 요구한 의무와 약정[protocol], 즉 사회적 규범 '그 이상'[more]이다. 그의 누이에게 자루를 달라고 조르는 남자는 그 자신이 또한 그녀의 용모를 담은 영구적인 기념비를 등에 지고 나를 것임을 안다.

우리가 선호하는 인구학적 혹은 경제적 조건하에서 스스로의 영향권을 강화하고 확대하는 개인뿐만 아니라 그러한 관계의 정교화에 대한 광범위한 관심과 마주치는 것은 그리 놀랄 만한 일이 아니다. 관계의 실연[enactment]이나 실현은 관계의 존재를 정교화한다. 사람들은 연결을 가시화하면서 연결의 권한을 언제까지나 가질 수 있는 능력을 내세운다. 적어도 이것은 파푸아뉴기니 전역의 12개 사회에 관한 파울라 루벨[Paula Rubel]과 에이브러햄 로즈먼[Abraham Rosman]의 보설(1978)을 독해하는 하나의 방법이 될 수 있다. 그들은 결사조직 연합, 친족의 유대, 반족 간의 대립, 의례 후원, 정치적 공격, 분쟁, 의례적 교환, 통혼 등등에 기초한 관계를 고찰하고 있다. 노래 부르기를 통해서든 돼지 죽이기 혹은 성적 관계 저지하기를 통해서든 관계는 도처에서 고도로 정교한 형식으로 나타난다.

루벨과 로즈먼은 여러 사회를 관통하는 일련의 변환을 구체적인 관계의 가시적인 진화라는 측면에서 제시한다. 예를 들어 일부 사회들에는 인척 간의 관계에 입사식 의무의 부담 혹은 의례적 교환의 구조가 뒤따르지만, 그에 반해 다른 곳에서는 그 중요성이 낮으며 의례전문가나 전문적인 교환파트너의 그늘에 가려 인척 간 유대가 빛을 잃는다. 이처럼 한 사회에서 중요한 관계가 다른 사회에서는 축소되거나 하찮은 것으로 나타날 수 있다. 그들은 이 변이들을 변환으로 분석하면서, 이런저런 방향으로 뻗어가는 갈래들과 함께 발전의 공통 스케일을 제시한다. 〔여기에서는〕 인척관계와 교환파트너십의 상대적인 발전 정도가 진단의 근거가 된다 (e.g. Rubel and Rosman 1978: 333). 변환은 사회들 내부와 그 사이의 쌍방에서 작동한다. 예를 들어 상호 변환관계에 있는 두 개의 각기 다른 교환구조가 한 사회에서 발생할 수 있다. 더군다나 그들은 다양한 사회들의 교환구조를 비교함으로써, 원형을 설정하고 당대 사회들 가운데 특정 사회를 이 원형에 더 가까운 것으로, 그리고 또 다른 사회를 더 멀리 있는 것으로('독립적인 변환'으로) 특징지을 수 있었다. 하겐과 엥가는 다시금 계열의 끝자락으로 밀려난다. 그러나 상대적인 정도의 정교화라는 개념은 실제로 어떤 관계를 보고 있는지에 대한 선험적인 판단에 달려 있다.

  사실상 우리는 어떤 사전지식을 통해, 이 경우에는 인척들의 행위를 보고 저 경우에는 교환파트너들의 행위를 본다고 판단하는 것일까? 만약 교환파트너의 원형이 인척이라면 그때 우리는 왜 모든 교환파트너를 '인척'으로 분류하지 않는 것일까? 인척 중 일부는 그들끼리 여성을 거래한 적이 있고 또 다른 일부는 그들끼리 가면 혹은 조개를 거래한 적이 있을 것이다. 만일 서구의 체계론이 비유사성/유사성을 조합해서 신호화할 수 있는 긴요한 용어

　　　　　　　　Ⅱ. 부분적인 연결들

를 요구한다면, 우리는 두 조의 사람들을 인척과 동맹상대로 분할된 '교환파트너'(우메다의 경우)로서, 아니면 인척과 교환파트너로 분할된 '동맹상대'(하겐의 경우)로서 분류할 수 있다![28]

실은 우리는 앞서 인공물을 고찰하면서 봉착한 형식의 막다름과 동일한 난관에 이르렀다. 어느 정도 해결책은 이미 나와 있다. 즉 우리가 주목해야 하는 것은 사람들이 그들 자신을 위해 사회성을 구성하는 다양한 관계들 사이에서 끌어내는 유비유추다. 인류학적 유형화는 이미 토착의 유비유추에 의거하고 있지만, 그것이 토착의 스케일링을 무시하기 때문에 부분적으로만 그러하다. 난관을 넘어서는 전개는 아마도 다음과 같이 완료될 것이다.

인척은 하겐에서 교환파트너가 나타날 수 있는 형식 중 하나이며, 그와 마찬가지로 교환파트너는 인척이 나타날 수 있는 형식 중 하나다. 인척과 교환파트너는 동형적이지도 않으며 또 서로의 하위 유형도 아니다. 오히려 각각은 서로의 한 판본이다. 그러나 다른 쪽 관계의 퍼스펙티브에서 보이는 한쪽의 관계는, 인척이 교환파트너로서 모카의 시퀀스를 개시한다고 상상할 수 있듯이 해당 관계를 정교화하거나 증진시킨다. 그렇다고 해서 반드시 자기 생각대로 정교화가 이뤄진다는 것을 뜻하진 않는다. 그 반대로 정교화는 약정protocol에 따른다. 인척이 교환파트너가 되지 않으면, 그는 처가의 기대를 저버릴 수 있다. 그러나 그가 교환파트너가 된다면 그는 처가 식구들과 인척관계를 실현할 뿐만 아니라 파트너로 행동함으로써 인척관계에 무언가를 덧붙인다. 잠재적인 교환파트너가 통혼을 통해 그들 간의 거래관계를 견고하게 만들려는 것과 마찬가지로 그 반대로도 작동하는 것이다. 그들은 관계에 또 다른 차원을 덧붙인다. 이 새로운 차원은 존재하자마자 앞서 존재한 관계를 실현함과 더불어 그 관계에 특수한 (물질적, 실재적) 형식을 부여하면서 앞선 관계를 새로운 관계로 감싸 안는다. 관계는 앞선 관계들을 끊임없이 반복복제[recapitulation]함으로써 성립된다 (Gillison 1991).

신부대 지급이 약혼에 수반되는 지불의 대체이자 변형인 것과 마찬가지로, 또는 아이가 부모됨을 내포함과 동시에 예시하는 것과 마찬가지로, 사람들이 만들어내는 모든 관계는 이 점에서 그 외의 다른 관계들의 발전 혹은 버전으로 나타난다. 인척과 교환파트너 간의 차이는 소년과 성인남자 간의 차이, 꽉 찬 뜨개자루를 짊어진 여자와 텅 빈 뜨개자루를 짊어진 여자 간의 차이와 같다. 다만 이 뜨개자루의 이미지가 어떤 원형이 존재함을 암시하면서 그 이상의 모든 것은 정교화 과정을 거친 것임을 시사한다면 오해를 부를 수 있다. 도리어 텅 빈 자루는 작물로 꽉 찬 자루와 똑같은 의미에서 '가득 차' 있다. 관계는 항상 확대에 의한 의미생성의 차원에서 나타난다. 왜냐하면 관계는 사람들의 의도와 의무의 실연에서 특수한 형식과 현전을 취해야만 나타나는 법이기 때문이다.

이 사회들에서 핵심적인 의미를 띠는 것이 무엇인지를 파악하는 것, 즉 옳고 그름을 따지기 전에 퍼스펙티브를 이리저리 전환하면서 중요한 것과 그렇지 않은 것을 선별하는 것은 어려운 일이다. 당연히 그러하다. 관계로 관계를 설명하는 것은 어렵고, 그

II . 부분적인 연결들

래서 인류학자들이 고지대 사회들을 둘러보았을 때 어느 때에는 이것이, 다른 때에는 저것이 강조되는 것에 당혹해하는 것도 당연하다. 때로는 무엇이 존재하고 무엇이 부재한지를 판단하는 것이 더 어렵다는 것도 당연하다(Barth 1987: 20). 사회관계는 본래 복잡한 법이다. 관계들은 서로에게서 파생물로 존재한다. 아마도 사회 자체에 대해서도 똑같이 말할 수 있을 것이다.

그래, 이런 생각은 좋다. 유도^{elicitation}의 메커니즘을 특정할 수 없다는 점을 빼고 말이다. 게다가 우리가 다루는 파푸아뉴기니인과 그 외 멜라네시아인은 당연히 성장^{growth}과 파생^{outgrowth}의 개념을 갖고 있겠지만, 서구 본래의 고유한 의미에서 사회 개념은 갖고 있지 않다. 그래서 우리는 앞서 제시한 인류학적 입장의 일부를 특징짓는 다양한 은유들의 동일한 혼합으로 되돌아간다.

부분 2

인공기관적
확장

부분 1 **부가**

부분 1 **부분적인 설명**

키징은 남성 입사식이라는 그 나름대로 잘 구획된 현상조차
도 파푸아뉴기니의 다양한 사회들을 통틀어 기술하는 것이 어렵
다는 생각에 다다르자, 다차원적인 이해에 대해 그리고 그가 베이
트슨의 문제로 명명한 것에 대해 언급하기 시작했다(Keesing 1982).
이아트물latmul의 네이븐naven에 관한 그레고리 베이트슨Gregory Bateson의
해설에서 제기된 문제는 이아트물 사회의 다양한 부분들을 어떻
게 끼워 맞출 것인지에 있지 않았고 그 자신의 기술 속에 인류학
적 설명의 다양한 출처들을 어떻게 끼워 맞출 것인지에 있었다.[29]
어떤 패러다임도 세계를 담아내지 못하는 것 같았다. 키징은 부분
적인 설명들을 가교하는 데에 수반되는 도전과제를 인식해야 한
다고 제안한다. "'베이트슨의 문제'는 여전히 해소되지 않고 있다.
뉴기니의 남성결사와 입사식 의례에 관한 생태학적, 경제적, 사회

학적, 정치적, 상징적, 심리학적 및 그 밖의 부분적인 설명들이 상호 배타적이라기보다 상호 보강적이며 보완적이라면, 그것들을 아우를 수 있는 어떤 틀이 요구된다."(Keesing 1982: 32)

뉴기니의 경제생활과 사회정치 구조의 변환 그리고 비교를 통해 드러나는 오늘날의 다양한 변이에 대해 키징이 제시한 여러 설명 중 하나는 뿌리곡물 생산의 집약화였다(Keesing 1982: 35). 〔그런데〕 집약화 과정을 면밀히 검토한 페일은 그 요인들을 '가려내기' 어렵다는 것을 발견한다. 페일 자신은 환경의 악화, 이웃과의 경쟁, 양질의 단백질에 대한 욕구 등을 참조하면서 이 문제의 복잡성을 소묘한 후 이것들 모두가 유용할 수 있겠지만 여전히 '부분적인 해석'에 머무르고 있음을 시사한다(Feil 1987: 58). 그리고 피에르 르모니에Pierre Lemonnier는 앙가Anga 지역의 상호 밀접하게 연관된 집단들 내의 원예체제를 검토하면서, 밭 태우기/심기/울타리 치기라는 단순 과정에 대해 적어도 세 가지의 다른 조합을 찾아내어 기술적 특성들의 내적인 유형화에 대한 '부분적인 설명'을 이끌어냈다(Lemonnier 1989: 160).[30] 그러나 여기서 설명이 무엇을 뜻하는지를 잠시 생각해보면, 설명에는 여러 유형이 있고 인과론적인 연결은 그중 하나에 불과하다는 것을 곧 깨닫게 된다. 각기 다른 논리형식들 간에 어떤 정합성도 부분적으로 나타날 수밖에 없다. 이에 따라 우리는 이 책의 출발점인 여러 입장들 중 하나, 즉 재현이 설명을 포섭하는 데에서 재현은 충분한 것인가라는 질문으로 되돌아간다. 〔한편〕 〈역사, 문화 그리고 비교방법History, Culture and the Comparative Method〉이라는 존 필John Peel의 1987년 논문에서는 설명이

II. 부분적인 연결들

비교를 포섭하고 있다(서문의 각주 7 참조).

　이 이론적 입장들 사이에서 우리는 비교를 만들어내는 우리의 기량facility에 대한 설명을 찾아내는 것에서부터 어떤 설명이든 그것이 함의하는 비교를 찾아내는 것으로 이행한다. 그러나 〔비교에 관한 개념에서 알 수 있듯이〕 개념의 확장과 수축은 여기서 끝나지 않는다. 보다시피 필은 〔설명이 비교를 포섭하게 한 다음〕 다섯 유형의 각기 다른 비교 절차를 제시한다. 그가 말한 대로 우리는 그것들을 구별해야 하기 때문에(Peel 1987: 90), 보통은 통약 불가능한 방법들을 뒤죽박죽인 채로 두지 않고 그것들로 비교작업을 진행한다는 것을 그는 지적한 것이다.

　여기서 일종의 반복복제의 과정이 나타나는데, 그 속에서 개념들의 각각의 배치가 잔여remainder를 만들어내고 잔여는 또 다른 새로운 차원을 생성시킨다. 결과적으로 퍼스펙티브라는 수사가 끝내 충분히 기술하지 못하는 일련의 전략이 남는다. 현상'에 대한' 무수한 퍼스펙티브와 관점이 존재한다는 사고는 모든 가능한 관점들의 총화summation 같은 것 혹은 퍼스펙티브 자체의 생산에 관한 최소한의 틀이나 생성모델 같은 것을 이념적으로 정식화해야 한다는 것을 함의한다. 그러나 이는 퍼스펙티브를 전환할 때 느끼는 이동이나 여행의 감각을 설명하지 못할뿐더러, 있을 수 있는 퍼스펙티브의 개수가 실제로는 무한하다는 암묵의 지식을 설명하지도 못한다. 왜냐하면 그 개수는 세계를 볼 수 있는 위치에서 보이는 사물의 개수 혹은 보고자 하는 목적들의 개수 **더하기 일**과 같기 때문이다. 즉 퍼스펙티브를 통해 세계를 본다는 것 자체에서 생겨나는 퍼스펙티브가 고정적으로 그 퍼스펙티브에 부가된다. 얼마나 많은 퍼스펙티브가 모아진다 해도 그것들 모두는 〔잔여인 또 하나의〕 퍼스펙티브를 창출한다. 이 형식적 산물이 〔바로〕 무한성이다(cf. Mimica 1988: 122).

이 책을 이끈 다양한 입장들은 마치 일련의 퍼스펙티브를 형성하는 것처럼 보일 수 있다. 그러나 나는 그러한 입장들이 각각의 특정한 방식으로 작동하도록 노력해왔다. 즉 요소들의 성좌로서 각각의 입장은 이전 입장의 성좌들을 확대시키거나 축소시키는 효과와 함께 한층 더한 정교함을 생성시킨다는 것을 해명하고자 했다.

나는 내러티브 전략에 집중하는 인류학 내부의 논의를 끌어왔고, 그와 더불어 인류학적 탐구를 북돋아주는 어떤 정보로부터 이 책의 내러티브를 만들어왔다. 비교에 대한 주의집중은 비교방법론에 참신한 처방전을 제공한다기보다 인류학자들이 스스로 복잡성을 창출하는 방식 중 하나를 나타내며, 그에 따라 사물들 간에 적절히 균형을 맞춰야 한다는 감각을 드러낸다. 나아가 나는 이에 대한 논평으로서 또 다른 복잡성의 여러 질서들에 대한 통찰을 선사하는 멜라네시아의 다양한 자료를 소개했다. 이러한 작업에 동원된 자료들은 필연적으로 진작부터 인류학적 데이터의 일부가 되었다. 비교에 관해 우리는 숙고하는 수밖에 없다. 그 때문에 이 책의 두 주요 부분('인류학을 쓴다'와 '부분적인 연결들') 간의 차이와 유사성은 서구/멜라네시아(서문의 각주 3 참조)의 병렬parallels을 시사하며 그러한 비교가 작위적인 구축물임을 나타낸다. 실제로 나는 의도적으로 학술적 경험의 유비^{analog}를 멜라네시아 사람들의 경험 속에서 찾아내려 했다. 그것은 곧 우리의 몇몇 모델이 우리에게 가르쳐준 것과는 정반대로 복잡성이 그 자체의 스케일을 유지한다는 경험이다. 우리 자료의 맥락과 수준을 꼼꼼히 살펴보면, 이런저런 문제군을 확대하거나 축소하는 것이 정보의 복잡성 그 자체를 증가시키거나 감소시키지 않는다는 것을 알게 된다. 그와 동시에 모든 정보의 다양한 파편들, 즉 일련의 복잡성들은 서로 동일하지 않다. 그것들은 일종의 상대성 속에서 유보되어 있다.

그래서 나는 그 외 〔인류학적 기술의〕 아킬레스건에 해당하는 극히 일부를 드러내는 일을 시도해보았다. 요컨대 작위적으로 통제하려는 극단적인 시도에도 불구하고 이 책의 기술을 완전히 통제하지 못하며 또 내가 강구한 잔여의 현상 또한 저절로 얻어지는 것이 아님을 보여주고자 했다. 멜라네시아 자료는 이것을 깨닫게 하는 데 반드시 필요했다.

부분 2 **절편과 전체**

사물들을 끼워 맞춰야겠다고 생각하게 되는 계기는 그것들이 다른 무언가로부터 잘려진 것이라는 전제에 있을지도 모른다. 로버트 손턴$^{Robert\ Thornton}$은 이 전제를 민족지를 쓰는 것 자체에서 오는 효과로 본다. 그는 사회구조의 서술과 내러티브의 플롯을 유비유추로 연결하면서 그것들이 모두 "글쓰기가 창출하는 일관성과 질서의 이미지"를 체현하고 있다고 말한다(Thornton 1988a: 286; cf. Clifford 1988: Ch.3). 민족지의 종결은 주제를 완결시키는 것처럼 보이는 수사학적 장치이지만, 그는 이와 동일한 지점이 그 외의 인류학적 글쓰기에도 마찬가지로 적용 가능하다는 것을 시사한다. "전체론적인 이미지에 의하지 않고서는 사회를 개념화하는 것은 불가능하다"(Thornton 1988a: 289)라고 그는 말한다. 다만 그는 이 논점을 곧바로 각주에서 다시 다루는데, 거기서는 사회학적 기술의 대상으로서 사회가 사회적인 것the social, 즉 "다른 사람들의 경험 및 우리와 그들 간의 관계"(1988a: 301)와 혼동되어서는 안 된다고 서술한다.

민족지의 본질적인 허구는 사회적인 전체가 부분들로 구성되어 있다는 것이라고 손턴은 주장한다. 수많은 이론적인 논증에서 그 안의 부분들은 인격이든 제도든 상징이든 그 밖의 무엇이든지 간에 부분-전체의 관계들의 어휘로 표현된다. 여기에 그는 복잡성을 더한다. 즉 전체에는 두 가지 형태type가 있다. 하나는 〔전체가 갖는 본래의 의미에〕 들어맞는 메레올로지적인 것이다. 마치 가지가 나무의 일부이듯이, 동일한 관계성이 각 부분에 성립되는 것과 마찬가지로 전체에 대해서도 성립된다. 다른 하나는 집합포함class-inclusion의 법칙이다. 이 법칙하에서 분석적 범주가 집합의 요소들을 구성하게 된다. 그가 제시한 바로 이 두 가지는 수사학적 일관성을 위해 그리고 그에 따라서 "전체wholeness에 대한 상상력을 불러일으키기 위해"(Thornton 1988a: 292) 종종 융합된다. 신체와 나무 등의 이미지는 이 융합을 돕는다. 이것들은 집합포함의 법칙에 사실상 의거하는 분석적 구조에 자연스러움^{naturalness}과 전체성^{wholeness} 둘 다를 전달하기에 좋은 메레올로지적 은유다. 텍스트의 부분들이 사회의 부분들과 혼동되는 것이다.

그래서 손턴은 한편으로 씨족, 연령단계$^{age-grades}$, 민족 같은 사회적 총체의 영역들로 간주되는 것들 사이에서, 다른 한편으로는 장^{章}, 표제, 단락 같은 텍스트의 분절 사이에서 그 통약불가능성에 대해 논한다. 후자의 경우 부분들은 전체를 메레올로지적으로 구성한다. 전자의 경우에는 이러한 요소들 혹은 절편들 사이에 일관된 관계가 없고—따라서 합산되지 못한다—텍스트의 유비유추가 우리를 그렇게 생각하게 만드는 방식으로 사회적 전체를 형성하지 못한다(Thornton 1988a: 291). 그러나 이 둘의 **어떠한** 경우에도 '부분'은 상상된 하나의 포괄적인 전체로부터 요소들을 '잘라낸다'는 바로 그 관념 속에서 창출된다. 첨언하면, 잘라냄의 이미지는 개별의 부분들이 독립적으로 간주될 수 있는 한에서 그 개별의 부분들에 통일성^{unity} 혹은 전체성이라는 상호연관의 감각을 덧붙이기도 한다.[31]

그러나 근래에는 모든 텍스트가 '합산하기'를 의도하지 않는다. 합산하지 않는 텍스트는 통약 불가능한 내러티브를 의도적으로 병치하는 포스트모던 장르에서 볼 수 있다고들 한다. 전체성이 수사학 자체라는 인식은 콜라주에서, 혹은 이질적인 요소들을 모으는 것이 아닌 그 처치 곤란함을 전시하는 콜렉션에서 적나라하게 예시된다. 그러나 역설적이게도 사물들이 합산되지 않음을 보여주는 그러한 서술은 종종 덜 잘리는 것이 아니라 **더 잘게** 잘리는, 이를테면 지각된 사건들, 순간들, 인상들로 과하게 잘리는 것들을 담아낸다. 그리고 요소들이 그렇게나 많은 조각들로 제시될 때 그것들은 불가피하게 전체를 이루는 다른 원단, 더 큰 조각 등의 어딘가에서 오는 부분들로 제시된다. 코즈모폴리턴이 '뿌리가 없다'고들 할 때, 이는 바로 그렇게 해서 만들어진 절단을 뜻한다.

절단이라는 현대적인 은유는 파멸^{disruption}이라는 더 깊은 암시에서 힘을 얻고 있다. 사실 파열^{rupture}은 그 자체로 해체적, 인습 타파적인 것으로 여겨진다. 이 비유는 클리퍼드의《문화의 곤경 Predicament of Culture》전체를 관통한다. 그는 다음과 같이 서술한다.

> 크라판자노^{Crapanzano}와 드와이어^{Dwyer}는 타자라는 텍스트화된 직물을 찢어발기고, 그에 따라서 해석하는 자기 또한 헤집는 식으로 조사 경험을 재현하려고 애쓴다. (여기서는 어원이 많은 것을 말해준다. 즉 **텍스트**라는 단어는 잘 알려진 대로 직물 짜기와 연관되고, **취약성**은 찢기거나 상처 입는 것과 연관되는데, 여기서는 닫힌 권위를 여는 것을 뜻한다.) (Clifford 1988: 43; 강조는 원문)

그는 이음새 없는 시야^{vision}를 추구하는 대신에 민족지적 글쓰기의 자료를 "잘려나가 구제된 유의미한 인공물"로서 드러내며, 그러면서도 재집합화와 "창조적인 재조합"(1988: 12)에 언제나 순응하기를 바라는 태도를 명시한다. 따라서 이 시각에서 창조성이란 쓸 만하게 만드는 일, 다시 말해 원래의 처소에서 비정하게 잘려나간 부분들을 재조합하는 일이다. 그가 마르셀 그리올

Marcel Griaule에 대해 서술한 장은 민족지적인 현지조사 자체가 본질적으로 폭력적이고 침입자적인 추출행위로 보일 수 있음을 시사한다. 그리올은 말하자면 인공물을 수집하는 모든 자들의 공격성을 시연했을 뿐이다. 그리하여 클리퍼드는 박물관 수집품에 관한 연구를 인용하여 "우선 (문화적, 역사적, 혹은 간주관적인) 특정 맥락에서 오브제를 떼어내어 그것들로 추상적인 전체를 '대리하게' 함으로써" 전시가 "세계를 적절히 재현한다는 환상을 어떻게 창출하는지"(Clifford 1988: 220)를 보여주고 있다. 그에 따르면 콜라주는,

> 작품(여기서는 민족지적 텍스트) 속에 나타나는 맥락에 대해 계속해서 그들 자신의 외래성foreignness을 주장하는 요소들을 작품에 들여온다. 이 요소들—스크랩한 신문지면이나 깃털처럼—은 예술가-작가에 의해 발명된 것이 아닌 수집된 것인 만큼 실재를 표시한다. (a)절단과 (b)조립의 절차는 물론 어떤 기호적인 메시지의 기초를 이룬다. 다시 말해 여기서는 그러한 절차 자체가 메시지다. 조사 과정의 잘라냄과 이어붙임은 가시적으로 남는다. 작품의 가공되지 않은 날것의 데이터를 균일한 재현 속으로 수습하거나 뒤섞지 않는다. 콜라주를 모델로 하여 민족지를 쓰는 것은 문화의 초상을 유기적인 전체로 그리지 않으려는 것이다. (Clifford 1988: 146; 강조는 원문)

그는 참으로 적절하게 베이트슨의 《네이븐》을 예로 든다.
그가 [《네이븐》을] 변호하기를, 문화적 창조성을 상상하는 방법

에는 유기체론만 있지 않다. 아니 그보다, 여기서 그가 접붙인 이미지에 착목해보면, 재생산reproduction보다도 재생성regeneration에서 힌트를 얻을 수 있다. 코즈모폴리턴이 세상 어디에도 뿌리내리지 못하는 것과 마찬가지로, 크레올화되고 변질된 세계 문화들의 이종성異種性 heterogeneity은 뿌리내리는 것이 아닌 다른 방법으로 생성되어야 한다. 문화와 정체성은 조상의 땅에 반드시 뿌리내릴 필요는 없으나, 수분受粉과 이식移植을 통해 유지될 수 있다고 그는 말한다. 클리퍼드는 엔트로피〔불가역적인 균질화〕의 비통한 분위기가 아니라 일종의 향수 어린 비대화hypertrophy의 분위기로 이야기를 이어간다—거두어야 할 과거가 너무 많은 것이다. 그의 서술 속에서 거두는 것과 이어붙이는 것은 여전히 창조적인 행위인 것 같다. 멜라네시아 사람들을 염두에 두면서—그들의 열린 차용과 전유를 염두에 두면서—다음의 문장을 음미해보자.[32]

> 전통의 뿌리는 절단되었다가 다시 이어지고, 집합적 상징은 외부의 영향을 받아 전유된다. (Clifford 1988: 13)

물론 내가 멜라네시아 사람들을 염두에 두는 것은 길리슨과 와이너의 저작이 증명하듯이 '잘라냄'의 이미지를 완전히 다른 비유로 사용할 수 있기 때문이다(Gillison 1980, 1991; J. Weiner 1987, 1988). 관계는 인격들을 상호 분리함으로써 창출된다. 절단 자체가 창조성의 함의를 갖는 멜라네시아에서는 파편들을 이어 붙여서 만들어내는 일종의 전체성 혹은 재조립되는 생명이라고까지 상상

II. 부분적인 연결들

할 필요가 없다.

　간주관적인 체험이기도 한 〔민족지적 현지조사 같은〕 비교문화 체험을 모델화하기 위한 매체로서 대화를 도입하는 것이 바람직하다는 최근의 논의는 어떠할까? 멜라네시아의 관점은 클리퍼드의 지당한 비평에 살을 붙인다. 클리퍼드는 해석의 권위가 대화의 배제에 기초한다면 대화가 갖는 순수한 권위는 텍스트화라는 불가피한 사실을 억압할 수 있음을 지적한다(1988: 43). 그렇다면 교환파트너들 간의 호혜적 관계는 어떠할까? 멜라네시아 사람이라면, 민족지학자가 관점의 공유를 고집하는 한에서, 민족지학자와 제보자 사이의 퍼스펙티브 교환은 이뤄질 수 없다고 평할 것이다. 사회적인 인격으로서 그들이 분리되지 않았다면, 〔우선은〕 상호 단절되어야 한다. 교환이 일어나기 전에, 그들 각각 퍼스펙티브 간의 유비유추가 창조적인 효과를 발휘할 수 있기 전에, 단지 그들이 차지한 입장들에 의해 차이화되는 동종의 인격들로 보이기 전에, 그들은 정말로 관계를 끊어야 한다.

부분 2 **사이보그**

부분 1 **칸토어의 먼지**

챔브리 입사식의 시퀀스를 목격한 후 혼란스럽고 불쾌한 기분으로 그곳을 빠져나온 관광객들은, 아마도 거칠게 다뤄짐으로써 이전에 받았던 상처가 예기치 않게 공개된 소년들의 분노를 어느 정도 느꼈을 것이다. 입사식이라는 행위는 서구인이라면 개인의 경계로 간주되어야 할 것을 의도적으로 침범한다. 입사자의 신체를 입사식이 치러지는 오두막에 가둔다거나 그의 음경을 음경 주머니에 집어넣어 조이거나 피를 흘리게 한다거나 신체에 대한 통제력을 잃게 한다거나 하는 모든 것들은 서구인들로서는 침범이다. 멜라네시아인들은 은유적으로 전통에 균열을 내는 것이 아니라, 문자 그대로 살의 표면을 가른다. 또 그들은 은유적으로 개인을 전도시켜 문화의 뿌리를 찾아 여행을 떠나는 것이 아니라, 문자 그대로 나무를 뿌리째 뽑아 물구나무 세워 나무줄기가 항상

II. 부분적인 연결들

뿌리에 의해 지탱되고 있음을 드러낸다.

우리는 이러한 리터럴리즘^{直解主義, literalism}을 오독하지 말아야 한다. 절단해서 움직이도록 만드는 것은 이미지 그 자체다. 남자, 나무, 정령, 피리, 여자, 카누 이 모두가 서로의 유비물^{analog}로 간주될 때, 그리고 완토아트에서와 같이 나무가 쓰러져서 광장 중앙에 끌려올 때, 사람들은 나무를 한 남자의 이미지로서 숲에서 잘라내는 것이다. 머리에 조형물을 얹고 춤추는 남자는 나무와 숲의 결합된 이미지가 자신과 자신이 짊어진 구조물 사이를 움직이게 만드는 것이다. 뉴아일랜드의 우센 바록^{Usen Barok} 사람들이 숲의 나무들에게 무엇을 행하는지를 살펴보자.

바록 사람들은 그 안에 남자들의 오두막이 있고 돌담에 둘러싸인 공간에서 의식을 치른다(Wagner 1986b, 1987). 이 공간 전체는 옆으로 누운 나무의 이미지를 따라서 배치된다. 입구에는 마치 입구가 나무꼭대기인 것처럼 여러 갈래의 나무줄기 모양의 문틀이 있다. 집 뒤편에는 조상들의 매장지가 있는데, 이 장소는 씨족의 뿌리 혹은 '지선들'^{branches}의 뿌리인 지방적^{local} 모계를 비유한 것이다. 묘지에 매장된 한 개인이 완전히 부패해서 분해되면 누구나 참여할 수 있는 연회가 개최되고 남자들의 오두막에 갖가지 규제가 부과되던 기간도 끝이 난다. 돼지들이 출입구를 향해 전시되며 이는 〔연회를 주최하는〕 씨족이 수많은 성장점을 갖고 있음을 뜻한다. 씨족의 성장점은 '나무들'〔씨족의 유비〕의 윗가지들의 끝자락에 위치하며 거기에는 (그들 말에 따르면) 다른 사람들도 먹을 수 있는 열매〔돼지의 유비〕가 달린다. 그런데 일정 기간에 발생한 하나의 집합체로서의 죽음들을 완결시키는 연회의 절정에 이르면, 전체의 수평구조가 하늘을 향해 수직으로 들어 올려진다. 이 구조 또한 축을 (수평에서 수직으로) 전환함으로써 역전된다.

이 전환은 돌담 밖에서 일어난다. (이 연회의 경우에는) 숲에서 가져온 커다란 나무가 거꾸로 세워진다. 뿌리는 하늘로 향해 있고 나무기둥은 땅에 의해 '잘려서' 그 밑으로 보이지 않는 가지가 상상 속에서 뻗어간다. 마치 이 가지들이 땅 아래로 파고드는 것과 마찬가지로, (연회를 주최하는) 씨족의 계보^{lineage}에 속하는 결혼적령기의 여성들이 거꾸로 세워진 열매처럼 땅에 주저앉는다. 이는 다른 씨족의 계보에 혼입하여 그 씨족을 번창시킨다는, (모계사회에서) 통상적으로 남성에게 주어지는 역할을 그녀들이 맡고 있음을 뜻한다. 한편 그전까지 씨족의 모계 조상과 동일시되었던 원뿌리 위에는 연회를 위해 도살된 돼지들이 얹히고 그 위로 이제 막 빅맨이 된 젊은 남성이 올라선다. 1987년 논문에서 와그너는 다음과 같이 서술한다.

> 이것은 결코 단순한 역전이 아니다. 바록 생활에서 유의미한 이미지에 대한 (…) 조직적이고 일관된 형상-땅의 반전$^{figure\text{-}ground}$ ^{reversal}이다. 이것은 단순한 부인이 아니다. 역전은 그 자체로 역전시키는 질서만큼 의미를 가진다는 것을 또한 입증함으로써 그 부인^{denial}을 완결시킨다. 즉 (…) 남성은 모계 혈족의 원뿌리일 수 있고 혈족을 구성하는 젊은 여성들 또한 다른 혈족에서 양육의 혜택을 받은 것으로 볼 수 있다. (Wagner 1987: 61)

II. 부분적인 연결들

와그너 이론의 핵심은 뿌리와 가지, 여자 조상들과 빅맨들이 서로를 단지 서로의 또 다른 버전으로 간주할 뿐만 아니라 하나의 축에서 또 다른 축(수평에서 수직)으로 이동하는 과정을 통해 사람들이 이미지를 창출하는 자신의 인지적 능력을 깨닫는다는 것에 있다. 사람들은 형상-땅의 반전을 지각한다. 바록 사람들은 이 반전을 '힘'이라고 부르는데, 이것이 바로 이미지의 힘이다. 이 반전은 "이미지의 변환에 의해 형성된 변환의 이미지"(Wagner 1987: 62)를 구성한다. 이에 따라 움직이는 것은 마치 이미지 그 자체라는 효과를 낳는다. 즉 여자 조상들과 빅맨들은 이미 존재한다.

이러한 실천이 유도한 지각은 이미지가 다중적인 해석에 열려 있으며 다양한 비유를 유발시킨다는 인류학의 관습적 이해를 뛰어넘는다. 지각은 오히려 이미지가 다른 이미지를 포함한다는 것에 있다. 땅 속에 뿌리를 박고 서 있는 나무는 뿌리가 하늘로 뻗은 역전된 나무를 예기한다. 각각의 이미지는 요소들의 매우 특수한 배치를 나타내면서도, 그 효과 면에서 서로를 확장시킨다. 장례식에서 물구나무선 나무는 숲의 똑바로 선 나무 혹은 예의 그 돌담에 둘러싸인 공간에 옆으로 누운 '나무'라는 관념에서 파생한 것이다. 이 전회turning는 문자 그대로 비유적이다. 성장, 반전, 절단은 모두 하나의 이미지가 다른 이미지를 대체하는 멜라네시아적 은유다. 결과적으로 다른 이미지에서 끌려나온 한 이미지는 앞선 이미지를 대체하는데, 이 방식은 한 신체가 자신 속에 포함된 다른 신체들을 드러내기 위해 열리는 방식과 같다. 대나무는 속이 터져서 그 안에 있는 인격을 드러내고, 소년은 성장해서 어른이

된다. 끊어내는 행위는 분리된 것을 연결시킨다. 교환파트너들 간의 관계를 '절개'$^{cuts\ open}$함으로써, 교환파트너들은 주는 자와 받는 자 사이에서 가치재를 움직이게 할 수 있다. 절단이 드러내는 것은 관계성이며, 여기에는 사람들이 등에 지고 나르는 〔인척이나 교환파트너 같은〕 관계들도 포함된다.

형상-땅의 반전이 땅을 잠재적인 형상으로 나타내는 한에서, 이 반전 운동은 땅에서 '잘라낸' 형상이 땅에 합산된 형상이 아니라는 것을 함의한다. 그러나 물론 그 형상은 파편이 아닐뿐더러 거기에는 부분과 전체의 관계성도 없다. 오히려 형상과 땅은 각각의 차원으로 작동한다. 그것들은 스스로를 스스로의 스케일로 삼는다. 말하자면 땅이 또 하나의 형상이며 형상이 또 하나의 땅이 듯이. 두 번 바라본 하나의 퍼스펙티브다. 각각은 서로와의 관계에서 불변하는 것으로 처신하기 때문에 이것들의 차원은 전체화하는 방식으로 구성되지 않는다. 여기서 바로 수량^{quantity}과 생명^{life}은 어느 한 차원에서 증대하지 않고서도 다른 차원에서 증대할 수 있다는 지각이 생긴다. 관계의 정교화에서 증대하는 것은 정교화이지 관계가 아니다.

표면적으로는 바룩의 연회를 위한 나무의 역전은 동일한 형식을 반복한다. 가지들과 뿌리들은 같은 비율로 서로를 복제한다. 그와 동시에 한쪽은 다른 쪽에서 자라나는 것으로 보이고, 나무기둥이 땅에 박힐 때 문자 그대로 가지가 꺾이면서 한쪽이 다른 쪽으로부터 잘려나가야 한다. 물론 우리 눈에 보이기에, 바룩은 뿌리의 은유를 적절히 선택한 것 같다. 이 선택은 신참 빅맨과 조상

II . 부분적인 연결들

들의 비호를 받는 씨족의 번창을 기념할 필요성 속에 이미 배경으로 깔려 있다. 땅에 접지된 이 사회성이야말로 연행 전체가 실현하려는 것이며, 그것은 뿌리를 거꾸로 세우고 가지를 잘라냄으로써 이 남자나 저 소녀들을 등장하게 만드는 개별적인 행위보다도 더욱 포괄적이다. 그러나 이 사회성이 모든 행위를 포괄하는 반면, 행위의 양^{amount}은 사회성의 이 차원에 전혀 가산되지 않는다. 행위의 땅으로서 사회성은 가산되는 양^{amount}인 것처럼 증가될 수 없다. 행위만이 증가한다. 행위는 칸토어의 먼지에서 부스러기들처럼 부서지고 또 부서진다.

부분들과 절편들로 넘쳐나는 세계에 절망한 사람들은 그것들을 '모으고' '묶고' 하는데, 그 노고에는 어떤 서구적인 불안이 뒤따른다. 아마도 이 불안은 절단이 파괴적인 행위라는 전제하에 가상의 사회적인 전체가 그로 인해 반드시 다수화되고 파편화되고 말 것이라는 사실에서 비롯된다. 그들은 신체가 수족을 잃어가는 느낌을 받는다. 그러나 멜라네시아의 일부 사례들처럼 절단이 관계를 출현시키고, 응답을 이끌어내고, 또 증여자의 선물을 수중에 넣으려는 의도와 함께 행해지는 곳에서, 요컨대 절단이 창조적인 행위인 곳에서, 절단은 인격의 내적인 역량과 관계의 외적인 힘을 진열한다. 그리하여 이번에는 사회성이 이 능력과 권력 속에서 인격과 관계를 배경으로 하는 형상처럼 '움직이는' 것으로서 나타난다.

칸토어의 먼지는 멜라네시아인들이 이미지를 다루는 방식 그리고 인류학자들이 분명 존재한다고 상정하는 연결들의 부분적인 현현$^{\text{顯現, manifestation}}$을 다루는 방식 간의 알레고리를 시사한다.

박타만의 원로들은 지금 있는 것을 갖고 일할 뿐이다. 그들은 지금 있는 것을 활용해서 새로운 정보를 창출하고 타자들에게 남겨두기를 바라는 차이들의 새로운 저장고를 만들어낸다. 그리하여 복원될 수 없는 잃어버린 가공물(의례장구)을 소유했던 옛 전문가들의 추정된 기술을 그 배경에서 찾아낼 수 있다. 텔레폴의 여자들은 뜨개질을 하면서 뜨개자루를 수령하는 이의 얼굴을 보고 싶어 한다. 자루는 수령인의 인격을 떠올리게 할 뿐만 아니라 (바타글리아에 따르면) 자루가 감싼 빈 공간 또한 떠올리게 한다. 왜냐하면 여자는 자루를 뜨개질하면서 자루를 받을 남자가 그 안에 넣게 될 개인 물건들을 예견하고, 이와 더불어 뜨개코들이 얽어매고 있는 것은 코 그 자체가 아니기 때문이다. 또는 슈미츠를 당혹케 한 완토아트의 장신구에 대해 생각해볼 수도 있다.

나는 앞서 모래시계 모양의 북 디자인을 간략히 언급했다(그림 1 참조). 그것이 북으로 불리고 있다는 것을 알게 되자 슈미츠는 그것이 일렬로 나란히 세워진 북들의 형상임이 분명하다고 생각했다. 그러나 그의 묘사에서 분명하게 드러나듯이, 그가 맨 처음 본 것은 북들 사이에 희게 칠해진 공백이었다(Schmitz 1963: 94). 실제로 이 공백에도 명칭이 있는데, 그것은 복부 혹은 신체의 내부를 뜻한다. 그러나 이 공백이 찌그러진 마름모꼴로 보이는 바람에 어떤 것과도 전혀 닮지 않게 되었다. 그는 북이라는 명칭은 중요하게 다루면서도 복부라는 명칭은 중요치 않은 충전물 정도로 생각했다.[33] 그 바로 밑에 척추 같은 세로줄이 묘사된 띠가 있다는 사실도 그의 우선순위를 바꾸진 못했다. 사실상 그는 **단지 공간을**

메우는 역할 뿐인 한 줄의 장식을 본 것이다.

그러나 이러한 우선순위에서 벗어난다면, 우리 눈은 서로의 배경이 되어주는 소리 나는 북과 텅 빈 몸체 사이를 왔다 갔다 할 수 있다. 북이 사람들의 신체의 연장일 때를 제외하고는 그 자신의 생명을 갖고 있지 않다 해도, 북의 연주는 사람들의 신체적 연행에 생명을 불어넣는다. 완토아트 사람들은 피규어의 이동성 ^mobility 을 정교화한다. 이 이동성이 피규어에게 생기를 불어넣는다.

> 완토아트에서 이 모든 이동식 장신구들은 모양이 어떻든 간에 콩-에프^kong-ep라고 불렸다. 콩^kong은 정령의 총칭이며, -에프^-ep는 실제로 장소를 나타내는 접사다. 따라서 콩-에프는 '정령 속에' 혹은 '정령 위에'로 번역되어야 한다. (…) 춤출 때 장신구들은 특정한 형식에 구애되지 않고 이동 가능하므로, 이 가능성은 모든 정령의 공통적인 특징을 보여주는 것이라고 생각할 수밖에 없다. '얼굴 디자인'을 품은 원 모양과 타원 모양의 수피판^樹皮板 또한 대나무 기둥을 위아래로 움직에게끔 만들어졌다. (Schmitz 1963: 120)

이 이동성은 지지 구조물의 영향을 받는다. 그러나 움직이는 이미지가 저 멀리 공간적으로 확장되는 것처럼 보인다 해도, 그러한 이미지들은 그것들을 지탱해주는 발판이나 그 소재가 잘려나간 숲을 확장하지 않는다.

칸토어의 먼지가 나의 상상력을 붙잡은 것은 그것이 그 자체로 증가하지 않는 배경에 대한 지각을 증가시킴으로써 사건들 사이의 공백을 창출하는 일련의 지침을 내려준 탓이다. 그러나 그것은 물론 우리의 사고가 만들어낸 볼품없는 사이보그다. 왜냐하면 그것은 내가 멜라네시아에 발 딛고 묘사하려는 것의 완전한 유비유추에 미치지 못하기 때문이다. 내가 거기서 묘사하려 한 것은 인류학적 글쓰기 자체의 적절한 비율의 문제가 환기한 것일 뿐이다. 칸토어의 먼지는 비수학적인 현상에 적용되어 우리의 은유가 어떻게 뒤섞이는지를 드러내는 효과를 갖기 때문에 사고의 사이보그가 된다. 내가 사회들 간의 연결을 일련의 파생-성장^{outgrowths}으로 상상하면서 그러했던 것처럼, 여전히 인류학자는 항상 '우리'와 '그들'의 경험에서 비롯된 은유를 뒤섞고 있다. 그렇다면 그러한 혼합이 이질적인 차원들을 순환하는 회로를 창출한다고 가정해보는 것은 어떨까? 그때 우리는 (앞서 언급한) 파생-성장을 그 자체로는 성장하지 않는 한쪽의 차원에 맞서는 운동으로 상상해볼 수 있지 않을까?

공백은 우리에게 확장할 수 있는 어딘가, 즉 우리의 인공기관 장치^{prosthetic device}를 위한 공간을 제공해주는 것 같다. 잃어버린 전문지식, 먼 친척의 용모, 잠시 잠깐 내비치는 정령은 상상력을 이끌어냄과 동시에 모든 이미지는 차용된 이미지라는 지각을 이끌어낸다. 이때 과잉이나 부족의 감각, 균형이 깨졌다거나 연결은 부분적이라는 감각은 우리가 그러한 지각 자체를 확장할 수 있음을 시사한다.

부분 2 **인류학을 쓴다**

바록 사람들은 연회를 개최하고자 할 때에 엄격한 의례작법에 따른다. 그러나 연회의 형식은 규칙이나 계획 속에서 실현되는 것이 아니다. 남자들은 연회를 사건이 일어난 순서대로 서사화해서 묘사한다. 자신이 이야기하는 대로 연회가 진행되는 것처럼 상상하면서 말이다. 그렇게 사건이 일어날 때 바로 그 순서와 시퀀스는 기억나는 다른 연회의 일부와 이어 붙여진다(Wagner n.d.). 이와는 반대로 그 형식의 회상이 사람들을 행동하게끔 하는데, 그 중요성은 그들 모두가 동의하는 바다. 그러나 이 커뮤니케이션을 유지하기 위해 서로의 (말에 의한) 해석은 필요치 않다. 사실 뉴아일랜드 회의론자들의 시선에는 개인에 의한 해석은 방해물에 다름없다.

이와 다소 비슷한 맥락에서 1960년대 영국 에섹스 주의 엘름던 사람들은 엘름던이 마을이라는 것에 전적으로 동의했다. 또 그곳에 머무르거나 그곳을 떠나는 가치에 대해서조차 동의했다. 그러나 이것이 그들이 공통된 해석을 공유했다는 것을 뜻하지는 않는다(cf. Cohen 1986; Rapport 1986). 반대로 마을 사람들의 절반은 엘름던을 공동체라고 생각했지만, 나머지 절반은 그만큼 그렇지 않다고 생각했다는 것은 분명하다. 누구나 '진짜 마을사람'과 '새로 들어온 사람'에 대해 이야기했지만, 그 반면에 각자의 판별이 서로 완전히 일치하지 않았고, 이 이미지의 효력 또한 판별의 일치에 기초하지 않았다. 나는 또한 페미니즘의 다원주의로 되돌아갈 수 있다. 페미니즘적 고찰에 공통하는 몇몇 주제를 특정하면서 리즈베스 스탠리^Lizbeth Stanley와 수 와이즈^Sue Wise는 다음과 같이 말한다. "이 주제들이 중요하다는 신념은 모든 페미니즘이 공유한다. 〔그러나〕우리는 이론, 연구, 일상생활에서 그 주제들이 바로 어떤 의미와 함의를 갖는지를 논쟁한다."(Stanley and Wise 1983: 51) '기본적인 이해'의 다른 한편에는 "페미니스트들 사이에서 상식적으로 받아들여지고 공유되는 것은 거의 없다. (…) 우리는 〔이 주제들이 갖는〕의미를 우리 자신에게 주어진 상황이나 이해방식에 따라 해석한다". 그녀들이 말하듯이, 논쟁은 바로 "이러한 주제가 무엇을 **뜻하는지** 그리고 그것이 행동에 나설 때 어떤 영향력을 갖는지"(Stanley and Wise 1985: 55, 강조는 원문)를 두고 벌어진다. 개별의 해석은 부분적인 것에 불과하다는 인식이 이 논쟁 자체에 배경의 의의를 부여한다. 연회가 어떻게 보이는지에 대한 염려, 어떤 사람이 진짜 마을사람인지에 대한 합의, 혹은 페미니즘이 무엇에 관한 것인지에 대한 논쟁은 무엇을 주어진 것으로 느끼는지를 둘러싸고 환기되는 상호작용으로 이어진다. 배경은 이미 존재한다. 이러한 관심사들을 다시 다루는 것은 단지 일련의 판본이나 변이를 생산하는 것만이 아니다. 도구가 사용자의 역량을 확장시키는 것과 같은 방식으로, 도구의 재사용은 또한 그 도구를 사용할 수 있는 역량을 완전히 새롭게 실현시킨다. 우리가 문화를 끝없이 발명되는 것이라고 말하는 것도 이 때문이다. 한 인격에게 이러한 상상력은 인공기관적 확장처럼 실행의 권한을 부여한다. 인격은 다른 세계들의 관객이나 소비자를 또 다른 맥락으로 끌고 들어올 뿐만 아니라

II. 부분적인 연결들

그들이 행동할 수 있도록 만든다. 적어도 이것은 바스가 입사식의 특정한 시퀀스를 짜내는 박타만 원로의 노고를 묘사할 때에 말하려 했던 것이다. 의례의 예전 연행은 원로의 머릿속에서 재구성되어야 한다. 원로와 그의 동료들은 이 일이 자신들의 임무라고 보았다. (바스가 지적하기로) 그들은 부수적으로 이웃 공동체의 의례를 따라해야 하는지 아니면 특정 부분에 새로운 절차를 도입해야 하는지의 문제를 풀어야 했다(Barth 1987: 26). (기존의) 형식은 그들이 행동할 수 있도록 현전되어야 했다.[34] 의례는 재생산되는 것이 아니라 재생성된다.

⁎⁎

이 사례들에서 (서구와 멜라네시아의) 차이를 만들어보겠다. 어떤 사람이 진짜 엘름던 사람인지 아닌지를 두고 누구는 그가 다른 장소로 이동할 수 있는지 아니면 한 장소에 머물러 있는 것인지를 보고 판별한다. 이 잉글랜드적인 관점에서 사람은 자신이 머무는 장소에서 정체성을 획득하고, 어디에서 왔는지 또 어디로 가려고 하는지에 따라 정체성을 변형한다. 장소는 멈춰 있고 사람들은 이동한다. 나아가 지리적인 위치에서부터 계급적인 위치로 문화적인 미끄러짐이 발생한다. 계급은 고정되어 있고 개개인은 이동한다는 것이다. 이와 마찬가지로 페미니스트 대담자들은 은유적으로 각기 다른 장소를 점유한다. 이론적인 입장을 변화시키는 것은 정치적 혹은 학문적 성격을 변화시키는 것이다. 이 때문에 다른 장소들 사이를 이동하는 것은 방향감각을 놓칠 수 있는 행위처럼 보인다. 실제로 서구의 지리학은 개인의 이동에 대한 인식과 결부됨으로써 장소의 감각에 경계를 새겨넣었다. "20세기에는 이동성이 놀라울 정도로 확장했다. 그 속에는 관광산업^{tourism}, 계절노동자, 이민, 도시의 확대 등도 포함된다"라고 클리퍼드는 썼다(Clifford 1988: 13). 결과적으로 감지되는 것은 인격과 문화의 파편화다. 이웃한 곳에서 이국적인 것을 만나고 세계의 반대편에서 친숙함을 느낀다. 현대 서구에서 파편화된 정체성의 감각은 이곳저곳을 여행하면서 일어나는 방향상실의 이중적 효과 그리고 여행이 장소의 성격을 바꾸고 있다는 발견, 이 둘을 밀접하게 관련시킨다. 그러나 내가 다룬 멜라네시아 사람들은 문화적으로 말하면 이미 그곳에 있다. 그들은 가만히 앉아서 장소를 여행하게 만든다.

한 인격의 정체성이 조개가치재에 있다거나 자루에 들어 있다거나 혹은 나무꼭대기의 성장점에 있다고 한다면, 시야 밖으로 여행을 떠나는 것, 몸에 착용되거나 탈의되는 것, 위아래가 뒤바뀌는 것은 바로 이러한 가치재, 자루, 나무다. 이렇게 말할 수 있다면, 진주조개는 사람과 사람 사이를 걸어 다니는 하나의 장소다. 이것들은 모두 사람들 사이를 왕래하며 사람들을 꾸며주고 지탱한다. 다른 사람들의 중심이 스스로를 위한 중심이 된다. 이러저러한 '장소들'이 어느 때에는 이 사람에게 다른 때에는 저 사람에게 나타나는 한에서, 그때 이동하는 것처럼 보이는 것은 장소들이다. 적어도 멜라네시아 사람들은 이 사실 자체를 드러내기 위해 장소-장치^{locational devices}를 활용한다. 여행을 떠나는 것은 여행에서

II. 부분적인 연결들

돌아오는 것이며, 내측은 외측이 되며, 꼭대기는 바닥이 된다.

엘름던 사람이라면, 외부에 위치함으로써 사람들에 대한 각기 다른 퍼스펙티브를 가질 수 있다고 상상하겠지만, 그러한 위치는 여기〔멜라네시아〕서는 개개인이 스스로 발 디딘 것으로 간주된다. 사람들은 자신의 신체에 각기 다른 위치나 입장을 갖고 있다. 따라서 수중에 무엇이 있는지 혹은 어디서 가져온 음식물을 먹고 있는지에 따라서 각기 다른 정체성을 띨 수 있다. 사물은 사람들이 있는 곳으로 여행을 하고 사람들에게서 여행을 떠난다.

다른 책〔《증여의 젠더》〕에서 나는 멜라네시아의 증여 관념에 대해 논하면서, 증여를 마치 증여를 생산하는 교역의 예기된 결과인 것처럼 서술했다. 증여는 과거의 교역을 환기시키면서 그와 동시에 미래의 교역이 발생하도록 만든다. 증여 자체는 조개가치재와 돼지처럼 구체적이고 물질적인 형식을 취하며 그것들을 운반하는 인격을 운반한다. 유비유추는 다른 생산활동으로, 아이들이면서 아이들을 낳는 피리들로, 혹은 신체-형식 내에 있으면서 그것을 넘어서는 정령들로 확장될 수 있다. 멜라네시아인은 자신의 확장을 스스로 드러낼 수 있는 문화적인 기량을 갖고 있다. 그것은 말하자면 여행하지 않고 이동하는 데에 필요한 민첩성이다.

(주는 자와 받는 자의 정체성을 동시에 간직하고 있는) 그 안에 이동이 기입되는 가치재, 대나무 기둥의 위아래를 흐르며 움직이는 정령의 얼굴은 멜라네시아의 사이보그, 즉 다양한 피규어들이나 요소들로 이뤄지는 하나의 회로^{circuit}다. 그 요소들은 그것들을 움직이게 만들고 인격으로 중심화해가는 그 무엇과 결코 같지 않다. 이

중심화는 지각의 은유로서 상상될 수도 있다. '의미'를 지면에 발 딛게 만들고 그에 따라 이질적인 요소들 사이에 커뮤니케이션의 회로를 형상화하는 것은 사람들의 지각능력이다. 피규어들은 자 신들의 배경과는 상관없이 성장하고 감축한다. 그것들은 배경 같 은 것이 아니라, 말하자면 스스로와 같다.

멜라네시아의 사이보그와 해러웨이의 반인간/반기계 장치 간 의 차이는 멜라네시아의 사이보그 요소들이 같은 소재에서 개념적 으로 '잘려나간다'는 점에 있다. 조개목걸이와 모계 사이에, 남자와 대나무 기둥 사이에, 얌과 정령 사이에 차이는 없다. 양자가 관계 의 인식을 똑같이 환기시키는 한에서 하나는 다른 하나'다'. 그래서 다양한 요소들이나 피규어들은 서로에게 고정된 인격들이나 관계 들의 모든 부분들이다. 한 인격이나 관계는 다른 인격이나 관계에 서 잘린 절편으로서 혹은 그 확장으로서 존재한다. 반대로 말하면, 이러한 확장—관계와 연결—은 통합적으로 인격의 부분이 된다. 그것들은 인격의 회로다. '동일한 소재'의 효과는 모든 이동과 활 동에 공통의 배경이 깔려 있다는 지각을 생산한다. 이로 인해 절 단이라는 창조적인 행위는 더욱 중요해진다. 정보의 파열^{burst}은 한 인격을 다른 인격의 확장된 부분으로 가시화한다. 이를테면, 그것 은 어머니의 형제들이 누이의 아들들과 부분적으로 연결되어 있 다고 느끼게 만들고, 또 개인의 정체성이 위치한 장소들을 차이화 한다. 절단/확장은 똑같이 효과적이며, 피규어들은 실질적으로 서 로 동등하다. 결과물이 균형을 유지하든 무시하든, 그 결과가 반 족 구조의 이원론이든 빅맨의 확대된 영향력이든 그러하다.

II . 부분적인 연결들

이처럼 인격을 확장하는 것은 인격이다. 그러한 인격은 앞서 살펴본 것처럼 동일한 소재 혹은 실체에서 생겨나기 때문에, 멜라네시아의 피규어와 그 확장물은 아마도 이 책이 출발점으로 삼았던 수학상의 '잔여'의 관념과 가까워질 것이다. '잔여'는 더한 공백의 가능성을, 따라서 존재하는 것 혹은 알려진 것의 배경에 대한 지각을 끝없이 창출한다. 멜라네시아의 문화적 상상력과 관련지어 말하자면, 이 끝없는 잔여성^{remaindering}은 땅이 되는 사회성을 재생산하도록 작동된다. 작금의 관계들은 이 사회성의 사례들 혹은 파편들에 불과하고, 작금의 연행은 입자 같은 계기들에 불과하다. 야드란 미미카$^{Yadran\ Mimica}$의 표현을 빌면, 전체는 무한한 것으로 상정된다(Mimica 1988).

서구의 수많은 학술담론의 설명-탐구의 틀은 여기서 멀찌감치 떨어진 것처럼 보인다. 그러나 적어도 한 영역 안에 하나의 병렬이 **존재하며**, 인류학자는 그 영역에서 매번 동일한 소재를 만들어왔다. 그 결과가 무엇인지는 현재의 정식화가 순간적 개념화에 불과하고 현재의 대처가 부분적인 연구일 뿐이라는 확고한 앎에서 가늠해볼 수 있다. 나는 인류학적 글쓰기를 복잡성에서 무한한 복잡성을 만들어내는 필수적이고 활력적인 방식으로 언급하고 있다. 여기서 우리는 점점 더 많은 공백을 창출하고 있음을 깨닫게 된다. 그리하여 우리의 활동은 잠재적인 의미의 배경을 끝없이 확대해가고, 우리는 그 배경하에서 어떤 스케일이든지 간에 다루기 힘든 새로운 이미지의 재구상을 어떻게든 구현해가며, 중요한 모든 것들을 숙고할 수 있는 모델을 세우고자 한다.

대담: 특정 언어의 가장자리에서[1]

·에두아르도 비베이루스 지 카스트루
·카를로스 파우스토 Carlos Fausto [2]
·메릴린 스트래선
·녹취 정리: 데이비드 로저스 David Rogers

카스트루: 당신의 경력이나 지적 이력에 관한 질문부터 시작해야 겠습니다. 당신은 케임브리지 대학의 소위 영국 사회인류학 정통의 영향력 있는 어느 곳에서 학문을 익혔습니다. 그러나 우리가 받은 인상은 당신의 연구작업이 영국 사회인류학의 정통, 말하자면 핵심과는 분명히 다르다는 것입니다. 우리는 무엇이 당신으로 하여금 이러한 이론적인 결정을 내리게 했는지, 그러니까 당신이 어떻게 해서 이러한 성과를 남기게 되었는지를 조금이나마 알고 싶습니다.

스트래선: 음, 물론 당신도 잘 알고 있듯이 나의 연구 성과는 내가 이론적인 또 다른 길에 들어서겠다고 해서 나온 것이 아닙니다. 여러 다양한 이슈의 종합적 결과라고 당신은 말하고 있고, 나는

그중 한두 가지만 말할 수 있겠지요. 그러고 보니 이미 당신의 의견에 내가 동의한다는 것이 전제된 것 같군요. 다만 영국의 인류학이 여하간 많이 바뀌었고 내가 지금 케임브리지의 동료들과 그렇게 멀리 떨어져 있다고 확신할 수 없다는 것을 명심해야 합니다.

나는 통틀어서 설명하지는 않을 겁니다. 당신이 이야기를 꺼내자 내 마음에 떠오른 한두 가지 건에 대해 이야기해보려고요. 그중 하나는 1960년에서 1963년까지 내가 케임브리지 대학에 대학원생으로 있을 때의 일입니다. 그때는 에드먼드 리치[Edmund Leach]와 마이어 포르테스[Meyer Fortes]가 한창 주거니 받거니 논쟁을 벌일 때였습니다. 우리는 두 개의 강의실을 사용했고 하나는 북쪽 방으로 나머지 하나는 남쪽 방으로 불렸는데, 이 두 강의실은 거의 붙어 있었습니다. 이를테면 한쪽 강의실에서 에드먼드의 강의를 듣고 곧이어 마이어의 강의를 들으러 가는 식이었지요. 반드시 그랬다는 것은 아닌데, 왜냐하면 시간표가 그렇게 짜이지는 않았으니까요. 그렇지만 논쟁의 생동감은 확실히 느낄 수 있었습니다. 당시 마이어는 《친족과 사회질서[Kinship and the Social Order]》(1969)의 주제의식을 다지고 있었습니다. 그는 모건 강의[3]를 준비하고 있었고 실제로 자신의 패러다임을 구현하고 있었습니다.[4] 같은 시기에 에드먼드는 《풀 엘리야[Pul Eliya]》(1961)[5]를 막 탈고하고 나서 레비스트로스를 곱씹고 있었습니다. 그는 터부에 관한 그 자신의 특유한 관심을 거친 레비스트로스의 어떤 사유와 그 외의 레비스트로스의 사유를 우리에게 소개해주었습니다. 에드먼드는 또한 말리노프스키를 주제로 대단히 흥미로운 세미나를 이끌었습니다. 학기 전체가 말리노프스키의 연구작업만을 다루었는데, 참으로 자극이 되었더랬지요.

지금 내가 말하는 것이 매우 불충하게 들릴지라도 나는 마이어를 깊이 따랐습니다. 다른 한편으로는 에드먼드의 강의에 매료되었고요.

카스트루: 그런데 그때 학생들이 포르테스 편과 리치 편으로 갈린 것 같다는 인상을 받는데요?

스트래선: 아니요, 미식가들의 성찬 같았다고나 할까요. 물론 나의 개인적인 의견입니다. 변증법과 실천종교를 다룬, 에드먼드가 엮은 책의 첫 페이지를 앤드루 스트래선과 내가 썼다는 것 또한 당신은 알 겁니다.[6]

음, 이것이 내게 일어난 첫 번째 일입니다. 두 번째 일은 내가 대학원을 졸업하자마자 결혼한 것입니다. 우리 부부는 파푸아뉴기니에 가기 전 여름에 결혼했습니다… 그래서 나는 첫 현지 조사를 동반자이자 동료와 함께 수행했습니다. 우리는 지속적으로 대화하고 토론했습니다… 우리는 생각이 맞기도 했고 그렇지 않기도 했습니다. 이것이 내 연구작업의 한 요인이 되었는지는, 그러한 배경에 논란의 여지가 있을 수 있겠네요. 여하간 내가 쓴 첫 책은 부끄럽지만 사회인류학 정통에 입각한 것입니다, 전반적으로요. 《사이의 여성Women in Between》(1972)은 케임브리지 정통의 사유방식에 전적으로 의거한 생산물입니다. 그 책을 보면 당신은 그다음에 왔던 것들을 전혀 눈치채지 못할 겁니다. 물론《증여의 젠더^{The} Gender of the Gift》(1988)는《사이의 여성》을 지우고 다시 쓰는 작업이었습니다. 마찬가지로《자연 후^{After Nature}》(1992)는《기저에 있는 친족 Kinship at the Core》(1981b)을 지우고 다시 쓰는 작업이었고요.[7]

앤드루와 나 자신이 정말로 의도를 갖고 한 이론적인 선택은 아프리카가 아닌 파푸아뉴기니에 간 것이었습니다. 나는 우리가 당연히 아프리카로 갈 것이라고 생각했습니다. 왜냐하면 앤드루가 잭 구디^{Jack Goody}의 지도 학생이었고 그 외에도 그럴 만한 이유가 있었으니까요. 그런데 그때 마침 파푸아뉴기니의 고지대를 연구한 민족지학자들이 나타났고—솔즈베리^{Salisbury}의 작업과 마리 레이^{Marie Reay}의 작업이 막 등장했을 때입니다—그리고 이것은 청량제와 같았습니다.

카스트루: 그때 케임브리지에서 당신의 선생들 중에는 아무도 뉴기니를 연구하지 않았지요?

스트래선: 네. 리오 포춘^{Reo Fortune}이 있었지만, 리오는 인류학에서 손을 뗀 지 오래였습니다. 그는 말리노프스키를 비판하느라 온 힘을 다 써버렸습니다. 그가 강의에서 다룬 주제라고는 오직 말리노프스키가 트로브리안드 제도에 있는 오마라카나^{Omarakana} 최고 추장의 아내들의 수를 잘못 알고 있었다는 것뿐이었습니다…

우리는 파푸아뉴기니에 가기로 결정했고, 처음에는 래밍턴 Lamington 산의 오로카비아^{Orokavia} 지역에 갈 생각이었습니다. 그러나 문제가 생겨서 결국 그리로 가지 않았습니다. 여하간 한 발을 옆으로 빼서 하겐 산에 가기로 했지요. 말하자면 하겐 산에 가는 것은 파푸아뉴기니 고지대에 한 발을 들이는 것과 같았습니다. 나는 이 행보가 왜 자연스러운 과정인지를 생각해보고 있습니다.

이제, 나의 개인사에 대해 조금은 알 필요가 있어요. 우리, 그러니까 앤드루와 나는 현지조사를 함께 했습니다. 현지조사를 중단하고는 다섯 달 동안 캔버라에 머물렀고요. 그런 다음 뉴기니로 돌아갔고 그러고 나서 잉글랜드로 돌아왔습니다. 돌아와서 나는 케임브리지에 있는 박물관에서 일했습니다. 앤드루는 박사학위 논문을 썼고 트리니티 칼리지에서 연구비를 받았습니다. 1969년 그때 그는 연구비를 받아 호주국립대학이 있는 캔버라에 갈 결심을 했고, 1969년부터 1976년까지 우리는 호주와 파푸아뉴기니를 오갔습니다. 알다시피 그는 1972년 파푸아뉴기니 대학의 인류학과 학과장을 맡았고, 우리는 파푸아뉴기니에 살았습니다.

우리가 케임브리지에 없는 시기는 정말로 중요한 때였습니다. 우리가 없는 동안 페미니즘 인류학이 태동했습니다. 이건 정말로 의미가 큽니다. 왜냐하면 페미니즘 인류학은 인류학적 패러다임을 자명한 것으로 받아들일 수 없다는 논쟁을 이끌어낸 열쇠였기 때문입니다. 이 논쟁은 또 다른 일련의 질문에서 근거를 요구했습니다. 그래서 나는 책을 읽기 시작했습니다. 사실 나는 1973년에 여성과 남성에 관한, 출간되지 않은 책을 썼습니다.

카스트루:《사이의 여성》이 출간되었을 때를 말하는 것이죠?

스트래선: 《사이의 여성》은 1972년에 출간되었습니다. 저는 캔버라에서 그 책의 원고를 교정했습니다.

카스트루: 그렇다면 케임브리지를 떠나 있는 동안 그 책을 썼던 것이군요.

스트래선: 그 책은 제 박사 논문을 손본 것입니다. 페미니즘 인류학은 《증여의 젠더》에서 볼 수 있는 일종의 삼각 측량^{triangulation}을 만듭니다. 내가 그 책의 서두에서 말했듯이 인류학적 이론이 있고, 민족지적 정보가 있고, 페미니즘 연구가 있습니다. 이것을 어떻게 구획해야 할지는 잘 모르겠습니다. 우리는 모두 우리의 작업이 청중에게 얼마나 유용한지를 확신하지 못합니다. 또, 우리가 하는 일이 얼마나 가치 있는지를 확신하지 못합니다. 작업에 들러붙는 우울함과 의심은 실제로 창의적입니다. 다른 사람들의 말을 듣게 만드니까요. 만약 당신이 확신에 차 있고 당신이 볼 수 있는 모든 것이 당신 그 자체라고 한다면, 결국 당신은 장벽이 되어서 소통을 가로막을 겁니다. 그래서 이렇듯 다른 영역에 문을 열어두는 것은 내게 언제나 인류학적 확실성을 페미니즘의 불확실성과 겨루게 하거나 그 반대로 페미니즘의 확실성을 인류학적 불확실성과 겨루게 하는 것을 의미했습니다. 나는 이것이 정말 중요하다고 생각했습니다. 왜냐하면 인류학 이론과 민족지학의 두 극은 서로를 소비하고, 서로 잡아먹고 잡아먹히기 때문입니다. 그렇게 해서 제3의 극이 나옵니다… 여하간 나는 설명하려 하고 있습니다…

카스트루: 그래서 당신은 페미니즘 전성시대를 어떻게 경험했습니까? 말하자면 당신에게 이 경험은 일종의 중대한 이론적인 도전과 같은 것이었지요? 당신은 그것을 중대한 이론적인 도전으로서, 아니면 중대한 정치적인 도전으로서, 아니면 둘 다로서 경험했다는 것인가요?

스트래선: 그것은 이론적인 도전이었습니다. 왜냐하면 나 자신이 여성과 관계된 것이라면 항상 흥미롭고 중요하다는 사고 속에서 자랐고, 그런 의미에서 정치는 자연스럽게 고려되어야 하는 것으로 보였습니다. 나의 어머니는 페미니즘이 본격화되기 이전의 페미니스트였습니다. 1950년대에 그는 영어 선생이었고 성인교육을 담당했으며 여성과 예술, 역사 속의 여성 등에 대해 강연했습니다. 그렇게 나는 이런 것들을 당연하게 여기는 분위기 속에서 성장했습니다… [제2의] 페미니즘이 일어났을 때 나는 그것을 당연하게 생각했고, 말하자면 페미니즘은 내가 하는 일에 단추 꿰이듯 꿰이는 것 같았습니다. 그러나 그와 동시에 이론적으로 그것은 매우 분명하게 인류학에 많은 질문을 던졌습니다.

그러나 물론 나는 아네트 와이너^{Annette Weiner}가 그녀 자신의 책인 《가치의 여성, 명예의 남성^{Women of Value, Men of Renown}》(1976)[8]에서 파푸아뉴기니 여성에 대해 스트래선을 제외하고는 누구도 책을 쓰지 않았다고 한 것을 항상 말하고 다녔습니다. 애석하게도 스트래선은 남성의 관점에서 썼다고 한 그녀의 글을 말이죠. 그 글을 통해 생각을 다시 해보게 되었습니다.

파우스토: 당신은 그녀가 옳다고 생각하나요?

스트래선: 아니요, 그럴 리가요. 그러나 그에 답하기까지는 시간이 걸렸습니다. 내가 그 책을 읽었던 1976년에서부터 '자루 속 문화'^Culture in a Netbag라는 제목을 달고 말리노프스키 강의를 진행한 1981년까지 말이죠.[9] 말리노프스키 강의는 나의 답변이었고 그렇게 5년이 걸렸습니다.

파우스토: (…) 그렇게 하니 정리가 되던가요?

스트래선: 정리될 수 없었죠. 목구멍에 가시처럼 걸려 있었어요. 저 때 페미니즘이 내 연구작업에 단추 꿰이듯 들어왔지만, 그럼에도 불구하고 내게 그것은 물론 이론적인 도전이었습니다. 암요. 그래요, 내가 영국으로 돌아왔을 때 무슨 일이 있었는가 하면 두 가지였는데요. 하나는 구조주의가 주요 방법론으로 급부상하기 시작한 것입니다. 휴-존스^Hugh-Jones의 작업을 보면 알겠지만, 그것은 케임브리지에서 가르쳐준 구조주의가 만개하여 맺은 열매입니다.[10]

카스트루: 주로 누가 가르쳐주었나요? 리치?

스트래선: 네, 리치입니다. 거의 독점했다고 말할 수 있습니다. 맞아요. 우리가 1976년 잉글랜드로 돌아왔던 그때 앤드루는 유니버시티 칼리지 런던^UCL에 학과장으로 부임해 갔지만 우리는 케임브

리지에 계속 살았고 나는 거튼 칼리지^{Girton college}에 일자리는 없었지
만 눌러앉아 있었습니다. 그즈음 무슨 일인가가 일어났습니다. 구
조주의가 일어났다는 것은 앞서 말했고, 마르크스주의가 일어난
것입니다. 나는 뒤통수를 세게 한 대 맞은 기분이었습니다. 갑자
기 머릿속이 하얘져서 어디에 관심을 두어야 할지 몰랐습니다. 케
임브리지는 '우물 안 개구리'의 우물 같았습니다. 왜냐하면 실제
로 케임브리지 대학의 인류학과에는 마르크스주의 인류학을 실
행할 자가 아무도 없었기 때문입니다. 이것은 그 역사에 비추어볼
때 참으로 기이한 일이었습니다. 대학에서는, 런던정경대학^{LSE}에는
확실히 마르크스주의가 있었고, 사람들이 뭐라도 집어 읽는 것 중
에 마르크스주의가 있었습니다. 여기저기 마르크스주의의 기운이
감돌았고, 마르크스주의는 사회학과 정치학 그리고 대학 내 도처
에 있었습니다.

　이렇게 표현해도 될지 모르겠지만, 뉴기니에서 어떤 성과를
냈다거나 어떤 일을 성취했다고 하는 나의 느낌은 이렇듯 세간의
공감을 얻은 더 나은 발전에 의해 완전히 훼손되어 있었습니다.
그러나 그것들은 내게 무언가를 말해주었고, 매우 흥미롭게 보였
습니다. 어느 정도는—나는 당시 제대로 반응하지 못했고 그러기
까지는 세월이 흘렀지만—《증여의 젠더》에서 한 몇몇 작업은 깊
이 파고들지는 못해도 강한 의미에서 마르크스주의 인류학의 지
시에 따라 발전된 몇몇 주제가 일반적인 인류학의 일부여야 한다
는 것의 결과라 할 수 있습니다. 그러니까 그것은 틈새를 메우는
문제였습니다.

내가 보여주려는 것은 내 지적 이력의 틈새와 불연속이 도약을 필요로 하면서 나타났던 모든 지점들입니다.

카스트루: 당신은 1960년대 후반과 1970년대 초반 사이에 일어난 주요한 지적인 사건에 대해 언급했습니다. 그것은 곧 페미니즘 운동, 마르크스주의 그리고 구조주의입니다. 페미니즘은 호주에 있는 당신에게 한방 먹인 거고요, 그렇죠? 마르크스주의와 구조주의는 당신이 케임브리지에 돌아왔을 때 한방 먹인 거고요.

스트래선: 네, 맞아요. 하지만 구조주의에 대해서는 리치에게서 기본은 배워두었습니다. 그렇게 배운 것들이 완전히 날개를 단 것은 아니었지만요.

카스트루: 이 셋 중에서, 말하자면 이 세 가지 패러다임 중에서 당신은 구조주의가 덜 보였다고, 당신의 작업 속에서 명쾌하지는 않았다고 말할 수 있습니까?

스트래선: (잠시 후) 맞아요, 확실히 그렇습니다. 나는 그러한 주제를 다루지 않았습니다, 네.

카스트루: 좀 전의 질문은 도발을 해본 것입니다. 왜냐하면 나는 당신이 철저한 구조주의자라고 생각하기 때문입니다. 당신의 작업이 그렇거든요. 앨프리드 겔^Alfred Gell 또한 당신의 작업이 그렇다고

288

생각해서 당신 작업이 구조주의와 공통점이 많다고 썼지요.[11] 비록 구조주의의 용어를 전혀 사용하지는 않았지만, 당신의 작업은 구조주의적 영감을 불러일으킵니다. 그에 반해 당신은 정말로 마르크스주의와 페미니즘의 문제는 대놓고 다룹니다. 그래서 그것들은 당신의 작업에서 확실히 전면에 등장합니다. 반면 구조주의는 어찌 보면 명시적인 원천으로서 숨죽이고 있습니다.

스트래선: 네, 왜냐하면 그것은 내가 하는 작업에서 이론이 아닌 기법^{technique}이기 때문입니다. 즉 그것은 일련의 심적인 기교^{trick}입니다. 나는 제임스 와이너$^{James\ Weiner}$[12]가 수행한 일을 해본 적이 없어요. 예를 들어 특정 텍스트의 내용을 숙고한 후에 그것을 구조주의적인 분석으로 논하는 것입니다. 나는 그렇게는 하지 않습니다.

파우스토: 실체^{substance}가 아닌 관계 자체에 대한 전반적인 강조가 구조주의의 핵심이라고 생각하지 않습니까?

스트래선: 아니요. 그러나 그것은 내게 암시적 도구입니다. 그것을 일련의 이론적 장치로 고려해보고자 해서 당신이 주제화하려는 비평을 나는 결코 주제화하지 않습니다. 그것은 내게 반박할 수 없는 이해^{apprehension}의 기법입니다.

카스트루: 그렇다면 당신의 그다음 내러티브로 되돌아가봅시다…

스트래선: 좋습니다. 1976년의 케임브리지로 돌아가겠습니다. 로이 와그너^{Roy Wagner}의 《문화의 발명^{Invention of Culture}》[13]을 읽은 때가 1978년 일 겁니다. 이 책을 읽고 눈이 뜨이는 것 같았습니다. 내가 그 책을 다 이해해서가 아니라―내가 그 책에서 이해한 것은 10퍼센트 정도였고요―내가 이해한 한에서, 특히 내게 친숙한 민족지에 적용해본 와그너의 통찰력은 너무나도 기가 막혔습니다. 그래서 혜안의 지평이 열리는 그 순간들은 내게 너무나도 완벽했습니다. 그래서 다 알다시피 그가 그러한 것들에 어떻게 도달했는지에 대해 흥미를 갖고 그의 글에서 빌려오기 시작했고, 그 첫 증거물이 《자연, 문화, 젠더^{Nature, Culture, Gender}》(1981)에 내가 쏟아부은 것들입니다.[14] 이 책에서 나는 그를 명시적으로 참조하기 시작합니다.

카스트루: 그러나 당신은 그의 전작을 잘 알고 있었죠. 그렇지 않습니까?

스트래선: 《소우의 저주^{The Curse of Souw}》(1967)[15]를 읽기는 했지만 끝까지 읽지는 못했습니다. 부끄러운 일이지만, 당신도 알다시피 그가 《소우의 저주》를 썼을 때 나는 《사이의 여성》을 쓰고 있었습니다. 그러니까 《소우의 저주》는 20년을 더 거슬러 가야 했어요. 내가 《소우의 저주》가 어떤 책인지를 이해한 것은 《문화의 발명》을 읽은 특별한 경험을 통해서였습니다.

카스트루: 그러나 당신은 케임브리지에서 슈나이더의 사상을 배웠

잖습니까? 와그너는 슈나이더의 가장 뛰어난 제자 중 하나였고요. 미국 인류학을 어떻게 생각했는지가 궁금합니다. 특히 미국 인류학의 한 갈래로서 와그너 작업의 직접적인 원천이 되었던 것 말입니다.

스트래선: 슈나이더는 엄청나게 비판받았습니다. 그러니까 케임브리지는 그를 완전히 무시했어요. 그는 미국 인류학의 좋지 못한 모든 것들의 표본이었습니다. 물론 이때는 잭 구디가 영국 인류학에 지배력을 행사했을 때였고,[16] 슈나이더는 하찮게 여겨졌습니다. 잭 구디는 슈나이더에 대한 케임브리지의 비판을 그대로 받아안았습니다. 나는 슈나이더를 가벼운 마음으로 포용했습니다. 왜냐하면 그때 나는 오드리 리처즈Audrey Richards의 일에 차출되어서 슈나이더를 참조하여 엘름던을 연구하고 있었기 때문입니다.[17] 아네트 와이너와의 일로 크게 상처받아서 멜라네시아에 관한 것이라면 거들떠보지도 않았습니다. 나는 뒤도 돌아보기 싫었고 도망치듯 빠져나와 엘름던 일을 했습니다. 나는 오히려 문화분석의 사유에 고무되어 있었습니다. 물론 문화주의자의 단계를 거쳐 지금에 이르렀고 지금은 다시 사회분석으로 되돌아왔지만요. 그때는 오히려 문화분석의 사유에 감명을 받았습니다.

카스트루: 그러나 당신은 와그너를 독해함으로써 슈나이더의 친족연구를 접하지 않았나요? 아니면 엘름던 프로젝트에 착수했기 때문에?

스트래선: 엘름던 프로젝트 때문입니다. 나는 내가 활용할 수 있는 무언가를 인류학에서 찾으려 했습니다. 그런데 거기에는 아무것도 없었습니다. 케임브리지 사람들이 만든 것치고 쓸 만한 것이 없었습니다. 나한테 말해주는 것이 없었습니다. 그런데 슈나이더의 말은 일리가 있었고, 물론 슈나이더가 핵심적인 상징으로서 '자연'과 '법'[18]을 집어들었다는 사실은 내가 뉴기니의 맥락에서 자연/문화의 문제에 관심을 갖고 있었다는 것과 공명했습니다. 그래서 그와 나 사이에는 교차하는 것이 있었습니다. 그러나 분명 얄궂은 느낌, 말하자면 내가 슈나이더를 뒤좇아간다는 느낌이 있었던 것 같습니다. 아니, 정확히 말하면 해방의 느낌이겠네요. 당신은 그때 내가 얼마나 주변부였는지를 알아야 합니다. 앤드루는 런던에서 일했고, 내게는 어린 자식들이 있었습니다. 나는 케임브리지에 살았지만, 케임브리지는 나를 채용하지 않았어요. 거튼 칼리지에서 비전임연구원bye-fellowship으로 학생들의 논문지도를 맡고 있었지만 수입은 없었습니다.[19] 나는 제도권 밖에 있는 사람이었습니다. 이 말은 내가 내 자신이 될 수 있었다는 것, 말하자면 내가 하고 싶은 것을 할 수 있었다는 뜻입니다. 그렇게 슈나이더가 내 작업에 관여하게 되었고, 꽤 오랫동안 정말로 많은 영향력을 행사했습니다.

카스트루: 이때가 1970년대 후반이죠? 그리고 나서 당신은 10년 동안 놀라운 행적을 보여주었습니다. 당신은 한때 문화분석에 깊이 빠져 있었고 그 후에 사회분석으로 되돌아왔다고 말했지요? 그때

어떻게 문화분석의 연구 흐름에서 사회분석으로 되돌아올 수 있었나요? 계기가 있었나요?《기저에 있는 친족Kinship at the core》은 문화주의 책인가요? 혹은 슈나이더주의 책?

스트래선: 네. 그 작업을 마친 후에 비로소, 그러니까《증여의 젠더》후에야 나는 말하자면 그 사이의 이음선을 철저히 이용해왔다는 것을 느낀 것 같습니다.

글쎄요, 뭐라 말하면 좋을까요. 당신은 브라질에서 다양한 언어의 글들을 읽고 다양한 출처를 가져오고 그러면서도 자신을 메트로폴리탄이라고는 생각하지 않습니다. 이곳 브라질에 존재하는 창의성과 문화주의가 약간은 비슷한 것이 아닌가 합니다. 그건 잘 모르겠네요.

부적절하다는 느낌이 연구 작업에서 수행하는 역할을 전달하고 싶습니다. 왜냐하면 만일 당신이 어떻게 해도 잘 이해하지 못하겠다면 그것은 당신이 끊임없이 사각의 링에 올라야 할 것이고 여전히 알아야 할 것들이 있다는 뜻이기 때문입니다. 그리고 당신이 "10년간의 놀라운 행적"이라고 함은 불현듯 내가 파악하고 이해해야만 했던 엄청난 양의 이슈들이 있었고 그전에 나는 이미 철학적으로 훈련을 받았어야 했다는 것인데, 그러나 나는 그럴 생각조차 하지 않았습니다. 내가 정말로 그러한 독서를 했다고 한다면 다른 사람들이 나를 위해 다 해놓았다는 것인데, 나는 그러한 독서를 하지 않았습니다. 나는 내 힘으로 그것들을 쌓아갔고 그래서 그것들은 모두 내가 손수 만든 것들입니다. 그러니까 주체/객체와 자연/문화 그리고 생산관계란 도대체 무엇인지 등등 이 모든 것들은 내가 넘어서야 할 거대한 지적 장애물이었습니다.

파우스토: 《증여의 젠더》는 당신의 지적 이력에서 주요한 전환점이었던 것 같습니다. 당신이 말한 대로 당신은 제도권 밖에 있었기 때문이죠. 그러고 나서 당신은 일종의 제도화가 된 것이군요.

스트래선: 맞습니다. 그런데 실제로는 조금 더 일찍 그 일이 일어났습니다. 내가 버클리에서 강의를 한 때가 1984년입니다. 나는 그때 잉글랜드로 되돌아왔고, 그때쯤에 앤드루 스트래선과 이혼해야겠다는 생각이 분명해졌습니다. 그리고 이혼했죠. 나는 〔학계 내에서〕 지위가 없었지만 트리니티 칼리지의 연구원fellow이 되었고 뒤이어 맨체스터 대학에서 학과장으로 불려갔습니다. 그리고 실제로 《증여의 젠더》의 두 번째 판본을 맨체스터에서 썼습니다. 또 무시 못할 것이 로이 와그너가 1986년에 석 달 동안 맨체스터 대학의 방문교수로 와 있었고, 내가 그 책을 끝내는 데에 상당한 영향을 끼쳤다는 점입니다.

카스트루: 유로-아메리카의 친족에 대한 연구작업은 어떻게 하게 되었습니까? 엘름던 연구와 《자연 후》에서 수행한 당신의 작업 사이에는 딱히 직접적인 연결은 없습니다. 선생이 말한 것처럼 《자연 후》는 《기저에 있는 친족》을 지우고 다시 쓰는 작업이었고요. 선생은 《사이의 여성》을 어떻게 해서 지우고 다시 쓰게 되었

는지, 다시 말해 왜 그리고 어떻게 그런 일이 일어나게 되었는지를 우리에게 말해주었습니다. 어떻게 《기저에 있는 친족》을 지우고 다시 쓰게 되었습니까? 그리고 그 이유는?

스트래선: 이에 대해서는 내가 캄피나스^{Campinas 20}에서 이미 이야기했다고 생각하는데, 그때 이야기한 그겁니다. 누군가에게서 걸려온 전화 한 통으로 시작되었습니다. 전화를 건 이는 나중에 나와 학문적 동료가 된 사람인데, 그녀가 전화해서 한 말은 국왕 기금^{King's Fund}의 싱크탱크에서 난자 기증에 대한 토론이 있을 예정이라는 것이었습니다. 쟁점 사안은 자매들 간의 난자 기증이었고, 이타주의의 양심적 행위로 이를 묘사하려고 한다고 했습니다. 그런데 전화를 건 이는 내게 온갖 근심 걱정이 든다면서 자신이 이러는 이유는 사실상 이 일이 의무란 것이 결코 존재하지 않았던 곳에 의무를 들여왔기 때문이라고 했습니다. 인류학자가 자매들 간의 난자 기증에 대해 뭐라고 말해야 할까요? 이 인류학자는 아무 말도 할 수 없었습니다. 그리고 이 인류학자는 이에 대해 말할 수 있는 인류학자가 전혀 없다는 것 또한 알고 있었습니다. 그때 나는 마음을 고쳐먹고 생각하기 시작했습니다. 현대의 친족적 관습에 논평을 해달라고 하는 이러한 상황이 벌어지고 있는 20세기의 후반부에 뭐라고 말할 수 있는 이가 아무도 없다면 나는 무엇을 연구하고 있단 말인가? 이 물음은 정말로 나를 들뜨게 만들었습니다. 그러고 나자 새로운 생식기술에 관한 몇몇 쟁점들이 눈에 들어왔는데요…

로이 와그너의 책을 읽고 딱 10년이 지난 후에 나는 미셸 스탠워스[Michelle Stanworth]가 쓴 《생식기술[Reproductive Technologies]》(1987)이라는 책을 읽었습니다. 이 책은 주류 페미니즘 작가들의 에세이 모음집이었습니다. 물론 그중에 인류학자는 없었고요, 이 책 자체가 생식기술을 다룬 아주 초창기 책이지요.[21] 그때 저는 한창 모건 강의를 어떻게 진행할 것인지를 두고 궁리하고 있었습니다. 그런데 갑자기 자연과 문화, 생물학과 사회, 그 외의 모든 것과 관련된 이슈들에 대한 나의 관심과 동시대적인 논쟁들 사이에 연결이 있는 것처럼 느껴졌습니다. 또한 여기서 《자연 후》의 기초가 된 모건 강의의 주제를 발견했습니다.[22]

카스트루: 그렇게 《자연 후》와 모건 강의에서 적어도 두 가닥이 잡히는군요. 한편에는 말하자면 아메리카의 친족, 와그너 등등이 있고, 다른 한편에는 난자 기증과 새로운 생식기술 같은 일들에 대해 무언가를 말하기를 인류학자에게 요구하는 것이 있고요… 여하간 그렇게 두 개의 프로젝트와 결연했지요? 그러나 당신은 친족을 가져오지 않고서는 새로운 생식기술을 전혀 다룰 수 없었나요? 지금에 와서는 이러한 종류의 일들이 서로 관련되어 있다는 것이 분명해 보이지만 말이죠. 그러나 그사이에 연결을 생각하게 되었다고는 해도 이 둘을 연결할 이유는 딱히 없습니다. 당신은 연결했고, 그렇지만 거기에는 특별한 이유가 없습니다. 물론 연결될 수 있는 분명한 수준이 있습니다. 당신이 그것들을 연결시킨 개념적인 수준은 아니고요. 내가 말하려고 하는 것은 이 둘을 연

결시켜서 사고하는 것이 매우 중차대한 결정이었다는 것입니다.

스트래선: 다만 그것은 슈나이더의 입장에서는 매우 분명했어요. 왜냐하면 슈나이더는 법과 자연의 위치를 찾아냈으니까요. 이러한 논의들이 무엇에 대한 것이었을까요? 그것들은 사회적인 그리고 생물학적인 이슈에 관한 것이었습니다.

파우스토: 영국적인 것을 놓고 보면 난자 기증과 새로운 생식기술이 친족과 연관되어 있다는 생각은 매우 분명한 것 같습니다. 그러한 관심은 친족에 대한 계약주의자^{contractualist}의 시각보다는 프랑스적 시각에서 온 것이 아니었나요?

카스트루: 그렇죠. 다만 내가 보기에 그러한 관심의 이점은, 그러니까 새로운 생식기술이 인류학을 드러낸다고 했을 때 요긴한 점은 사회인류학자들이 처음으로 근대의 친족을 진지하게 받아들이고자 하는 마음을 품게 되었다는 점입니다. 왜냐하면 친족은 근대사회에서 아무런 역할을 하지 않는다고 노래를 불러왔기 때문입니다. 그게 다였습니다.

스트래선: 맞습니다.

카스트루: '아니, 친족은 환상일 뿐이야. 그것은 구조주의적인 중심성^{centrality}이야 등등…' 이것이 노래의 표준이었습니다. 그리고 슈

나이더가 아메리카 친족에 대한 그의 모델을 제안했을 때에도 '이봐, 여기 뭔가 더 있어'라고 하는 말조차 혼자 떠드는 소리 같았습니다. 친족은 여전히 서구 우주론^{cosmology}의 일부이고 비구조적인 뭔가가 아니며 여전히 서구 우주론에서 핵심을 차지하고 있는데 말이죠.

스트래선: 바로 그거예요.

카스트루: 그러나 그것은 고립되어 있었습니다. 왜냐하면 그것은 미국적이었고 상징인류학이었기 때문입니다. 그리고 그는 사회에 대해 말하지 않았고 문화만을 이야기했습니다. 당신은 '문화'가 '사회'를 의미하도록 만들었습니다. 맞죠? 어떻게 당신은 이 특별한 기법^{trick}을 사용하게 되었나요?

스트래선: 그 특이한 질문으로 되돌아가야겠네요. 조금 전 당신이 이야기한 내용으로 돌아갈 수 있을까요? 당신이 지금 내게 들게 한 생각처럼, 네, 실제로 《자연 후》에서의 기획과 《증여의 젠더》에서의 기획 사이에는 절대적인 평행성이 있었습니다. 《증여의 젠더》에서 나의 의도는 '우리는 젠더를 이야기하면서 사회를 이야기한다'라는 페미니스트의 주장을 진지하게 받아들이자는 것이었습니다. 그렇다면 젠더의 사회이론은 어때야 하는가? 이것이 책의 2부에서 알아내고자 했던 것입니다. 그렇게 나는 어떤 의미에서 《자연 후》에서와 마찬가지의 작업을 했습니다. 그러니까 당신이

한 말이 맞습니다. 질문을 곰곰이 따져봅시다… 친족이 다른 곳에서와 마찬가지로 중심적이라고 한다면, 그것은 어떻게 보이기 시작할까요? 물론 여기서 나는 메로그래픽merographic 모델을 도입해야 합니다. 왜냐하면 우리가 프랑스의 동료 학자들에게서 배웠듯이 복잡한 구조와 관련해서 비친족적 요소를 도입해야 하기 때문입니다. 그리고 친족은 '친족'임과 동시에 내가 일종의 작은 돌파구로 보았던 비친족적 요소라는 인식이 있었습니다.

파우스토: 그래서 당신은 자신의 데이터에 완전히 다른 관계성이 있다고 생각하는 거지요? 이를테면 당신이 서구사회에 대해 연구할 때와 멜라네시아에 대해 연구할 때의 경우가 다른 것처럼요.

스트래선: 그런데 《증여의 젠더》와 달리 《자연 후》에는 논란의 여지가 있습니다. 나는 파푸아뉴기니의 지나가는 객으로서 민족지적 자료를 논쟁거리로 삼는 것은 적절치 않다고 생각했습니다. 반면에 나 자신의 사회에서는 내가 하고 싶은 대로 자유롭게 할 수 있다고 느꼈습니다.

파우스토: 개인적으로, 서구 사회에서 연구할 때와 멜라네시아에서 연구할 때에 데이터와의 관계가 이렇듯 뚜렷하게 다른 것이 인류학적인 작업에 어떤 영향을 끼칩니까?

스트래선: 우리 사회를 연구할 때 나는 당파적일 수 있습니다. 나

의 관점이 부분적일 수 있는 것은 나의 독자들이 그 나머지를 채울 것으로 기대하기 때문입니다. 그래서 단순명쾌하게 말할 수 있는 겁니다. 중산층인 한 사람으로서의 견해입니다. 내가 자유로웠기 때문에 나는 저 제약으로부터 자유로움을 느꼈습니다.

《자연 후》의 배후에는 정치적인 의도 또한 있었습니다. 미셸 스탠워스의 책에서—당신은 당시 내게 영향을 주었던 것들의 합류점에 대해 이야기했죠. 그 세 번째가 이겁니다—저 논문 모음집에서 눈에 띄는 것은 선택 개념에 부여된 가치였습니다. 이것이 정치적일 수 있었던 것은 당시 대처 정부가 '고객의 선택'이라는 이미지에 완전히 편승하고 있었기 때문입니다. 즉 제도는 폐기 처분되고 개인은 선택제조기로 재창출되었습니다. 그래서 많은 사람들과 마찬가지로 나 또한 매우 화가 났습니다. 그래서 다음과 같이 질문을 정식화했습니다. 정부의 수장이 어떻게 '사회와 같은 그런 것은 없다'라는 식으로 발언할 수 있는가?[23] 그렇게 발언하는 정부의 수장이 있기까지 어떤 공모가 있었는가? 그것은 우리 모두의 탓일 수밖에 없다. 즉 우리는 모두 어떤 식으로든 그러한 발언에 기여하고 있다. 그러한 발언을 끌어낸 어떤 관념들을 보여줄 수 있는 장소를 잉글랜드 문화의 어디서 찾아낼 수 있지 않을까? 친족은 정치나 정부 혹은 당신의 가능한 선택지에서 멀리 동떨어져 있는 것처럼 생각됩니다. 그러나 실제로 잉글랜드의 친족을 살펴보면 그 속에서 대처의 사고방식을 사실상 지지하는 관념과 이슈를 발견하게 된다는 것을 보여줄 수 있다면, 그때 나는 문화가 어떻게 사회인지를 보여준 것이나 마찬가지입니다. 다시 말해 특정 영역에서, 다른 영역들의 어딘가에서 복제되는 것이 어떻게 발견되는지를 보여주는 것입니다—그리고 만약 우리가 영국 사회를 이해하고 싶다면, 잉글랜드의 친족을 살펴봄으로써 그렇게 할 수 있습니다. 내 나름대로 이것저것 섞어보았습니다. 하지만 그 책은 너무 산만해서 책만 읽어서는 절대로 이런 내 생각을 짐작조차 못할 겁니다.

카스트루: "사회 개념은 이론적으로 쓸모없다"[24]라는 제목의 1988년 맨체스터 토론회에서 누군가 질문을 던졌습니다. 내가 제대로 기억하고 있다면, 그 질문은 당신이 문화라는 이름으로 사회를 공격하고 또 그러면서 사회라는 개념을 비평하지만 시종일관 문화라는 개념은 손상시키지 않는다는 것이었습니다. 그리고 그때 당신은 "아닙니다, 이 논의는 문화 개념에 마찬가지로 적용될 수 있습니다"라고 했습니다. 여기서 이 논의란 예기-제거 분석[obviation analysis]이겠죠, 말하자면.

그러나 그와 동시에 영국의 사회인류학 내에서 사회 개념에 대한 철저한 비판이 있었고, 또 그와 동시에 몇 년 지나지 않아 미국 인류학 내에서 문화 개념에 대한 이와 비슷한 탈구축[deconstruction]이 시작되었거나 시작되려고 했습니다. 그때 영국의 사회인류학이 사회에 대해 갖는 바로 그 문제가 미국 인류학에서 그대로 복제된 것 같습니다. 때때로 선생은 하나의 개념은 다른 개념에 대해서도 쓸 수 있다는 인상을 주기도 하는데, 두 비평을 한 데 모아본다면, 말하자면 사회성을 대신하는 문화성[culturality]이란 무엇일까요? 문화성 같은 것이 존재하기는 한 것일까요? 나의 이 질문은 당신의 《증여의 젠더》 작업이, 사회 개념에 대한 비평이라 할 수 있는 《자연 후》와 마찬가지거나 그 이상이라는 것입니다. 그렇죠? 멜라네시아 맥락에 전혀 들어맞지 않는 사회 개념에 대한 전반적인 비판이 있습니다.

스트래선: 그들(멜라네시아 사람들)의 사고방식을 당신이 이해하고자 한다면, 그렇습니다.

카스트루: 그러나 그렇다면 누군가가 문화 개념의 아메리카적인, 근대적인 비평을 갖고 들어온다면 그들(멜라네시아 사람들)은 그렇다고 말하지 않을까요? 그런데 당신은 멜라네시아 문화의 이름으로 멜라네시아 안에서 사회 개념을 비평하는 것인가요?

스트래선: 네, 바로 그겁니다. 당연히 이 순간 내가 말할 수 있는 자격은 그 사람들의 사고방식의 관점에서 나옵니다. 즉 사회는 그들의 개념적 보편세계universe의 구성요소가 아닙니다.

카스트루: 문화는 그들의 개념적 보편세계의 구성요소입니까?

스트래선: 아니요, 어느 하나로 확실하게 말할 수는 없습니다. 나는 당신에게 이렇게 답함으로써 실제로 당신의 질문에 마찬가지로 답하고 있습니다. 이 용어들은 무엇에 대한 것인가? 내 말은 그것

들은 스스로 존재하지 않는다는 뜻입니다. 우리는 탁자에 둘러앉아 자연이란 무엇이며 문화란 무엇인지 혹은 한쪽이 다른 쪽에 어느 정도로 용해되는지에 관한 법을 만들 수는 없습니다. 이것들은 개념입니다. 뭐랄까요··· 탈구축 deconstruction, 만약 이것이 유효하게 작동된다면, 유동적입니다. 즉 그것은 붙박여 있지 않습니다. 그것은 일시적인 과정입니다. 사물을 열어놓으면 사물은 다시 닫힙니다. 또 사물을 열어놓으면 사물은 또다시 닫힙니다. 다시, 다시, 다시. 그래서 나는 한 맥락에서 개념을 폐기 처분하고 그 개념을 다른 맥락에서 사용하는 것이 전혀 당혹스럽지 않습니다.

그러나 당신은 '문화성'이 무엇이어야 하는지를 말했습니다. 내가 보기에 문화는 우리가 그것을 내부적으로 탈구축해야 했기 때문이 아니라 그것이 과도하게 사용되어왔기 때문에 문제입니다. 즉 정반대입니다. 그것은 거대화 giganticism, 과잉에 속하는 문제입니다. 문화는 어디에나 사용됩니다. 주차 문화, 테이프 녹음 문화 등등. 그래서 그것의 특징 중 하나는 그것이 도처에 있다는 것, 어떤 순간에도 일어날 수 있다는 사실입니다. 음, 내가 복제라고 부를 수도 있는 것, 즉 한 세트의 배치를 다른 세트의 배치와 구별해주는 것은, 서로 다른 영역들이 친숙해지기 위해 형식들 사이에 특정한 결합들 conjunctions과 관계들 relations이 재현되는 정도입니다. 나는 그러한 것들을 건져 올리려 합니다. 그리하여 예를 들어 시장 관계는 항상 비시장 관계와 구별된다는 상념 notion을 법에서도 발견할 수 있고, 가족에서도 발견할 수 있으며 아이들의 그림 등등에서도 발견할 수 있습니다.

카스트루: 이것은《미래를 재생산하다^{Reproducing the Future}》[25]라는 당신의 책에서 중요한 역할을 맡았지요. 이러한 관념은 그 책의 모든 장을 가로지르고 있어요.

스트래선: 맞아요. 그래서 사회성^{sociality}의 일반화된 상념^{notion}에 대한 유사물^{analogue}이, 문화에 대해 말한다면 이러한 복제의 개념이 될 것이고, 당신이 복제의 한계에 다다른 곳에서 사물들은 더 이상 복제될 수 없으며 다시 나타나기를 멈출 것이고, 그때 당신은 다른 곳에 있게 되겠죠…

카스트루: 당신이 또 다른 맥락에서 불러내고 있는 것이 번식하는 형식이군요.

스트래선: (웃음) 내 작업이 어떤 것인지 잘 알고 계시고 그걸 이야기까지 해주시니… 음, 당신에게 선물을 주어야 할 것만 같은 기분입니다. 내가 하겐 사람이라면 당신을 위해 돼지 한 마리를 잡았을 겁니다.

파우스토: 아, 당신이 그렇게 생각한다면 우리는 동등한 위치에 있는 것 같습니다. 다만 질문 하나 해보겠습니다. 당신은 에두아르도에게 답하면서, 여기에서 한 개념을 사용하고 저기에서 다른 의미에서 다른 개념을 사용하는 것에 불편함을 느끼지 않는다고 말했습니다. 왜냐하면 당신 생각에 그것은 결국 수사학적 전략이기

때문입니다. 《증여의 젠더》에 관한 것들 중 하나는 당신이 허구와 수사학적 전략 등에 대해 매우 명시적이었다는 것입니다. 그러나 이러한 류의 수사학이 갖는 한계는 무엇일까요? 왜냐하면 제가 당신의 작업을 이해하는 한에서 당신은 포스트모더니스트가 아니기 때문입니다. 즉 당신은 모든 것이 재현들의 재현들의 재현이라거나 현기증 나는 것들이라고 말하지 않기 때문입니다. 다시 말해 당신은 어떤 의미에서 항상 사회, 젠더, 사회성 등등에 관한 실질적인 주장을 하기 위해 수사학적 전략을 사용하고 있다는 거죠.

스트래선: 전적으로 맞습니다. 두 가지 테스트가 있습니다. 하나는 민족지적 데이터와 공명하는 눈에 빤히 보이는 테스트입니다. 물론 민족지적 데이터 그 자체는 만들어지는 것이기 때문에 허구입니다. 알다시피 민족지적 데이터 자체는 빤히 당신이 묻고자 하는 질문에 답을 얻기 위한 특정한 방식으로 만들어집니다. 그래서 그것은 어느 정도는 자기충족적인$^{self-contained}$ 공명판입니다. 이는 다른 사람들이 말한 것들로 끊임없이 되돌아가는 나를 당신이 발견하게 되는 이유—이것이 두 번째 테스트입니다—입니다. 그렇게 다른 사람들—다른 사상가들이나 이론가들이 아니라 비슷한 사고나 관념을 사용하려는 다른 사람들—을 끊임없이 참조하게 됩니다. 그래서 격렬한 논쟁은 나의 연구작업에서 매우 중요하고 나는 그 속에서 무엇을 하고 있는지를 생각합니다—뭔가를 생각해내려는 것이 아니라, 단지 설명하려는 것입니다. 내 생각에 내가 그 속에서 하는 것은 사고나 관념이 어떻게 다른 사람들에게 소화되

는지^{digest}를 보는 것입니다. 그러자니 이러저러한 논평이 떠오릅니다. 달리 말해 그레고리가 한 말이나 아네트 와이너, 바타글리아, 캐리어가 한 말들을 깊이 생각하게 됩니다. 나는 찬성할 수도 있고 반대할 수도 있습니다. 그건 상관없습니다. 요점은 내가 하는 모든 일은 말하자면 다른 누군가가 이미 생각한 것에서 반 바퀴 회전하는 것일 뿐이라는 점입니다. 그래서 내가 정말로 주장하는 것은 내가 몇 가지 전제들을 공유하는 사상가 집단에 속해 있으면서 다른 사람들이 생각하는 것을 조금 비틀어본다는 것입니다. 이건 쿤을 따르는 철학자들이 하는 일과 다소 비슷합니다. 나는 쿤을 따르지는 않지만⋯ 지금 내 말이 이해됩니까?

파우스토: 네, 이해합니다. 그러나 당신의 작업에 관한 것들 중 하나일 것이라고 생각되고, 나로서는 당신의 이야기가 당신이 수사학적 전략을 매우 의식적으로 사용한다는 것으로 들립니다. 그리고 어제 당신이 책임성^{accountability}에 대해 이야기했을 때, 당신은 아 이러니 같은 모든 수사학적 전략과 또 그에 대처하기 위한 수사학적 전략이 있다고 말했습니다. 그래서 나는 수사학이 당신의 작업에서 어떤 역할을 하는지를 이해하려고 했습니다. 그것은 매우 의식적인 것이며 정교화된 것으로 내게는 들립니다.

스트래선: 음, 부분적으로 염려가 되는군요—그러면 내가 좋게 보이지 않을 텐데요—부분적으로 무책임의 문제입니다. 즉 나는 내가 하는 일에 대한 총체적인 책임성을 주장하지 않습니다. 그것이

뭐가 그리 대수인가 싶거든요. 내가 말하는 것은 그건 수사학이며 빠져나가는 것이라는 점입니다. 사람들은 이런 것을 인정하고 싶지 않을 겁니다. 비록《증여의 젠더》2부는 그 책에서 미학이라는 상념이 차지하는 역할의 대응물이고, 문화 속에서 사는 것들은 말하자면 그것들이 특정한 형식을 갖고 있기 때문에 사는 것—혹은 삶을 사는 것—이고, 그것들이 특정한 형식을 취하기 때문에 설득력을 갖습니다. 사물이 취하는 형식은 정말로 중요해요. 우리가 예전에 이야기했던 것처럼, 중요한 것은 사람들이 관계에서 시작하는지 혹은 사물이라는 상념에서 시작하는지의 여부예요.

　　내가 다른 부류의 사람이라면, 나는 이렇게 말했을 거예요. "나는 내 이론을 갖고 있으며 내 이론의 요소는 A, B, C다. 그리고 A는 이것을 의미하고, B는 이것을 의미하며, C는 이것을 의미한다. 나는 그것들이 X, Y, Z라고 말한 것을 다루지 않는다. 이론적 근거를 밝히겠다." 나는 이런 식으로 영위하지 않습니다. 그 대신 내가 말하는 바는—누구에게든 들려주려는 바는—"X와 Y는 이런 식으로 문제를 제기하지만, 그에 대해 생각할 다른 것들이 있으므로 그것들이 생각하는 형식을 우리가 바꾸자"입니다. 그러나 이것은 의식적인 절차이므로, 나는 그것에 절대적이거나 본질적인 지위를 부여하지 않습니다. 나의 주장은 항상 논쟁을 위한 것입니다.

카스트루: 네, 저도 논쟁을 원합니다. 당신의 이론적인 노력의 상당 부분은 가령 사회와 개인, 문화와 자연, 정확히는 이 두 쌍 같

은 특정한 중심부적 이론의 대립물들^{oppositions}을 분해하는^{dismantle} 것이었습니다. 다른 한편에서 많은 사람들은《증여의 젠더》를 우리와 그들 사이에 주요한 대립물을 세우는 것으로 독해해왔습니다. 이것은 지금까지 반복되는 주제인데, 중심화^{centralism}, 서구화^{occidentalization}, 선물과 상품의 이분법 등등 말이죠… 그리고 당신은 언젠가 이 질문에 답하기도 했습니다. 정확히 말하자면, 이것은 대개 체험적으로^{heuristic} 그리고 수사학적으로 사물을 배치하는 방식입니다. 그러나 제 요점은 다음에 관한 것입니다. 내 생각에 당신은 멜라네시아 사람들이 우리의 사고방식과는 매우 독특한, 매우 다른 것을 갖고 있다고 느끼는 것 같습니다. 내가 당신에게 질문하지 않는 것은 당신의 생각에 동의할 수밖에 없기 때문입니다! 나도 그렇게 느낍니다. 다만 이러한 특수한 유형의 비평에 대한 당신의 생각을 이야기해줄 수 있을까요?

스트래선: 좋습니다. 네, 이는 독자들과 비평가들 사이에서 끊임없이 제기되는 문제입니다. 선물과 상품, 우리와 그들 등등. 당신이 인식해야 하는 것은 우리와 그들이 남성과 여성이 아니라는 점입니다. 달리 말하면, 내가 페미니즘의 퍼스펙티브에서 그에 접근한다면, 남성과 여성 사이에 분열을 만들고 싶었을 것이고, 가령 그것을 고찰할 때에 남성주의의 관점에서 이것을, 페미니즘의 관점에서 저것을 보았을 겁니다. 내가 실제로 투입하는 것은 인류학적인 논평, 즉 멜라네시아 사람들과 유로-아메리카 사람들 간의 차이^{divide}가 실제로는 더 크다는 것입니다. 그래서 한쪽은 다른 한쪽

에 대한 답입니다. 하지만 물론 사람들은 문제를 풀면서 새로운 문제를 만듭니다. 결국 내게 남는 문제는 내가 이 본질주의를 지지하는 것처럼 보인다는 것이고요.

차이^{difference}가 사고방식 속에 있다고 당신이 말했을 때 당신은 정곡을 찌른 겁니다. 그 차이를 조금 더 확장해서 기술^{description}의 방식 속에서 말해보겠습니다. 약간 기괴하게 들릴지 모르겠지만, 어제 내가 말한 것과 달리, 감사^{audit} 등과 관련해서 강요받았던 최근의 이러한 사고방식, 즉 감사가 기술^{description}을 통해, 자기기술 $^{self-description}$을 통해, 그리고 인식론에 대한 당신 자신의 논평으로부터 거래되고 있다고 생각하는데, 에두아르도 당신은 지식을 만드는 우리의 방식, 그러니까 당연히 기술에 집중적으로 의존하는 방식의 독특함을 내가 볼 수 있도록 도와주지요. 그리고 나는 직관적으로 오랫동안 우리가 사는 방식, 즉 모호하게, 모순적으로, 그리고 한 번에 여러 가지 일을 할 수 있으면서 살아가는 방식이 기술을 통해 얻는 것과는 매우 다르다고 생각해왔습니다. 이 말뜻은 자전거를 타는 것과 자전거 타는 방식을 기술하는 것 사이의 차이와 같습니다. 어떻게 실제로 자전거 안장에 올라타서 자전거 바퀴를 굴리는지를 기술하는 것만으로는 책을 마무리할 수 없습니다. 이러한 차이는 기술의 실천 속에서 나타납니다. 그러나 우리는 기술과 거래하고 있고, 그러므로 멜라네시아 사람들이 그들 자신에게서 만들어내는 이러한 기술과는 다른, 우리 자신에 대한 기술을 우리가 생산해낸다는 사실을 나는 온전히 지지합니다. 이것은 이해력^{comprehension}이나 인지 구조 혹은 내가 멜라네시아 사람을 이해할 수 있는지 혹은 내가 그들과 상호 작용하거나 행동할 수 있는지 등과 전혀 상관이 없습니다. 그런 것들은 문제가 되지 않습니다. 이슈^{issue}는 누군가 세계에 대한 설명^{account}을 만들어내기 시작하는 시점에서 나옵니다. 젠더와 관련해서도 이와 매우 비슷한 일들이 일어나지요.

카스트루: 그렇다면 이것은 보편적인 것 대 상대적인 것에 대한 이슈가 전혀 아니죠? 당신이 그렇게 말하지 않는다는 의미에서… 당신이 우리와 그들 간의 인간 본성의 공통성을 부정하고 있다고 사람들이 실제로 암시하기 때문에. 그렇죠?

스트래선: 네, 내가 말하는 것은 차이가 존재하는 곳에서는 인간 본성에 대한 그들의 설명^{account}이 우리의 그것과 근본적으로 다르다는 것입니다. 그러나 요점은 우리가 설명과 거래할 뿐이라는 것입니다. 저 차이를 피해갈 방법은 없습니다. 내 말뜻은 '우리는 지금 잘 이해하고 있다. 그것은 단지 각기 다른 설명의 문제일 뿐이다. 우리의 공통성을 잘 만들어가자'라고 당신이 말할 수 없다는 것입니다. 왜냐하면 우리는 의사소통을 시작하는 순간, 이러한 자기기술^{self-description}을 통해 그렇게 하기 때문입니다. 이것을 온전히 이해해야 합니다.

카스트루: 메릴린, 나는 당신의 연구작업에서 절대적으로 중심적인 역할을 한다고 생각되는 특정 개념을 다뤄보고 싶습니다. 그것은

아마도 내가 물으려 했던 마지막 질문, 그러니까 우리와 그들, 형식의 개념, 다시 말해 형식에 대한 당신의 사용법 속에 있는 퍼스펙티브라는 상념과 관련됩니다. 과정상의 개념들이 지배하는 세계에서 당신은 거의 고립되어 있습니다. 당신은 형식^{form}을 지지하고 과정^{process}을 지지하지 않는 소수의 목소리 중 하나입니다.

스트래선: 맞습니다. 내가 용납할 수 없는 일련의 개념들이 있습니다. 이는 모순의 문제로 되돌아가면서 내 스스로 그것들을 사용하지 않는다는 것을 의미하는 것이 아닙니다. 한마디로 나는 정말로 그러한 개념들을 용납할 수 없습니다. 이 모든 것은 존 반스^{John} ^{Barnes}[26]와 함께 시작됩니다. 당신에게 명확한$^{clear-cut}$ 출계집단이 없다면 여하간 유동적인 위치에 있게 된다는 상념에서 시작되지요. 내가 견딜 수 없는 유동성과 모호성에 관한 어떤 전반의 언어가 있었습니다. 민족지학자들이 하는 일 중에 관찰된 유동적인 상황을 기술하는 일이 없기 때문에 그런 것 같습니다. 사실 그들은 언어에 대해 부주의했습니다. 다시 말해 그들은 언어를 정확하게 사용하지 않았습니다. 그래서 사람들이 말하기 시작하면, 사물들은 훨씬 더 모호해지는 것입니다. 그러면 나는 그들이 정말로 모호한 말을 하고 싶은 것인지, 그들이 사물들의 그 외 여러 방식을 이해하고 있다는 것인지, 아니면 단지 〔이해가〕 흐릿하여 해결되지 못한다는 것을 말하는 것인지를 알고 싶습니다. 이렇게 되면 기술이 실패한 겁니다. 그래서 이것은 나를 한없이 괴롭히는 한 가지입니다.

결국 유동성과 모호성은 파편화^{fragmentation}라는 상념으로 넘어가는데, 파편화는 내가 용납할 수 없는 또 다른 어떤 것입니다. 사람들은 세상이 파편화되어 있다고 말하면서 현대의 전문용어를 총동원합니다… 제임스 클리퍼드가 좋아하는 그런 종류의 용어들 알지요? 파편화 개념을 사용하는 사람들이 분석되지 않은 채로 남아 있는 전체 또는 전체성의 개념을 취하기 때문에, 이것은 다시금 나를 괴롭힙니다. 이는 단지 연결하지 않아도 되는 방법일 뿐입니다.

이제 과정^{process}은 단순히 기술의 다른 방식들로부터 달아나기 위해 사용될 때 괴로워하는 나 자신을 발견하게 되는 용어군에 속합니다—이것은 오늘[27] 열린 강연에서 내가 두 가지 궤적의 번잡한 방식으로 한 번에 두 가지 말하기를 선호한 이유입니다. 그것이 장르의 경계를 흐트러뜨리며 얕은 물에서 노를 젓는 기어츠적인 방식보다 훨씬 재밌고 알찬 것 같습니다. 나는 단지 그런 부정확함^{imprecision}을 좋아하지 않을 뿐입니다. 사물은 과정상에 있다는 식으로 말하는 것은 얕은 물에서 노 젓는 것과 다를 바가 없는 것 같습니다.

형식, 추정컨대 형식은 블랙박스입니다. 당신은 내 말에 동의하지 않을 수 있지만, 서술^{narrative}과 설명^{account}이 효과를 발휘하려면 설명되지 않는 것이 있어야 합니다. 땅^{ground}에는 구멍 같은 저장소가 있어야 합니다. 당신이 글로 쓰는 것들 중에 그렇게 하지 않으면 효과를 발휘하지 않는 것을 넣어두는 구멍 말입니다.

가정컨대, 내가 형식을 풀어내기를 원치 않는다면, 그러니까 그것을 블랙박스로 놔두고자 한다면, 이러한 물상화^{reification} 개념과 관련해서 형식이라는 용어를 사용하는 데에는 강한 의미가 있을 겁니다. 다시금 내가 정말로 제대로 생각하는지 확신이 서지 않습니다. 그러나 뉴기니 사람들이 하는, 사물의 존재 여부를 가리는 일종의 판정을 보면 내 생각에 확신이 섭니다. 아무개는 건강한가? 이 씨족은 강한가? 저 사람은 무엇을 생각하고 있는가? 사물이 발생하는 것에 대해 우리가 가진 증거는 무엇인가? 음, 어떤 일이 일어났다는 증거는 지금 어떤 일이 나타나는 방식이고, 어떤 일이 나타나기 위해서는 특정한 형식을 취해야 합니다. 다시 말해 신체가 특정한 방식으로 나타나야 하거나 일정 수의 남자가 나타나야 하거나 당신이 분쟁을 일으켜야 하거나 일으키지 말아야 합니다. 바로 이것이 당신의 증거입니다. 그렇게 당신의 사물이 됩니다. 나는 이 사물의 생산이 대응물counterpart이라는 생각이 듭니다… 음, 내가 처음부터 말하지 않았나요? 다른 이야기를 나누는 중에 나왔을 겁니다… 리세트 조지파이즈의 그 질문입니다. 자본주의 경제에서 사물의 생산이 사회관계를 숨기면, 그때 사회관계의 생산은 경제가 아니라면 무엇을 숨기는가?[28] 그것은 상징 형식, 곧 사물의 물상화reification입니다. 그리고 나는 '사물'을 실체적 감각으로 이해하지만, 미학적 감각 속에서 그것이 어떻게 인식되는지를 논합니다. 그래서 나는 '형식'이라는 용어를 사용합니다. 형식이란 사물의 출현이며 가시화된 성질qualities과 속성attributes입니다. 그것은 하겐 사람들이 이론화하지 않는 것입니다. 그들은 사물이 왜 형식을 갖는지를 설명하지 않습니다. 왜냐하면 형식을 취하는 것이 그들의 증거이기 때문입니다. 증거는 교섭할 수 없어야 합니다. 그렇지 않으면 증거로서 작동하지 않습니다. 그래서 이것은 담론의 가정이 아닙니다. 반면 우리에게는 담론의 가정이 끊이지 않습니다. 그래서 우리는 사물의 이유를 끊임없이 탐구합니다. 우리의 모든 분류법taxonomies과 식물학과 분류 체계는 사물이 갖는 본질의 구체화specification에 관한 것입니다. 그러나 그 사람들은 그렇게 하지 않습니다. 왜냐하면 그들에게 사물이란 그들 자신이 행동했다는 증거이기 때문입니다.

파우스토: 흥미롭네요. 당신이 사용하는, 아마존 민족학에서 당신의 작업으로부터 자주 가져오는 '사회성'이라는 개념 말입니다—단지 각주로 달릴 말입니다. 당신이 그것을 사용하는 두 가지 방식이 있다고 할 수 있습니다. 하나는 조안나 오버링Joanna Overing 29의 작업에서 발견되는 더 현상학적인 것으로서 사회성이 사회관계의 특정 경험 같은 것으로 사용되는 방식입니다. 다른 하나는 가령 사회성의 형식으로서 더 구조적인 접근 방식 속에서 사용되는 방식입니다. 여기서 '형식'이라는 말은 아마존 민족학에서 사회성에 대한 더 구조적인 접근과 더 현상학적인 접근 사이의 주요한 차이를 가리킵니다.

카스트루: 이것은 또한 내가 아마존의 맥락에서 생각하는 어떤 것과 관련이 있습니다. 당신은 거의 아마존의 민족지학자들에 의해 만들어진 맥락 속에서 인터뷰를 하고 있으므로, 사회성에 대한 당신의 상념과 '도덕성'morality에 대한 당신의 상념 사이에 무슨 관계

가 있는지, 당신이 보기에 있다면 말해주시면 좋겠네요. 우리의 맥락에서, 아마존의 맥락에서 사회성은 사회생활 전반에 관한 특정한 도덕적 개념과 강하게 상호 관련되어 있습니다. 내가 잘못 이해하지 않았다면 《증여의 젠더》에서 당신은 그 사회성이란 도덕성이나 그런 효과를 내는 것과는 아무 관련이 없다고 말합니다. 매우 짧은 문장이었지만 그에 관해서는 굉장히 명확했습니다.

스트래선: 사실 형식과 사회성에 대한 이러한 문제는 같이 갑니다. 네, 나는 관계와 결부되는 한에서 형식주의자라고 말하고 싶습니다. 제가 사회성^{sociality}이라는 말을 좋아하는 한 가지 이유는 그것이 사교성^{sociability}이라는 용어가 아니기 때문입니다. 사교성은 영어로 공동체, 공감—이런 말들을 좋아하지 않는다는 것을 말해두어야겠군요—의 경험을 의미합니다. 나는 앞서 '파편화' '유동성' '과정'이라는 단어를 좋아하지 않는다고 말했습니다. 음, 용납할 수 없는 것이 또 있습니다. (나는 매우 편협한 사람입니다!) 그것은 관계성^{relationality}이라는 상념을 감상적으로 다루는 것입니다. 이 반발은 부분적으로 페미니스트 및 여성적 민감함^{sensitivity}에서 나옵니다. 왜냐하면 페미니스트들과 여성들이 사회생활의 감정적인 몫을 떠안고 있다고 사람들이 생각한다는 것을 당신은 알아야만 하기 때문입니다. 그리고 내가 관계라는 말에 대해 이야기할 때마다, 사람들은 즉시 '글쎄, 당연히 그녀는 여자이고, 그녀는 관계를 중요하게 생각하기 마련이야'라고 상정해버립니다. 왜냐하면 그들은 친족에서 유래된—내 생각에—이 독특한 구성물을 관계로

읽어내기 때문입니다. 그러니까 관계성이란 여하간 본질적으로 가치가 있다는 것이지요. 잭 구디가 몇 년 전에 가르쳐준 것과 같이—나는 그가 출처라고 거의 확신합니다—늘 내 머리에 박혀 있는 생각은 전쟁을 벌이는 것이 평화를 조성하는 것과 다를바 없는 하나의 관계성이라는 것입니다. 그리고 그 작은 경험칙은 그 후로도 계속해서 늘 나를 따라다닙니다.

우리는 정말로 지금까지 어디서도 기술되지 않은, 유로-아메리카 사상에서 매우 설득력 있는 구성물을 다루고 있습니다. 한 가지 예를 들어보겠습니다. 어쩌면 이것은 유로-아메리카 사상이 아닐 수도 있습니다. 어쩌면 단지 잉글랜드적일 수도 있습니다. 당신이 판단해서 내게 말해주세요. 내가 영어로 당신에게 에두아르도는 참된 인격성personality을 갖고 있다고 말할 수 있습니다. 이때 나는 '인격성'을 두 가지 의미로 사용하고 있습니다. 우리는 모두 인격성을 갖고 있다는 의미에서 인격성이라는 말을 쓰고 있지만, 에두아르도는 강한 인격성을 갖고 있다는 의미로도 인격성이라는 말을 쓰고 있습니다. 이런 일이 우리 언어에는 자주 일어납니다.

'관계'는 정확히 이와 같습니다. 나는 우리가 관계를 가진다고 말할 수 있습니다. 그리고 내 말은 우리 둘 다 관계를 가진다는 뜻입니다. 물론 이것은 공리입니다, 우리가 속해 있는… 이것은 사회적 맥락이며, 우리는 공식적인 의미에서 관계를 가집니다. 그러나 내 말은 우리가 친밀하게 어울리고 감정을 교류한다는 의미로 관계를 가진다는 뜻이기도 합니다. 항상 이 [비공식적인] 도덕적 가치가 있습니다. 그래서 나는 관계를 감성적으로 다루는 것,

예를 들어 호혜성을 이타주의로 환원하는 것을 싫어합니다. 사회성을 사교성으로 환원하는 것 말입니다. 이 용어에 뜻이 채워지는 각각의 순간에 긍정적인 어조를 띠는 경우도 있지만 전쟁이나 분쟁과 관련되면 부정적인 어조를 띠기 시작합니다. 이러한 모든 문제는 구조 기능주의에서 발견되며, 사회는 본질적으로 연대라는 생각에서 비롯됩니다. 당연히 포르테스는 여기에 도덕성을 붙들어 맵니다. 관계를 갖는 것은 좋은 일이고, 그러므로 분쟁과 전쟁은 왠지 파괴적인 어떤 것이라는 생각 말입니다.

　의심할 여지없이 레비스트로스가 가장 큰 공헌을 남긴 곳이 바로 여기입니다. 그리고 사실 래드클리프브라운과 레비스트로스의 논쟁을 살펴보면, 이 차이는 매우 명확합니다. '동맹'alliance이라는 용어의 사용을 예로 들어봅시다. 래드클리프브라운은 동맹에 대해 이야기할 때—농담관계[30]에서처럼—두 개체entity 사이에 긍정적이거나 부정적일 수 있는 관계를 염두에 두지만, 여기서 두 개체는 어찌 되었든 마치 당신이 모여들게 한 것처럼 응집력을 가집니다. 이것은 물론 유로-아메리카의 원초적인 요소이며, 아마도 나는 이를 중산층 영어 친족관계라고 불러야 할 것 같습니다. 슈나이더가 이해한 영어 중산층의 친족적 사고는 '사람들이 있고 사람들은 관계를 갖는다'는 것입니다. 레비스트로스는 물론 '아니다, 관계가 있고 개체entity는 관계의 산물이다'라고 말하겠지요. 그리고 그가 동맹이라는 용어를 사용할 때는 래드클리프브라운이 염두에 두었던 연대 같은 것이 아니라, 관계 사슬enchainment의 형식적 위치를 나타낼 때입니다. 이것은 영국의 시각과 프랑스의 시각의 주요한 차이입니다.

　보다시피 래드클리프브라운과 레비스트로스의 논쟁은 그 후로 오랜 세월이 흘렀지만 단순한 논쟁이 아니었습니다. 나는 여기서 '문화'라는 용어를 빌리는 것이 유용하다는 것을 알았습니다. 관계가 영위하는 방식, 영어 문화권의 구성물, 그 외의 모든 것에 문화적 이슈가 배태되어 있기 때문입니다. 그리고 관계는 여하간 연결되며, 연결하는 행위는 여하간 긍정적인 행위라는 생각은 여전합니다. 이 생각을 없애는 것은 거의 불가능합니다. 만약 사람들이 내게 어떻게 그것을 없앨 수 있느냐고 물어본다면 말이죠. 그러나 이것이 의미가 있을까요?

카스트루: 그렇지만 이것은 매우 흥미로운 지점입니다. 왜냐하면 적어도 내가 그것을 이해하는, 번역해서 이해하는 시각에서 당신의 사회성 개념은 무엇보다 미학적입니다. 게다가 무엇보다 윤리적입니다. 그래서 그것은 미학과 윤리학을 맞부딪히게 하는 문제입니다. 너르고 적절한 의미의 형식, 사회적 형식 속에서 미학…

스트래선: 바로 그겁니다. 미학은 형식의 타당성^{appropriateness}에 관한 것이기 때문이죠. 사물이 나타나는 방식에는 적절성^{propriety}이 있습니다. 그리고 실은 어떤 의지나 의도, 말하자면 당신이 행동을 취할 수 있고 판단할 수 있게 하는 그런 것이 없다면, 사물은 나타나지 않습니다. 그래서 미학은 판정적일^{judgemental} 수 있습니다. 네, 미학은 판정^{judgement}의 문제입니다.

파우스토: 마지막 질문만 남았습니다. 스페인에서 열린 베너그렌 Wenner-Gren 심포지엄[31]에서 아마존과 멜라네시아 젠더의 비교를 논하는 회의에 당신이 있었습니다. 심포지엄에서 제기되거나 제안된 비교의 가능성과 비교된 사물들의 지위에 대해서는 무엇을 느끼셨나요?

스트래선: 우리가 서로의 민족지에 흥미를 느끼는 일이 우리 모두에게 일어났습니다. 그 점이 참으로 놀라웠습니다. 수많은 지점에서 저 민족지들은 합류하여 함께 나아가고 서로에게 말했습니다. 가장 흥미로운 차이점은, 짐작해본다면—부분적으로 학회를 짚어보는 것이고, 내게는 물론 흥미롭습니다—젠더 구성물이 맡는 각기 다른 역할과 그 차이divide의 가시성이었습니다. 그리고 에두아르도와 나는 에두아르도가 케임브리지를 방문한 이래 종종, 떼엄떼엄 이에 대해 이야기를 나누고 있습니다.

　　내가 그에게서 배운 것은 짐작컨대 경계를 창출하는, 동기를 부여하는 매개가 있다는 것입니다. 파우스토 당신의 논문에서는 (재생산과 세대 창출의 맥락에서) 낯선 자를 끌어들이기 위해 사회 외부로 나가야 할 필요에 대해 이야기합니다. 낯선 자와 친해지고 낯선 자가 되려 하고 그래서 낯선 자를 죽이기 위해 다시 낯선 자와 멀어집니다.[32] 재생산 개념에 기여하는, 동기를 부여하는 경계—여기서 재생산은 부모-자식 관계와 세대 생성 등을 둘러싼 생식력 및 출산력의 지속을 의미합니다—는 멜라네시아에서는 남성과 여성 간의 차이 언저리에서 펼쳐집니다. 그에 반해 아마존에서 우리가 다루는 것은 인간 적들 혹은 비인간 정령들과 동물들과 그 외 모든 나머지들입니다. 기본적으로 대략 훑어본 것입니다. 내게 보람찬 것은 멜라네시아 사람들이 인간을 비인간의 세계와 구획하지 않는다는 것, 그러나 그들은 다양한 부류의 인간을 구획하고 있으며 젠더 차이는 말하자면 여기서 결정적으로 중요하다는 것, 젠더 차이는 부계 친척과 모계 친척 간의 차이를 창출한다는 것을 깨닫는 것입니다. 그리고 존재론^{ontology}에 대한 에두아르도의 관심에서 빌려 말하면, 한 인격이 부계 친척과 관계하는 방식이 모계 친척과 관계하는 방식과는 다른 존재의 상태에 그들을 있게 한다는 사실을 이제 나는 공식화할 수 있습니다. 이러한 것들은 사람들이 영위하는 각기 다른 세계들입니다.

당신의 질문에 똑바로 대답한 것 같진 않습니다. 실은 그 학회는 매우 생산적이었습니다. 그곳에서는 모두가 자극을 받았습니다. 그렇지만 우리가 지향하는 것과는 다릅니다. 희망적인 것은 우리가 둘러앉아서 항목과 항목을 체계적으로 비교할 수 있었다는 것입니다.

거꾸로 내가 질문을 해도 될까요? 향후 인류학을 짊어질, 인류학을 위한 미래 기반을 당신은 어디에서 봅니까?

카스트루: 인류학의 미래는 라투르가 주창하는 대칭적 인류학이라는 사상이라고 생각합니다. 그것이 바로 당신이 하는 일이고요. 통상적으로—이 점이 아주 재밌습니다—전통적으로 사람들은 도덕적 교훈을 가르치기 위해 야만인을 활용했기 때문에 극소수의

사람들만이 이 일을 합니다. 지금까지는 기본적으로 우리가 그들이 되지 않는 것을 자랑스러워하거나 더 이상 야만인이 되지 않는 것에 죄책감을 느끼게 했습니다. 그게 다였습니다. 그다음에는 소위 원시사회에서 작업하는 사람들과 소위 복잡사회에서 작업하는 사람들이 서로 아무 말도 하지 않는 때가 있었습니다.

스트래선: 영국에서는 실제로 식민화의 영향으로 축소될 수 없는 이국적이거나 거리가 먼 삶의 조건 같은 것들이 조금이라도 낌새를 보이면 극도로 참지 못하는 편협함이 있습니다… 유럽의 역사, 서구의 팽창, 그와 관련된 정책이나 그 외 모든 것들… 실제로 그것은 정말로 몇몇 현대 인류학자들과 벌이는 나의 싸움입니다. 이러한 것들이 태평양을 비롯한 지역에서 유럽의 확장에 달린 것임을 보여줌으로써 그러한 상황에 대한 관심을 정당화해야 한다는 요구에 나는 동의하지 않습니다. 그것은 윤리적인 지점입니다.

카스트루: 나르시시즘, 나르시시즘이 가지는 최악의 형식입니다.

스트래선: 맞습니다. 그것은 차이를 과장하게 만들어요. 이 대화를 처음 시작할 때 내게 이론적인 결정에 대해 물었지요. 이론적인 결정이 바로 여기 있습니다. 그것은 새로운 생식기술의 이슈 속에서 내가 의식하게 된 하나입니다. "보세요, 이 안에는 새로운 것이라고는 아무것도 없어요. 우리는 늘 이렇게 해왔습니다. 기술이 대체된 것뿐입니다"라고 말하는 수많은 사람들이 있기 때문입니

다. 또 다른 사람들은 이렇게 말합니다. "오, 신이여, 세상이 끝나가고 있습니다, 대격변이 찾아왔습니다." 음, 내가 내린 이론적 결정이란 후자에 속합니다. 부분적으로는 그것이 더 흥미롭기 때문에, 더 즐겁기 때문에, 내 마음에 더 많은 즙을 주기 때문입니다. 그러나 진지하게 그리고 정치적으로 말하자면, 첫 번째 반응——여기에는 새로운 것이라고는 아무것도 없다, 우리는 항상 이에 익숙해져 있다, 우리는 늘 이렇게 해왔다——은 법을 만들어내기에 사실상 가장 급진적인 실천을 부추기는 극도로 보수적인 윤리입니다… 당신은 새로운 어떤 것도 하지 않기 때문에 어떤 것이라도 할 수 있습니다… 그러므로 "오, 신이여, 세상은 끝나가고 있습니다"라고 말하는 두 번째 반응은 공식적으로 보면 당연히 터무니없지만, 그 반응은 "잠깐 기다려, 멈춰, 잠시만, 우리가 무얼 하고 있지?"라고 말하는 것입니다. 뒤로 한발 물러서서 "신이여, 지금 여기서 무슨 일이 일어나고 있는 걸까요?"라고 말하는 순간입니다. 나는 이편이 좋습니다. 반대 주장이 있습니다. 이렇게 말이죠. "보세요, 모든 것은 식민지 역사와 유로-아메리카의 역사의 관점에서 해석되어야 합니다, 뉴기니 사람들은 플랜테이션 노동자 외에는 이해할 수 없어요, 당신은 이국적으로만 보고 있어요."——내가 속한 후자는 단지 잠시 멈추고 되돌아보게 해서 차이를 매우 의도적으로 확장합니다.

카스트루: 메릴린, 권리에 대해 마지막 한마디를 부탁합니다. 당신은 지적 재산권의 문제를 알기 위해 어느 정도 체계적으로 공부하

기 시작했고, 재산권 개념, 그중에서도 특히 '권리'를 일종의 언어로 개념화하는 것에 관심을 갖고 있잖아요. 당신이 시작조차 하지 않았을 것을 오해하고 있을 수도 있겠지만요. 나는 당신이 무언가 할 것처럼 느껴지고, 이유는 모르겠지만 당신이 무언가 하리라 상상하게 됩니다… 선물-상품 구분을 계속 가져가봅시다. 이것은 내가 아주 좋아하는 상당히 안정적인 구분입니다. 권리는 상품에 대한 관계적인 상호관련성이라고 할 수 있습니다. 권리가 관계인 것과 마찬가지로 상품은 사물인 것입니다. 권리는 관계의 유형, 즉 상품의 조건 속에서 가질 수 있는 유일한 유형 혹은 모델 유형입니다.

스트래선: 이걸 갖다 써야겠군요. 매우 유용하겠습니다.

카스트루: 권리는 상품경제에서 관계가 취하는 형식입니다. 선물경제에서 이러한 존재론적 범주의 권리와 동등한 것은 무엇일까요? 우리는 동등한 언어를 개발할 수 있을까요? 우리는 권리의 언어에 대한 대안을 제시할 수 있을까요? 권리의 언어에 관한 나의 문제의식은 권리의 언어가 필연적으로 상품의 지평을 암시한다는 것입니다. 권리 개념은 상품의 지평에 깊숙이 파묻혀 있습니다. 결국 재산권이라는 하나의 권리만이 있을 뿐입니다. 권리는 그렇습니다. 권리는 단지 재산권의 이름일 뿐입니다. 이제 당신이 지적 재산권의 개념 전체를 바꿔 말하고 싶다면, 무엇이 관계의 고유한 물상화로서 권리의 자리를 넘겨받을 수 있을까요?

스트래선: 좋습니다. 관계는 상품의 관계적인 상호관련성입니다. 그래서 우리는 선물 속에서 무엇을 찾고 있습니까? 우리는 실체 혹은 선물의 상호관련성 같은 것들을 찾고 있나요? 그것이 우리가 찾는 것입니까? 그것이 당신이 강조하는 바입니까?

카스트루: 아니요, 제가 질문을 잘못 제기한 것 같습니다. 그러나 가령 만약 당신이 선물과 상품을 사물로 다룬다면 그때 우리가 가진 것은…

파우스토: 이 사물들에 대한 두 부류의 관계들.

카스트루: 물론 선물도 관계이고 상품도 관계이지만, 상품은 그것이 특정 수의 권리들을 구현하는 한에서만 관계입니다.

스트래선: 그래요. 그래서 우리는 상품의 감각으로 선물을 받고 있고, 그것은 선물을 사물로 상상하는 것입니다.

카스트루: 맞습니다.

파우스토: 상품이 선물하는 것이라면, 권리는 무엇을 하는 것인가요?

카스트루: 그것은 상품 등식이었습니다. 내가 선물을 상품의 사물적 관점, 말하자면 단지 논의 그 자체를 위한 사물로 규정했기 때

문에, 당신이 절대적으로 옳습니다. 우리는 정치가들에게 이야기할 언어가 필요하기 때문입니다—그리고 이 언어는 약간의, 최소한의 물상화를 갖추기만 하면 됩니다. 내 말을 당신이 이해한다면, 우리는 그들에게 권리와 유사한 어떤 것을 제시해야겠죠? 전체를 파악하기 위해서는 약간의 조정이 필요합니다…

스트래선: 음, 이에 관해 멀리 떨어져서 생각해야겠어요. 그냥 내 생각을 말하겠습니다. 상품의 권리는 특이한 입장을 전제합니다. 즉 특이성의 규정입니다. 우리가 한 사람과 거래하든 수많은 사람과 거래하든 그것은 문제가 되지 않습니다. 우리는 특이성의 조건 state과 거래합니다. 선물 관념은 관계의 산물, 차이의 산물을 나타내야 합니다. 선물은 특이성이 될 수 없습니다. 그래서 그것은 생식력의 관용어에서 끌어낸 어떤 것이어야 하고, 어쩌면 효과 같은 수행적 관용어일 수 있습니다. 그러나 그렇게 하지는 않을 겁니다. 내가 지적 재산권에 끌리게 된 이유 중의 하나로 생각되는 것은 그 내용이 실제로 유로-아메리카 사상가들의 방식에서 나왔기 때문입니다. 언어가 제대로 대체하지 못하는 현장 속으로 투입되는 방식 말입니다. 이 사람들은 그들이 묶인 개념적 밧줄의 거의 끝자락을 붙들고 있습니다.

옮긴이 해제

1   실제로 인간이 발 딛고 있는 지구는 태양 주위를 엄청난 속도로 공전할 뿐만 아니
     라 태양계 또한 은하계에서 엄청난 속도로 공전하고 있으며 나아가 은하계도 엄
     청난 속도로 우주를 돌고 있어서 이 광활한 우주에는 애초에 자기 자리라는 것도
     있을 수 없고 한 번 지나간 자리에 되돌아올 수도 없다.

2   Eduardo Viveiros de Castro. 2015. "Who is Afraid of the Ontological Wolf?:
     Some Comments on an Ongoing Anthropological Debate" *The Cambridge
     Journal of Anthropology* 33(1): 2-17.

서문: 인류학을 쓴다

1   스케일은 이 책에서 핵심적인 용어로서 독특한 용법을 갖는다. 그것은 시야의 규
     모를 조정하는 수준(level)을 가리킴과 동시에 그것에 의해 나타나는 영역의 수준
     을 가리킨다. 이 책의 용법에 따라 '스케일'을 한국어로 번역하지 않고 그대로 가
     져온다.―옮긴이

2   입사식은 통과의례의 하나로서 한 집단의 성원이 성인의 지위를 부여받는 의례
     를 말한다. 보통은 남성 결사조직을 중심으로 진행되며, 결사조직의 연장자가 의
     례 과정을 주관한다. 연장자는 입사식을 통해 집단이 가진 문화의 정수를 신참자

에게 전수하며, 신참자는 의례적으로 주어진 시련을 통과함으로써 그것을 습득한다.─옮긴이

3   성가신 용어지만, 여기서 그 발상들의 문화적 특수성에 주의를 기울이기 위해서는 반드시 필요한 용어다. 즉 그것은 '우리' 사회과학자들의 일반적 배경을 형성하고 있다. 해러웨이가 나를 대신해서 멋진 변론을 선보였다(Haraway 1989: 427). ('서구'와 '멜라네시아'의 담론을 비교하는 것은 얼핏 부적절해 보이지만, 이것은 가령 중앙집권적 정치체계와 비중앙집권적 정치체계를 구별하면서 체계의 인식 자체가 전자에는 내재적이고 후자에는 외재적이라고 할 때의 부적절함과 크게 다르지 않다.) 이 책에서 '우리'는 문화적으로 포괄적이다. 이 책은 특정 학자가 '서구인'이든 아니든 간에 서구의 인류학을 향해 있다.

4   나는 '퍼스펙티브'라는 용어를 입장-취하기(position-taking)의 문화적 실천에 집중하기 위해 사용한다. 나는 '세계'에 대한 '관찰자'의 관계에 대해 지시적이거나 재현적으로 해석하는 것에 동조하지 않는다. 특히 이 책에서 퍼스펙티브는 신체화 개념과 관련되고 그래서 비교적 쉽게 이동 가능한 '관점'과는 다른 의미로 사용되기 때문에 퍼스펙티브라는 용어를 그대로 사용하기로 한다.─옮긴이

5   이것은 생명과학과 사회과학에 공통된 문제를 전형적으로 보여준다.
     "연구의 단위를 더 개별적이고 특수하게 정의하고 구획할수록 단위들 간의 관계에 대한 설명은 더 문제적이고 필수적이며 어려워진다. 이와 반대로 일련의 단위들 간의 관계를 더 효과적으로 분석하고 종합할 수 있다면 각각의 단위를 정의하는 것이 더 문제적이고 필수적이며 어려워진다. (⋯) 분류 프로그램은 식별된 '유형들' 간의 관계를 포함하는 문제와 불가피하게 이어진다. (⋯) 대안은 (⋯) 관계성을 활용해서 (⋯) 종의 연속성, 매개 유형, 창발적인 현상을 논하는 것이었다. (⋯) 이 대안은 생물학의 예전 입장에서 제기된 질문과 불확정성에 답하고 있지만, 여기서 달성한 관계의 정밀도는 분류의 정밀도를 대가로 한다는 것이다."(Wagner 1977: 385-386)

6   나는 내적 성찰을 겨냥해서 자주 언급되는 "배꼽 쳐다보기"의 비난을 염두에 두고 있다. (하겐에서 탯줄을 자르는 것은 살덩이 지구를 배꼽의 중심에 남겨두기 위한 것이다.)

7   여기에는 '설명'까지 포괄된다. 다음을 참조. "비교는 설명을 통해, 즉 어떤 현상이나 행위의 존재 혹은 발생의 필요충분조건을 결정함으로써 이해를 이끌어내는 모든 방법에 내포되어 있다."(Peel 1987: 89, 강조는 생략) 그 자신의 주장이 보여주듯이, 충분함과 그에 따른 설명은 새롭게 등장하는 퍼스펙티브에 의해 끊임없이 도전받을 수 있다. 필은 서아프리카의 종교 실천의 다양성을 둘러싼 인류학적 설명이 불충분하다는 것을 가장 설득력 있게 드러내는 사례를 제시한다("우리는 민족지적 데이터의 역사성을 인식해야 한다").

8   철학에서 오래되고 전문적인 문헌은 다양한 스케일에서 유지되는 물질(material)
    의 항상성에 관심을 두고 있다. 여기서는 사이먼스의 논의(Simons 1987: 240f)
    를 언급하는 정도로 끝내겠다. 어떤 것이 유동적일 수 있는 것—부분들이 변화
    한다는 것—은 그것을 구성하는 적절한 물질(proximate matter)의 변화 덕분인
    것에 반해, '궁극의 물질'(ultimate matter)은 메레올로지의 일관성에 의해 정의
    된다. 가령 궁극의 물질이라는 것이 존재한다면 그것은 항상 동일한 부분들로 이
    뤄져 있기 때문일 것이다. 이 관점에서 보면 "물질 덩어리의 동일성은 그것을 구
    성하는 입자의 동일성에 기생한다. 물질 덩어리는 어떤 종류의 입자들의 총합이
    다"(Simons 1987: 242). 이 논의에 관심을 갖게 한 길리언 비어(Gillian Beer)에
    게 감사한다.

9   이 점에 관한 한 바스의 분석은 특히 예리하다. 어느 누가 수태(受胎)에 관한 속신
    (俗信), 결사적 실천, 생애 과정의 이미지 중 어느 것을 살펴본다 해도, 그 누구는
    단지 무수한 배치를 복제할 뿐이며 그 배치 중 어떤 것도 '현장'(field) 전체를 위
    한 중심도 기반원리도 제공하지 않는다. 이 의미에서 현장은 없다. 그가 주장하기
    를 이질성은 민족지학자들이 제공하는 세부사항들의 통약불가능성에 의해 악화
    되고 있다.

10 환태평양 지역은 크게 멜라네시아와 폴리네시아의 두 문화권으로 나뉜다. 멜라
    네시아는 솔로몬 군도를 중심으로 파푸아뉴기니까지 포괄하며, 폴리네시아는 뉴
    질랜드와 하와이를 중심으로 하는 지역을 포괄한다. 마셜 살린스 이래 인류학에
    서는 멜라네시아의 정치형태와 폴리네시아의 정치형태를 빅맨(big-man)과 그레
    이트맨(great man)으로 대립시켜왔다. 빅맨은 비위계적이고 부와 권력에는 관심
    이 없고 명예만을 추구하는 지도자 유형인 것에 반해, 그레이트맨은 위계적이고
    권력 지향적이며 지위를 세습한다. 그레이트맨은 족장(chieftain)의 한 유형이다.
    —옮긴이

11 스케일이라는 관념이 제기하는 완전히 다른 각도에서의 도전에 대해서는 손턴
    (Thornton 1988b)을 참조.

12 제임스 글릭은 카오스 이론의 발전을 설명하면서 망원경이나 현미경에 의해 인간
    시야의 확장이 불러온 "첫 번째 발견은 스케일이 변할 때마다 새로운 현상과 새
    로운 종류의 행태가 생겨난다는 깨달음이었다"고 말하고 있다(Gleick 1988: 115
    [제임스 글릭 2013: 174]). 이것은 근대주의 시대의 자연세계, 즉 다원주의 문화에
    서 자연세계의 막을 올려주었다. 그 속에서 스케일의 변경은 현상에 대한 새로운
    퍼스펙티브가 되며, 현상 자체의 이해를 변용시킨다. 그는 "이런 확대로 말미암
    아 새로운 정보를 알게 되는 것처럼 보인다"(Gleick 1988: 115[제임스 글릭 2013:
    174])라고 말한다. (그리고 그것은 또한 정보의 손실을 일으킨다). 그러나 그가 보
    여주었듯이 유사한 정보가 다양한 스케일에서 재생산될 때 흥미로운 문제가 설정

된다. 가령 잘 알려진 것으로 해안선의 굴곡이 있는데, 멀리서든 가까이든 그것의 들쭉날쭉한 모양이 동일하다는 것이다. 이 프랙털 특유의 차원적 양상이 20세기 말 우리의 관심을 끌 수밖에 없으며, 바로 이것이 이 책의 기저를 이룬다. 상업적으로 차별되면서도 끊임없이 재생산되는 상품이 '동일한' 선택지로서 소비자에게 제시되고 있다는 것과 저 프랙털의 이미지는 문화적으로 공명하고 있다. (말하자면 포스트다원주의에 있어서 퍼스펙티브의 소멸이다.)

13 '공백' 혹은 중간물질의 '손실'의 이미지는 사이 공간으로 지각될 수도 있고 아닐 수도 있다. 이와 마찬가지로 그림에 대한 지면(파열적인 분산에 대한 '배경')이라고도 생각할 수 있다.

신판 서문

1 인류학자는 '현장연구'에서 다양한 현상들을 접하게 되고, 그중에는 연구주제와 맞지 않는 것들도 있게 마련이다. 그에 따라 '현장연구'는 연구주제에 적합하지 않은 현상들을 걸러내는 작업을 거치게 된다. 스트래선은 이러한 인류학적 작업에 대해 문제를 지적한 것이다.—옮긴이

2 요롱구는 오스트레일리아 북부에 거주하는 원주민 집단의 하나다.—옮긴이

3 《카오스: 새로운 과학의 출현Chaos: Making a New Science》, 한국어판은 2013년 출간되었다(박래선 옮김, 동아시아).—옮긴이

4 포이(Foi)는 파푸아뉴기니 고지대의 남부지역에 거주하는 원주민 집단이다. 그 집단의 남성들은 결사조직을 만들어 입사식을 행하고 그들의 고유한 지식을 전승한다. 입사식이 행해지고 지식이 전승되는 오두막(house)은 그들에게 세상의 전부를 상징하는 곳이다. 그런데 포이의 남성 결사조직이 그 집단의 내적인 혹은 외적인 어떤 요인에 의해 분리되었을 때 그렇게 분리된 결사조직의 오두막은 다시금 세상의 전부를 상징하게 된다.—옮긴이

5 여기서 말하는 인격이란 인간(human)이라는 종에 한정되지 않는다. 세계의 여러 문화들에서는 인간이 비인간 동물이나 정령, 죽은 자와 소통하고 있으며 그것이 가능한 것은 그것들이 인간과 같은 인격(person)을 가지고 있기 때문이라고 본다. 이러한 문화들을 연구해온 인류학은 인격(person)을 인간에만 한정되지 않는 '인간의 격'으로서 그 용법을 사용해왔다.—옮긴이

6 메레오그래픽(mereographic)은 부분과 전체의 관계, 전체 안에 있는 부분과 부분의 관계를 논하는 형식 혹은 그에 기초한 기술을 말한다. 메레올로지(mereology)는 부분과 전체 사이, 다시 말해 전체 속에 있는 부분과 부분 간의 논리적인 관계를 탐구한다. 이에 반해 스트래선의 용어인 메로그래픽(merographic)은 서

로가 서로의 부분이 되는 관계의 형식과 그에 기초한 기술을 말한다. 여기서 부분이란 전체를 구성하는 전체의 일부가 아니라 부분들 간의 유비유추를 가리킨다. 메로그래픽은 생물학 용어인 부분할(mereoblast)에서 유추된 것으로, 'mereo'는 그리스어로 '부분'을 의미하고 'graphic'은 한 관념이 다른 관념을 기술하는 방식을 뜻한다. 그리하여 기술하는 행위는 기술되는 것을 전체의 일부가 아닌 별개의 부분으로 만든다(M. Strathern 1992: 72-73, 각주 21, 22).—옮긴이

I. 인류학을 쓴다

1   이 말은 영어학 교수인 그레고리 울머(Gregory Ulmer)가 철학자 데리다에 대한 예술비평가 오언스의 지적에서 빌려온 것이다(1985: 95). 울머의 논증에 따르면, 그들의 기획은 "지시물을 버리거나 거절하는" 것이 아니라 그것을 다른 방식으로 '재고하는' 것이다(1985: 87).

2   민족지학자와 인류학자 사이의 중간생략은 현장연구자와 작가 혹은 저자 사이의 중간생략을 반영한다. 하나의 인격은 이 입장들 사이를 이동하는 모습으로 상상된다. 현장연구자의 권위를 둘러싼 비평에 이르기까지의 논의를 여기서 다시 반복하지는 않겠지만, 클리퍼드의 저술이 특별히 영향력을 행사해왔다는 것을 적어둔다. 가장 참조할 만한 것은 그의 최신 저작이다(Clifford 1988).

3   이는 조지파이즈가 한 말이다. 이 논문(미출간)의 인용을 허락한 리세트 조지파이즈에게 감사의 뜻을 전한다. 그 논문에는 현재 실행하는 연구의 최초 버전에 대한 상세한 검토가 포함되어 있다.

4   예술비평가로서 포스터는 모더니즘이 비재현적인 자세(stance)에 의해 특징지어진다는 입장에서 출발한다. 그리고 포스트모더니즘(의 특징)은 그 자체의 내적인 규범을 가진 순수한 미학 형식의 부정에 있다고 그는 말한다. 그러나 순수한 미학 형식에 대한 인류학적 모더니즘의 반응물, 즉 우리가 사회나 문화라고 부르는 그것은 재현을 요구하는 대상이며 지난 50년간 인류학의 에너지의 상당 부분을 공급해온 이 실행이 안고 있는 모순이다. 이 모순은 민족지학자가 두 가지를 동시에 다뤘던 탓에 만들어졌다. 다시 말해 대상(하나의 사회/문화)에 대한 우리의 기술이나 재현은 또한 자기충족적인 순수한 측면에서 제시되어야 했다. 외부의 시야에서 그러한 대상이 내적으로 일관되고 전체적이며 자기충족적인 것으로 보이게 만들어야 했다는 것이다. 그리하여 그것(이 모순)은 인류학적 저작물에서 생겨난 '리얼리즘'과 모더니즘의 그 외 형식들의 반-리얼리즘이 일치하지 않는 것처럼 보이는 혼란의 원천이 되어왔다. 이 점에 대해 지적해준 마이클 타우시그(Michael Taussig)에게 감사의 뜻을 표한다. 모더니즘 인류학의 보고가 보여주는

리얼리즘은 기괴한 것을 평범한 것으로, 환상적인 것을 익숙한 것으로 보이게 만드는 것에 의존해왔다는 것을 덧붙이고자 한다(cf. Strathern 1987). 독자가 자신의 흔해빠진 현실에 균열을 내야 했던 만큼, 그리고 그 현실이 그의 계정에 장소를 갖지 않았다면, 그 계정은 초현실주의적인 것이었다. 민족지를 포스트모던하게 읽는 것은 이와는 반대로 환상적인 현실성을 되찾아오는 것이라고들 한다.

5 웹스터는 이러한 취급방식을 문화적 미학주의라고 부른다(1987: 50-51).

6 병치는 단일한 스케일처럼 작동하며, 그 속에서 모든 타자성은 같은 층위에 있는 것으로 이해된다(Rabinow 1983).

7 파킨은 일련의 맥락들의 흥미로운 예시를 제공한다(1987: 53). 각각의 맥락은 전임자의 '재작동'이며 매번 우리를 참신한 세계로 인도한다. 입장들은 서로 연관되어 있으며, 그의 주장에 따르면 앞선 입장으로부터 획득된 통찰을 내다버리는 것은 인식론적인 낭비다.

8 "그리고 인류학자들에 대한 이러한 도발의 핵심은 쓰기의 실천을 근본적으로 변화시키는 것이라기보다 (…) 인류학적 작품이 수용되는 조건을 변화시키는 것이라고 우리는 믿는다."(Tyler and Marcus 1987: 277)

9 제임스 프레이저 필생의 대작《황금가지》는 많은 인류학자들에게 영향을 끼쳤다. 특히 말리노프스키가《황금가지》에 감명을 받아 물리학에서 인류학으로 전공 분야를 바꿨다는 사실은 익히 알려져 있다. 그렇지만 말리노프스키는 문헌에 의거한《황금가지》와 달리 현지에 직접 뛰어들었고, 이러한 그의 탐구 자세는 인류학이 프레이저에서 한 발 더 진전할 수 있는 발판을 제공했다. 나아가 말리노프스키 이래 인류학은 "이국적인 것을 이국적이지 않은 것처럼 이야기하는 것"(Tyler and Marcus 1987: 276)을 실증적 연구의 핵심적인 문제의식으로 삼아왔고, 익숙한 것을 이국적으로 이야기한《황금가지》—예를 들어《황금가지》에서 유럽의 기독교 사상은 중세 이전의 주술적 사고와 연관된다—를 인류학이 넘어서야 했던 과제로 운위해왔다. 그래서 타일러와 마커스는 프레이저의 인류학이 말리노프스키를 통해서만 의의를 갖는다고 말한다. 스트래선은 '현지를 경험하고 돌아온 자'가 겪는 시선의 변화를 프레이저에 대한 포스트모던 인류학의 논평에 빗대 말하고 있다.—옮긴이

10 클리퍼드는 때마침 다음과 같이 쓰고 있다. "만약 이 책의 논문들이 포스트인류학적이라고 한다면, 그것들은 또한 포스트문학적이기도 하다.(Clifford 1986: 5 〔2000: 23〕)

11 글쓰기에 특권을 부여하는 글쓰기라고 해서 정치적으로 예민하게 반응하는 것에 대해 어떤 의견도 거부하는 로스의 비평(Roth 1989)은 그러한 반-비평의 한 예다. 우크 모에란(Uke Moeran 1988)과 마찬가지로 로스 또한 클리퍼드와 마커스가 그들 자신의 전략(의 정치성)을 간과하고 있다고 언급한다.

12 제임스 분은 레비스트로스의《슬픈 열대》가 기존의 다양한 코드를 가로지르는 아날로지를 구사한다고 말한다. 이 속에서 기존의 개념들은 감각적인 언어들로 표현된다(1986: 242-243).—옮긴이

13 여기서 질문은 유카 시칼라(Jukka Siikala), 나이절 라포트(Nigel Rapport), 리처드 파든(Richard Fardon)이 제각기 제기한 것이다. 제임스 와이너(James Weiner)는 재현과 환기의 구별 자체가 여하간 편향적이며 수사학적이라고 지적한다.

14 이것은 길리언 비어(Gillian Beer 1989)가 어느 도발적인 강연에서 세기힌 질문이다. 그녀는 다른 것들 중에서 제미 버튼(Jemmy Button)이 자신의 출신지인 티에라 델 푸에고로 되돌아오는 다소 비극적인 귀환을 다루었다. 버튼은 후에 **비글호**의 선장이 된 피츠로이의 도움으로 1830년 고향을 향해 출발할 수 있었다. 피츠로이와 다윈은 그가 1833년 귀향한 것을 목격했으며, 그로부터 약 15년이 흐른 후에도 그가 고향에 있음을 확인할 수 있었다. 비어가 언급한 대로 제미 버튼의 일화는 빅토리아 시대의 해석과 반해석에 대한 이야기이기도 하다.

15 비어는 이 시점에서 사이드의《오리엔탈리즘》을 인용한다. 그녀는 이어서 다음의 논평을 덧붙인다. "[여행자에게] 보이는 것은 자기 문화와 언어에 내재된 전제들에 오염되어 있으며, 또 [여행자에게] 가치 있는 것은 이미 그러한 전제들에 의해 정해져 있다. 그러나 **이러한 전제들 또한** (…) [자기] 부족의 당대 언어 내에서 **항상 논쟁의 대상이 된다**"(Beer 1989: 8 강조는 인용자). 이 입장은 이 책의 다음 섹션으로 이어진다.

16 근대적인 커뮤니케이션에 의해 창출되고 또 대륙 간 의미의 왕래에 의해 특징지어지는 혼종문화 등에 대한 새로운 인식을 위해 한네르스가 제안한 용어법은 다음과 같다. "우리는 '혼종'이라는 용어에 실린 부정적인 짐을 나르지 않는 말들이 필요하다. 그리고 우리의 사고를 타락시키는 대신 세계문화 내에서 새로운 형식과 요소의 상호연결과 창발을 개념화하도록 우리를 도울 수 있는 관점이 필요하다."(Hannerz 1988) 코즈모폴리터니즘, 초국가적 네트워크, 관광에 대한 문헌이 급속히 증가하고 있다(e.g. Crick 1988). (참고로 크레올은 서인도 제도, 모리셔스 섬, 남아메리카 등지로 이주한 백인, 그중에서도 특히 스페인 사람의 후손을 가리킨다. 그들은 다양한 출신지의 어휘와 억양이 뒤섞이면서 형성된 언어 체계를 자신들의 고유한 언어 체계로 만들었다. 이와 같이 다양한 문화가 뒤섞여 새로운 문화가 창출되는 현상을 크레올화라고 한다.—옮긴이)

17 토마스 하디의《귀향The Return of the Native》에 관한 비어의 논고(Beer 1989)에 따르면, 귀환자는 버림받은 자로 받아들여진다.

18 프리드먼은 1980년대 세계 자본주의의 자본축적이 탈중심화되면서 그 주변부 지역에서 새롭게 자본이 집중되고 경제가 성장한 결과, 서구에서는 탈근대주의, 전

통주의, 종교적 컬트 같은 다양한 문화적 양상들이 전개되는 반면, 비서구에서는 근대주의가 강하게 등장한다고 보았다. 이 속에서 기존의 체제로 통합되지 않을 뿐더러 정체성의 공간조차 뿔뿔이 흩어지는 현상이 나타나는데 그는 이러한 현상을 파편화로 논했다.—옮긴이

19 더럼과 홉에 대한 언급은 휴 베이넌(Huw Beynon)과 피터 마커스(Peter Marcus)의 짧은 대담에서 통찰을 얻었다. 부케(Bouquet 1985; 1986; n.d.)는 데번(Devon)의 가족농장 인근 마을에서 에섹스의 엘름던 사람들이 유독 눈에 띄는 이유가 무엇인지에 대해 그 차이를 탐구했다. 데번의 가족농장에서는 농부와 농부의 아내—손님맞이하는 아내의 일이다—사이에 내적인 구분이 있었다. '진정한' 엘름던 사람들 또한 그러하듯이, 그녀에 따르면 외지인의 존재는 또 다른 구분의 적용을 받으며 오히려 구분을 어렵게 만든다. 그녀의 자료에서 흥미로운 점은 이 '유사한 관념'이 이처럼 아주 작은 스케일에서도 되풀이된다는 것이다. 자연적인 실체이면서도 낯선 이방인이 살아갈 수 있는 조직을 갖춘 사업체로서 외부에 드러나는 이 외떨어진 농장에서 말이다.

20 "시각화의 기술에는 이렇다 할 한계가 없다. 우리 같은 평범한 영장류들의 눈은 초음파 탐사 시스템, 자기공명영상(MRI), 인공지능과 연결된 그래픽 조작 시스템, 정사 전자현미경, 컴퓨터를 이용한 단층 X선 촬영 스캐너, 착색기술, 위성감시시스템, 가정과 사무실의 VDT(단말 표시 장치), 대륙판들 사이의 단층의 가스 구멍에 서식하는 해양벌레의 소화관의 점막을 촬영하는 것부터 태양계의 어딘가에 있는 행성의 반구 지도를 그리는 것까지 모두 목적의 카메라 등을 사용함으로써 끝없이 강화될 수 있다."(Haraway 1988: 575[2002: 339])

21 예를 들어 크리스테바의 데리다 비판에 관한 나이(Nye 1987)의 입장 그리고 탈구축과 페미니즘 젠더론 간의 실질적인 관계를 논하는 플락스(Flax 1987)의 주장을 비교할 것. 전자는 철학에서, 후자는 정치학에서 시작된다. 또 이와는 별개로 이미 정착한 어떤 반-입장에서 포스트모더니즘은 남성 미학의 '단말마적 고통'으로 간주되며, 탈구축의 전략에 호소하지 않고 문화 형식을 생산하는 여성들에게 도전한다.

22 두보이스(DuBois)의 다음의 견해를 참조. "페미니즘 연구의 본질적인 이중성은 현대의 지적 탐구에서 학문적 구조와 사회운동 이 둘 모두에 동시에 근거한다."(DuBois *et al.* 1985: 2)

23 사이보그는 일관성이나 대립이나 위계를 인식하지 못한다는 것을 유념해두자.(기호 시스템의 세 가지 현현(顯現)에 대해서는 다음을 참조. Crick 1985: 72-73)

24 나는 여기서 '도구'를 인골드의 용법을 따라 '문화'의 수사로서 사용한다. 즉 도구는 "사회적 목적을 실천적인 효과성 면에서"(Ingold 1986: 262) 해석하는 사회생활상의 운반체(vehicle)를 뜻한다. 후술할 논의와 관련해서 도구는 신체도 아니며

기계도 아니라는 것을 적어둔다.

25 해러웨이는 이 방법으로 현대의 영장류학 담론의 두 영역, 즉 과학과 신화를 연결한다. "자연과 문화, 성과 젠더, 동물과 인간 사이의 경계선과 마찬가지로 영장류 담론의 과학적 특징과 신화적 특징은 완전히 일치하지 않는다. 두 개의 특징은 서로를 환기하고 공명하며 긴장하게 만들지만 동일하지는 않다. 과학과 신화는 각각을 배제하거나 치환하지 않는다."(Haraway 1986: 89)

26 이 논평은 수전 플레밍(Susan Fleming)의 것이다. 나는 그녀의 비평에 깊이 감사한다.

27 나는 '관광객'과 '여행자'에 대한 그들의 이야기를 함께 엮었다. 가벼운 몸으로 모험을 떠나는 여행자들이 관광객들과 자신을 구분하는 기준은 인류학자들이 이 둘과 그녀/그 자신을 구분할 때 사용하는 기준과 흡사하다. 에링턴과 게워츠(1989)가 주시한 바에 따르면, 관광객들은 자기언급을 넘어서려는 감수성이나 능력이 거의 없다.

28 이 논문을 내게 알려준 나이절 라포트에게 감사함을 전한다. 비어색(Biersack 1989)은 '문화 분석'에서 인류학만의 독자적인 것이 없음을 지적한다.

29 그들은 계층화된 사회에서 '각 계층'(stratum)마다 각기 다른 코드가 필요할 수 있다고 덧붙인다. 그들은 '개인 수준의 데이터'를 병합하기까지 하는 횡문화적인 데이터 세트를 생산할 수 있는 미래의 가능성을 시사한다(Burton and White 1987: 145).

30 신부대는 부계사회에서 신부 집단으로부터 신랑 집단으로 이전되는 제반 권리에 대해 신랑 집단이 신부 집단에게 지불하는 대가를 말한다. 이전되는 권리가 무엇인지는 사회마다 다르지만 보통 노동력, 성적 권리, 자녀에 대한 권리를 포괄한다. 신부대로 지불되는 것은 대개 그 사회의 가치재다. 예를 들어 수단의 누어족에서는 소가 신부대로 지불되고, 파푸아뉴기니 고지대의 침부족에서는 진주조개가 지불된다.—옮긴이

31 의만(couvade)은 자궁에 태아가 들어선 이후부터 아버지가 태아의 성장에 관여한다는 상징적 의미가 담긴 일련의 행위를 말한다. 아버지가 될 자는 입덧을 한다거나 평상시와는 다른 몸 상태가 될 뿐만 아니라 임산부의 금기사항을 준수해야 한다. 이 의만은 출산할 때까지 계속되어서, 아버지가 될 자는 상징적으로 진통과 분만을 겪게 된다.—옮긴이

32 예를 들어 해석주의적 이해에서 민족지는 "분석적인 기계장치에 입력되고 활용되는 데이터 및 정보의 조각들을 생산하지 못한다. 우리가 현장에서 갖고 돌아오는 것은 커뮤니케이션에서 벌어지는 사건의 기록, 즉 연행과 대화의 텍스트다"(Fabian 1985: 19).

33 왜냐하면 여기서는 논변적 실천에서 일반적으로 상정되는 '통제된 비교'를 위한

조건이 충족된 것처럼 보이기 때문이다. 통계적 실천에서 확률표본 추출의 절차
는 시간적 혹은 공간적 근접성의 효과를 의도적으로 넘어서려고 시도한다.

"표본 추출의 대안은 한 지역의 모든 사회에 대해 데이터를 코드화하는 연속영역
접근법이다. (…) 과거에는 골턴의 문제 때문에 이 접근법은 인과분석의 목표와
상반되는 것으로 간주되었다. 골턴의 문제에 대한 최근의 해결책은 사회 간 연결
에 관한 연구를 리서치프로그램의 일부로 삼음으로써 연속영역의 표본에 대한 이
의제기에 대처하는 것이다."(Burton and White 1987: 146)

연속영역 분석은 그 자신의 오랜 역사를 갖고 있다(확률표본 추출과 연속영역
표본 추출의 차이는 타일러와 프랜츠 보애스의 상이한 관심사의 차이까지 거슬
러 올라갈 수 있다). 조르겐센의 논의(J. Jorgensen 1970: 320-329)와 그의 문화
권 분류에 관한 연구를 참조할 수 있다. 조르겐센은 292개의 변수를 기반으로 총
1,577개의 속성을 가진 172개의 북미 인디언 사회의 분류체계를 도출했다. 이 속
에서 8개의 주요한 문화 주제가 망라되고, 주제별로 30~35개의 변수가 다뤄진다.

34 이는 과하게 말한 것이긴 하지만, 그렇다고 완전히 과장된 것은 아니다. 나는 두
고지대 사회들의 입사식 실천을 각각의 정치 시스템의 필요조건과의 내적인 상관
관계의 관점에서 대조해왔다(M. Strathern 1985). 이 경우 '사이에' 매달린 것은
암묵적인 유사성(analog)이다. 즉 입사식 실천과 정치적 형식이 서로 다를 **것이기**
에 나는 한 사회에서 내부의 관계를 횡문화적 장치로서 사용할 수 있었다. 이것은
이와 동일한 내부의 관계가 다른 곳에서도 견지될 것이라는 상정에 기초한다.

35 그러나 로버트 손턴(Robert Thornton)(Thornton 1988a의 초고)은 연결을 '발
견하기'와 '만들기' 간의 대조는 아리스토텔레스와 칸트 각각의 분류에 관한 연구
이래 철학에서 예로부터 확립된 것임을 지적한다.

II. 부분적인 연결들

1 그는 공연에서 연행되는 에피소드와 이야기에서 서사화되는 사건 사이에서 다른
평행관계를 자유자재로 끌어낸다. 예를 들어 흔들리는 대나무 장대 밑에 있는 댄
서의 이미지를 가져와보자. "우리는 산악파푸아의 옛 문화에서 다음과 같은 창조
의 이미지를 떠올리지 않을 수 없다. 인간은 엔싯-새(Nsit-bird)[여기서는 비둘
기의 변종일 수 있다]의 피에게서 형성되었는데, 그 창조과정 끝에 인간은 열기
에 터져버린 키 큰 대나무 장대의 밭 밑에서 붉은 피를 뒤집어쓴 채 서 있었던 것
이다."(Schmitz 1963: 93) 다른 경우에서는 슈미츠와 같이 있었던 사람들이 연결
을 만들어냈다. "많은 구경꾼들이 웃고 떠들면서 공터 주위에 모여 있었다. 갑자
기 (공연에) 참여하는 일족(lineage)의 여자들이 무대에 등장했다. 그녀들은 뜨게

주   335

자루를 등에 지고 있었고, 자루의 손잡이는 머리 위에 묶여 있었다. (…) 그녀들은 대나무로 된 작은 지팡이를 들고 있었다. (…) 〔그녀들이 내는〕 소리는 원시의 비둘기 울음소리를 모방한 것이라고 설명되었다. 이 비둘기는 노인이 자신의 모습을 바꾼 것이며, 마침내 인류는 그의 피에서 형성되었던 것이다. 덧붙이자면, 사냥꾼들 또한 그러한 기구를 사용해서 울음소리에 반응하는 비둘기 같은 그 새를 유인한다고 한다."(Schmitz 1963: 110)

2 파푸아뉴기니의 동남부에 위치한 트로브리안드 제도에서는 조개로 만든 목걸이(소울라바)와 팔찌(음왈리)가 의례적 증여와 교환에 사용되는 가치재로서 섬들 사이를 순환한다. 트로브리안드의 남자들은 바다를 건너 다른 섬에 있는 자신의 교환 파트너를 찾아 조개 목걸이나 팔찌를 교환한다. 그리하여 트로브리안드 제도에서는 조개 가치재의 거대한 순환고리가 만들어지는데, 이를 쿨라링(Kula Ring)이라고 한다. 말리노프스키 이래로 인류학에서 가치재 증여(교환)의 한 사례로서 주요하게 언급되어왔다.―옮긴이

3 이 부당한 적출은 마이클 영(Michael Young)이 보고한, 살아 있는 여성의 유방에서 수퇘지의 엄니 펜던트를 잘라내려 했던 한 남자의 비극적인 이야기를 떠올리게 한다(Young 1987). 파푸아뉴기니에 널리 퍼져 있는 이 민담은 특정 가치재의 기원을 다룬다. 예를 들어 트로브리안드에서 교환되는 가치재 중에는 수퇘지의 엄니로 만들어진 것이 있는데, 이것은 여자로 분한 숲의 정령에게서 훔쳐온 것이다. 여자로 분한 숲의 정령은 한 남자를 만나 부부관계를 맺고 살아가며 남편에게 숲의 먹잇감을 갖다준다. 그런데 남자는 더 많은 부를 얻기 위해 아내의 유방에서 수퇘지의 엄니 펜던트를 잘라내고, 아내는 다시 숲의 정령으로 사라지고 만다. 과욕이 화를 부른다는 설정은 세계 각지에 전승되는 민담의 전형적인 플롯 중 하나다. 스트래선은 여기서 풍요로움의 근원인 여성과 그녀에게서 부를 전유하려는 남성 간의 젠더적 관점을 환기시키고 있다.―옮긴이

4 얌은 열대지역에서 자라는 식물로서 파푸아뉴기니에서는 그 뿌리가 주요한 식량으로 활용된다. 나아가 얌밭은 생계에 충당되는 식량용 밭과 교환의 의무를 위해 재배되는 교환용 밭으로 구분되는데, 교환용 밭에서 나는 얌은 심는 순간부터 누가 받을지가 정해진다(Weiner 1976: 138).―옮긴이

5 목걸이는 여정의 아이콘일 뿐만 아니라 모계, 모계들 간의 관계, 그리고 상호행위가 가진 생식능력의 아이콘이다. 예를 들면, "목걸이는 걸쇠에 의해 중심에서 꺾인 원형의 순환경로로 보인다〔보일 수 있다〕. 걸쇠는 때로 독수리의 부리(죽음의 상징)이고, 또 때로는 '카누 모양'의 금빛 입술이다. 그러나 어느 쪽이든 가교(架橋)의 상징이다. 실제로 각 '선'이나 측면이 모계의 '계보'로 보인다면, 각 붉은 원반이 결혼을 하고 죽음에 이르는 한 여자의 인생행로의 각기 다른 지점들을 암시하는 것이라고 보아도 그렇게 큰 비약은 아닐 것이다". 〔게다가〕 "머리에 맞는 하

얀 조개껍질에 〔이어 붙인〕붉은 조개껍질 원반은 생식의 색깔을 나타낸다. 따라서 머리는 (…) 계보를 새로이 작성하는 개인을 재현하며, 울리는 조개껍질의 '목소리'가 〔목걸이가〕 의례 속에서 살아 있음을 알려주고 또 갓난아이의 울려 퍼지는 울음소리를 시각화한다고 말하지 못할 것도 없다."(Battaglia 1983: 300-301, 사발 용어 생략)

6 구어레이 자신은 이러한 기구들의 관습적인 유형론에 대한 매우 세련된 비판을 제출한다(Gourley 1975: 38).

7 이 도안에 관해 그는 다음과 같이 언급한다. "첫눈에 상단의 띠는 마름모꼴의 하얀 형체를 드러내는 검은 줄로 보인다. 그러나 남아 있는 검은 부분을 자세히 들여다보면, 모래시계 같은 모습을 하고 있음을 알 수 있다. 실제로 그것은 북을 나타낸다고들 한다. 우리는 이를 완토아트 계곡의 모든 남자들이 결사활동을 하면서 그리고 춤을 추면서 연주하는 가운데가 잘록한 북의 단순화된 윤곽으로 이해해야 한다. 마름모꼴의 하얀 형체는 바닙(banip, 복부)이라고 불린다. 이 말은 정말로 몸의 내부를 가리키는 일반적인 용어다. 이 광범위한 의미에서 그것은 배〔腹〕를 가리키는 것으로 사용되기도 한다."(Schmitz 1963: 94)

8 대나무로 만든 기명악기가 결사활동에서 맡은 역할은 무시할 만하다. 어떤 의례적인 맥락에서 피리가 불리긴 하지만, 헤이스가 고지대의 다른 지역에서 찾아낸 일종의 성스런 피리복합과 관련해서 논할 정도는 아니다.

9 하워드 모피(Howard Morphy)가 아른헴(Arnhem) 땅의 수피(樹皮)에 관한 구두발표에서 작살과 뒤지개가 모호한 위치를 점한다고 했을 때에 앤서니 코언(Anthony Cohen)이 지적한 논평에서 착상을 얻었다.

10 이는 로버트 포스터(Robert Foster)가 내게 개인적으로 제안한 것이다. 포스터(Foster 1985)를 참조.

11 나는 '이미지'라는 말을 지각의 감각적 인상 그리고 상상 속에 그려보는 것의 두 가지 의미로 사용한다. 즉 '형상' 혹은 '패턴' 같은 감각적 인상에서 도출된 형식을 뜻한다.

12 이 지점에서 겔의 논의는 축제의 시퀀스를 개시하는 화식조 가면에 대한 것이며, 또 이것은 그의 분석 중 상당 부분의 출발점이기도 하다.

13 여기서 단위는 하위씨족을 말한다. 그런데 겔은 여기서 우메다의 개략적인 이야기를 따르고 있다(Gell 1975: 49 etc.).

14 반족(半族, moity)은 레비스트로스의 친족용어로서 한 인간집단이 둘로 나뉘는 시초의 질서에 의해 구축된 집단을 말한다. 이렇게 나뉜 각각의 반족 집단은 자기 집단에 대해서는 근친혼 금기(incest taboo)를 실행하는 한편, 상대 집단과는 외혼제(exogamy)를 실행한다.—옮긴이

15 표면적으로는 호혜성이 전혀 없는 것 같다. 왜냐하면 남자들이 꾸미기 전의 원 자

루를 만드는 것은 여자들이며, 게다가 여자들은 누구의 도움 없이 이를 만들기 때문이다. 그러나 여자들이 키우는 식용 식물은 남자들에 의해 마련되고 또 남자들과 동일시되는 땅에서 오고, 이러한 남성의 '원조'에 의해 여자들은 여성으로서의 과제를 수행하는 것이다. 구체적으로는 "수혜자인 남성은 그의 자매/모친/아내의 손을 거친 작업을 보상하기 위해 지속적으로 보답해야 한다. 따라서 원 자루의 증여자에게 사냥한 음식물로 보답하기 위해 깃털로 장식된 뜨개자루를 사용할 때, 남자는 여자를 길러냄과 동시에 그녀와 자신의 관계를 길러내는 것이다"(Mackenzie 1986: 22).

16 출간되기 전에 이 정도로 그녀의 연구를 광범위하게 참조할 수 있도록 허락해준 것에 감사한다.

17 그러나 깃털의 유래는 또한 입사식을 베푸는 자에 의한 모성적인 보호하에서 소년들을 '에워싼다'. "소년의 [입사식] 자루는, 전통적으로 야생조류의 깃털로 정교하게 장식된다. 처음으로 입사식을 치르는 신참자들은 의례가 진행되는 동안 전통적으로 작은 오두막에 갇힌다. 그들은 긴 넝쿨로 지붕에 감겨서 활활 타오르는 열기를 감내해야 한다. 이 장면의 상징적 의미는 야생조류의 둥지 만드는 습성과 관련된다. 수컷 무덤새(Megapodius)는 썩어가는 식물더미에서 나오는 열기를 이용해서 알을 품는다. (…) 입사식의 오두막은 공동 자궁의 대리물이므로, 넝쿨은 이 오두막 내부의 탯줄로 해석될 수 있다. 그리고 이 해석을 통해 오두막은 여자의 뜨개자루의 유비유추로서 개별적인 재생산이 아닌 집합적인 재생산을 위한 보호용기로 기능한다. 입사식의 오두막, 대리자궁, 뜨개자루 사이의 연결은 오두막의 원형의 작은 출입구가 '뜨개자루의 입구와 같다'고 이야기된다는 사실을 통해 분명하게 드러난다."(Mackenzie 1900: 101)

18 텔레폴의 여자들은 외부의 시장을 위해 생산하지 않는 반면, 파푸아뉴기니의 타지역으로부터 (오크 산 지역보다 먼 곳으로부터도) 어떤 **부가적인** 특질을 '수입하고' 있다. 이와 반대로 그들은 다른 오크 산 여자들에게 '수출한' 자루의 **기본적인** 제작이 지닌 전통적 특질에는 강한 거부감을 표시한다. (교역의 실천과 교역 외부의 영역에서의 적대/우호 간의 관계에 대한 상세한 논의는 게워츠(1983)를 참조할 수 있다.

19 매켄지는 여기서 댄 조르겐센(Dan Jorgensen)의 텔레포민 연구를 받아들인다.

20 액추얼리즘은 존재하는 모든 것은 실제로 존재한다는 철학적 입장을 말한다. 다시 말해 실제하는 존재 너머의 존재가 존재한다는 주장을 부정한다. 가령 액추얼리즘의 입장에서 '외계인은 존재한다'는 주장은 실제로 존재하는 대상에 의거하지 않고서는 그 옳고 그름을 가릴 수 없다.─옮긴이

21 가드너는 미안민이 행위의 효용성에 부여한 중요도에 관해 분석적 논점을 제출한다. 의례의 구체적인 형식은 목적을 위한 수단이며, 미안민 자신이 비교하듯이

각각의 종족집단은 저마다의 수단을 갖고 있다. 인용해보면, "저지대 빅맨이 속한 집단의 입사식 의례에 관해서 빅맨과 인터뷰를 진행했을 때 (미안민의) 고지대 사람들이 나의 통역을 맡아주었다. 저지대 사람들은 매우 간단한 소규모의 의례를 설명해주었는데, 이 의례는 고지대 사람들이 연행하는 주요 의식 중 하나와 이름이 같았다. 후에 나는 통역에게 (저지대 빅맨의) 설명을 어떻게 생각하느냐고 물었다. (…) 그는 이렇게 답했다. (…) '그런데 이 남자를 보시오. 그의 타로는 잘 자라고 있으며, 야생돼지와 화식조를 잡아먹는 그는 강인한 피부를 갖고 있다오. 우리의 조상이 우리를 돌봐주듯이 그의 조상이 그를 돌봐준다오'"(Gardner 1983: 354-355). 에링턴과 게위츠의 논평에 따르면, 챔브리는 조상과 접속할 때에, 그 의례의 대대로 이어져온 절차의 기원이 챔브리에 있든지 이웃집단(에게서 수입해온)에 있든지 간에, 비슷한 절차를 따른다고 믿고 있다(Errington and Gewertz 1986: 107).

22 '상실'의 관리와 창출에 대해서는 바타글리아가 명쾌하게 다루었다(Battaglia 1990). 데버라 게위츠 덕분에 나는 챔브리에서 전개되는 이와 유사한 상황에 주목할 수 있었다. 챔브리에서는 힘의 이용가능성이 세대를 거칠 때마다 줄어든다고 생각한다. 또 남자들은 힘에 대한 요구를 점차 강하게 밀어붙이며 그들끼리 경쟁을 벌인다(Errington and Gewertz 1986).

23 볼로빕의 관점에서 박타만의 입사식 의례는 자기 것과 비슷하지만 같지 않다(Barth 1987: 24). 바스는 텔레폴의 관습에 관한 조르겐센의 설명을 언급하면서 이를 좀 더 밀어붙인다(Barth 1987: 51). 텔레폴에게 '붉은색'은 '하얀색'의 텔레폴 버전이라는 것이다. (생리혈은 하얀 뼈의 원천이라는 것이 분명하고, 어느 순간에 분리되어 있는 것이 다른 순간에는 붙어 있다.) 남자와 여자 각각의 퍼스펙티브의 한층 더한 상대성에 대해서는 비민-쿠스쿠스민을 다룬 아네트 와이너의 고찰을 참조할 것(A. Weiner 1982).

24 여기서 정보이론을 환기하려는 것이 아니다. 아날로그 컴퓨터 시스템에 '틈'은 존재하지 않으며, 디지털 컴퓨터에서 '부재'는 곧 정보다. 나의 언어는 이 차이를 견지하지 않는다.

25 매켄지는 텔레폴에서 입사자들이 죽임을 당하고 그들의 여성 친척들이 자살하는 비극적 사건이 일어난 이후로 입사식의 최초 단계를 건너뛰게 된 사연에 대해 자세히 설명한다(Mackenzie 1990: 95-96; cf. Gardner 1983: 358). 소년들이 입사직의 최초 단계에서 몸에 걸친 뜨개자루를 가리키는 용어는 지금의 '첫 단계'가 된 것을 위해 사용된다. 그리고 아마도 이전의 '두 번째 단계의' 자루였던 것이 이전의 입사식의 최초 단계와 지금의 첫 단계 모두를 가리키는 이중의 의미를 갖게 된 것으로 짐작된다.

26 이것은 해리슨(Harrison 1984)의 견해를 따른 것이다. (페일 자신은 마링에 관해

서 비슷한 진폭을 언급하면서, 농경 주기에서 연속적 생산과 불연속적 생산 간의 흥미로운 대비를 제시한다(Feil 1987: 50).)

27 여기서 그의 판단에 논쟁을 붙이지는 않겠다. 첫 번째 논점에 대해서는 조지파이즈의 논문(Josephides 1985)이, 두 번째 논점에 대해서는 앤드루 스트래선의 몇몇 저작(A. Strathern ed. 1982)이 분명한 반론을 제기하고 있다.

28 관계는 복합적이며 하나로 유형화되지 않음에도 불구하고 이제까지 서구의 인류학자들이 관계를 유형화하고 그 관계에 따라 사람들을 분류해왔는데 그 방식이 부적절하다는 것을 스트래선은 말하고 있다.—옮긴이

29 고프먼(Goffman)의 작업과 관련해서 이와 유사한 논점에 대해서는 쉼머를 참조할 수 있다(Schwimmer 1990). 하우(Howe)는 우리가 실상 '사회' 혹은 '데이터'를 비교하는 것이 아니라 데이터의 해석을 비교하는 것이며, 따라서 데이터들 간의 관계는 언제나 수많은 인류학자들의 '공동의 구축물'임을 지적한다(Howe 1987: 150).

30 르모니에의 질문은 다음과 같다. "앙가의 화살 모양, 그것을 쏘는 활의 단면, 사냥꾼 집의 평면도, 수피망토의 사용/비사용, 혹은 밭을 새로 일구는 작업 순서 사이에 필연적인 기술적(물질적) 연결이 없다(는 것이다). 그럼에도 불구하고 앙가 사람들 사이에서 이것들의 다양한 기술적 특질은 거의 동일하며 무작위적이지 않은 분포를 보여준다. 달리 말해 모든 것이 **마치** 물리적으로 독자적인 기술적 특질의 지역적 형식이 상호 체계적으로 연관되는 것처럼 생겨난다는 점이다."(Lemonnier 1989: 159) 이와 관련해서, 이러한 차이들이 종족 표식으로 기능하며, 집단 간 교역의 맥락에서 생산의 전문화의 결과로서 남성과 여성 각각의 세계 간의 대립을 유지하는 것과 관련되어 있다는 등의 다양한 설명이 떠오르지만, 이 또한 단일한 논리적인 질서를 형성하는 것은 아니다.

31 이에 따라 개별의 단위를 반복 복제한다고 말할 수 있다. 레비스트로스의 브리콜라주 개념이 "문화적 요소들의 생명력 있는 집합체"(Ingold 1986: 200)를 의미하게 된다는 인골드의 비판은 이와 동렬에 놓인다. 인골드는 브리콜라주 대신 "'인격'의 의식적 삶이 문화를 매체로 삼는 운동이 된다'는 개념이 필요하다고 주장한다(Ingold 1986: 293).

32 클리퍼드는 혼종적이고 다언어적인(heteroglot) 카리브해 세계의 혁신성(inventiveness)으로부터 신조어의(neologistic) 문화정치를 발명한 에메 세제르(Aimé Césaire)를 불러들인다. 이 시인은 독자로 하여금 역사와 미래의 가능성의 부스러기에서 의미를 구축하도록 만든다고 클리퍼드는 서술한다(1985: 175). 클리퍼드는 우리가 레비스트로스의 전지구적인 시야와는 반대로 희망에 찬 명세서를 보기를 주문한다. (클리퍼드에 의하면) 레비스트로스의 엔트로피의 서사는 단일한 인간의 역사를 한데 모으는 학자의 유럽중심주의, 즉 "세계의 다양한 지역의

역사들의 단편을 수집해서 그 기념비를 세우는"(2003: 29) 것에 기초한다.

33 지금 논하는 장식 띠의 구성에서 바닙(banip, 복부)이라고 불리는 이 디자인은 이 차적으로 보일 뿐이다. 왜냐하면 분명히 처음 눈에 띄는 것은 옆으로 나열된 큰북 들이기 때문이다. 그러나 바닙의 형태가 이처럼 우연히 만들어지는 순간, (…) 의 도치 않은 이 디자인에도 이름이 붙여지고 다소 이차적인 디자인에서 온갖 의미 를 읽어 들일 가능성이 열리게 된다. "(현지인은) 처음부터 북의 윤곽만을 보았고, 하얀 부분은 단지 비어 있을 뿐임을 잘 알고 있었다. (…) 장식의 윗부분의 열은 안이 비어 있는 마름모꼴의 검은 띠가 아니라 북 디자인으로 채워진 하얀 띠다. 하얀 마름모 내부의 가는 선은 마름모의 윤곽이 아니라 큰북의 윤곽이다. 현지인 이 질문을 받아 하얀 부분에 어떤 의미가 있는지를 판단해야 한다면, 그는 비슷한 디자인을 떠올려서 이론적으로 바닙, 즉 신체의 내부라는 중립적인 용어를 끌어 낼 것이다."(Schmitz 1963: 94)

34 입사식이 열리는 각 장소는 의례의 중심을 구성한다. 그래서 어떤 의미에서 입사 식의 각 단계의 운영은 '의례의 중심'을 구성하는 일이며, 그렇게 각각의 비밀이 베일에 싸이게 된다. 바스는 볼로빕의 전문가들이 마폼(Mafom)이라는 입사식 단 계를 어떻게 논했는지를 기술한다. 지도자로 알려진 남자는 (마지못해) 자신의 비 밀꾸러미를 가져왔다. 그리고 "열흘에 걸쳐 주요 의례에 대해 상세하게 설명했으 며, 의례 곳곳에 그에 대응하는 박타만의 의례와 그 외의 지역적인 변이 등 비교 에 기초한 (정확한) 지식을 피력했다. (…) 그러나 그는 자신이 갖고 있는 마폼 꾸 러미의 내용물 전체를 결코 보여주지 않았다. 또 의례의 몇몇 부분도 여전히 비 밀로 간직하고 말하지 않았다. (그 자리에 있었던 다른 지도자는) 자신도 일부만 안다고 했다. 그는 마폼의 입사식을 행할 수 있지만, 다만 어디까지나 그 개요를 보여줄 뿐이고, 따라서 그 효력도 미약하고 의심스럽다고 했다. 이 설명과 뒤이 은 대화는 의례에 대한 설명이나 해석으로 전화되지 못했다. 여전히 입사식 그 자 체—그에 포함된 사건, 행위, 장구—를 그들 나름대로 연행해 보여주는 데 머물 렀다"(Barth 1987: 25).

대담: 특정 언어의 가장자리에서

1 이 대담은 1998년 9월 22일에 브라질 국립박물관에서 진행되었으며, 브라질의 인 류학 잡지 *Mana* 5(2): 157-175, 1999에 포르투갈어로 처음 실렸다. 이후 애슐리 레브너(Ashley Lebner)가 저술·편집한 《관계를 다시 기술한다: 스트래선이 말하 는 민족지, 지식, 정치Redescribing Relations, Strathernian Conversations on Ethnography, Knowledge and Politics》(2017)에 녹취록 전사본이 실렸다. 이

한국어 번역본은 영어 녹취록 전사본을 번역한 다음, 포르투갈어본과의 대조검토
를 거쳤다. 이 둘 간에는 적지 않은 내용의 차이와 생략이 있었다. 거의 20년의 격
차를 두고 재수록되었기에 특정 학자의 이름이나 구체적인 내용이 생략된 경우가
있었다. 그래서 불가피하게 영어 녹취록 전사본을 우선하면서 경우에 따라 포르
투갈어본을 따랐다. 각주는 포르투갈어본을 따랐다. 마지막으로 한국어로 번역 출
간할 수 있게 허락해준 《마나Mana》 편집진에게 깊이 감사한다.-옮긴이

2 카를로스 파우스토는 아마존의 샤머니즘을 연구한 인류학자로서 2019년 현재는
영화감독으로 활약하고 있다.—옮긴이

3 모건 강의는 미국의 인류학자 루이스 헨리 모건(Lewis Henry Morgan,
1818~1881)의 이론과 사상을 다루는 강의를 말한다. 모선은 뉴욕에서 변호사라
는 직업을 통해 아메리카 인디언의 권익보호활동에 참여하게 되면서 북미 인디
언의 친족체계에 관심을 갖게 되었다. 이후 다양한 문화권의 친족명칭을 집대성
하여 《인간 가족의 혈연 및 인척 체계Systems of Consanguinity and Affinity of
the Human Family》(1871)를 집필한다. 이 책은 인류학적인 친족연구의 시발점
이 되었다. 나아가 그는 인류문명의 발달사를 진화론의 관점에서 고찰한 《고대사
회Ancient Society》(1877)를 출간한다. 《고대사회》는 최초의 인류학 저서로 간주
되며 이후 20세기 인류학에 지대한 영향을 끼쳤다.—옮긴이

4 마이어 포르테스가 저술한 《친족과 사회질서 루이스 헨리 모건의 전설Kinship
and the Social Order The Legacy of Lewis Henry Morgan》(London
Routledge, 1969)은 그가 1963년 로체스터 대학에서 진행한 모건 강의의 결과다.

5 Leach, Edmund R. 1961. *Pul Eliya, a Village in Ceylon: A Study in Land Tenure
and Kinship*. Cambridge: Cambridge University.

6 Strathern, Andrew and Strathern, Marilyn. 1968. "Marsupials and Magic
A Study of Spell Symbolism among the Mbowamb". In E. Leach (org.),
Dialectic in Practical Religion. Cambridge: Cambridge University Press.

7 *Women in Between Female Roles in a Male World*(Seminar [Academic] Press,
1972); *Kinship at the Core: An Anthropology of Elmdon, a Village in North-west
Essex in the Nineteen-sixties*(Cambridge: Cambridge University Press, 1981);
*The Gender of the Gift: Problems with Women and Problems with Society in
Melanesia*(Berkeley & Los Angeles: University of California Press, 1988);
After Nature: English Kinship in the Late Twentieth Century(Cambridge:
Cambridge University Press, 1992).

8 Weiner, Annete. 1976. *Women of Value, Men of Renown: New Perspectives in
Trobriand Exchange*. Austin: University of Texas Press.

9 Strathern, Marilyn. 1981. "Culture in a Netbag The Manufacture of a

342

Subdiscipline in Anthropology". *Man* 16: 665–688.

10 Hugh-Jones, Christine. 1979. *From the Milk River: Spatial and Temporal Processes in Northwest Amazonia.* Cambridge: Cambridge University Press; Hugh-Jones, Stephen. 1979. *The Palm and the Pleiades: Initiation and Cosmology in Northwest Amazon,* Cambridge: Cambridge University Press.

11 Gell, Alfred. 1999. "Strathernograms, or the Semiotics of Mixed Metaphors", in *The Art of Anthropology,* 29-75, oxford: Berg.

12 맨체스터에서 스트래선과 함께 일한 인류학자. 지금은 호주의 애들레이드 대학 (University of Adelaide)에 있다.

13 Wagner, Roy. 1975. *The Invention of Culture.* Englewood Cliffs: Prentice-Hall.

14 Strathern, Marilyn. 1981. "No Nature, No Culture: The Hagen Case". In C. MacCormack and M. Strathern (orgs.), *Nature, Culture and Gender.* Cambridge: Cambridge University Press.

15 Wagner, Roy. 1967. *The Curse of Souw.* Chicago: Chicago University Press.

16 잭 구디는 1972년 윌리엄 와이즈(William Wyse) 사회인류학 교수(학과장) 의 자리를 승계받았다. 스트래선은 잭 구디의 뒤를 이은 어니스트 겔너(Ernest Gellner) 다음으로 1993년 이 자리를 승계받았다.

17 스트래선은 케임브리지 인근 마을인 엘름던에 대해 오드리 리처즈와 함께 공동연 구를 진행했다. 《기저에 있는 친족》이 그 연구결과물이다. 이 책의 서문을 참조.

18 "Nature"와 "law"에 대해서는 다음을 참조. Schneider, David. 1968. *American Kinship A Cultural Account.* Englewood Cliffs: Prentice-Hall.

19 케임브리지 대학이나 옥스퍼드 대학에서는 학회 회원이 같은 기관의 동료로서 대 학에서 연구를 지도 감독한다. 스트래선은 이후 거튼 칼리지의 공식 연구원이 되 었으며, 1998년 교수가 되었다.—옮긴이

20 브라질 동남부에 위치한 상파울루 주의 한 도시. IT 산업이 발달하여 브라질의 실 리콘밸리로 불린다.—옮긴이

21 Stanworth, M. (org.). 1987. *Reproductive Technologies Gender, Motherhood and Medicine.* Oxford: Polity Press.

22 《자연 후》의 기초가 된 네 번의 모건 강의는 1987년 진행되었다.

23 스트래선은 마거릿 대처(Margaret Thatcher)가 1987년 10월에 어느 잡지에 실 린 기고문을 통해 "사회 같은 것은 존재하지 않는다. 개인의 남성과 여성, 그리고 그 가족만이 존재한다(There is no such thing as society. There are individual men and women, and there are families)"라고 한 말을 인용한 것이다.

24 "The Concept of Society is Theoretically Obsolete". In Ingold, T. (org.), *Key Debates in Anthropology.* London: Routledge, 1996. 이것은 스트래선(M.

Strathern) & 필(J. Peel) & 토렌(C. Toren)과 스펜서(J. Spencer) 사이에 일었던 논쟁이다.

25 Strathern, Marilyn. 1992. *Reproducing the Future: Anthropology, Kinship, and the New Reproductive Technologies*. London: Routledge.

26 다음을 참조. Barnes, J. A. 1962. "African Models in the New Guinea Highlands". *Man* 2: 5-9.

27 1998년 9월 22일의 강연 "스케일, 복잡성, 그리고 상상력 파푸아뉴기니의 수수께끼(Scale, Complexity, and the Imagination: A Puzzle from Papua New Guinea)"를 말한다.

28 스트래선은《선물의 증여》에 나오는, 조지파이즈와 함께한 토론을 언급한 것이다.

29 1938년 메릴랜드 태생의 미국의 인류학자. 아마존을 현지조사 했으며 원주민의 언어, 미학, 우주론 등을 탐구했다.―옮긴이

30 농담관계(jocking relationship)는 특정 친족관계에서 성적인 농담을 주고받을 수 있는 관계를 말한다. 특히 트로브리안드 섬의 삼촌과 조카 관계는 농담관계의 전형을 보여준다. 삼촌은 조카가 신부를 들일 때 자신이 가진 재산의 일부를 물려주는데, 이들 사이의 잠재적인 긴장과 갈등은 농담을 통해 해소되거나 완화된다. 래드클리프브라운은 적대적인 긴장과 그것을 해소하는 방종이 동시에 드러나는 농담관계를 통해 사회적 갈등의 문화적 완화장치를 읽어냈다.―옮긴이

31 "아마존과 멜라네시아 젠더와 인류학적 비교(Amazonia and Melanesia Gender and Anthropological Comparison)." 이 심포지엄은 토머스 그레고어(Thomas Gregor)와 도널드 투진(Donald Tuzin)에 의해 조성되었다(1996년 9월, 스페인 미하스).

32 파우스토는 아마존 남동부 저지대에 사는 투피과라니(Tupi-Guarani)의 카니발 의례에 대한 민족지적 연구를 통해 적대적인 관계가 갖는 사회성을 논한다. 투피족의 카니발리즘은 16세기 이래 유럽인의 상상력을 자극해왔고 호혜성과 대조를 이루는 적대성의 표본이 되어왔다. 그러나 파우스토는 투피족의 카니발 의례가 타자의 퍼스펙티브를 얻는 하나의 과정으로 이해한다. 투피족의 여러 부족들은 서로가 서로에게 전쟁 포식(warfare predation)을 일삼으며 전쟁 포로를 획득한다. 이 전쟁 포로는 입양이나 혼인을 통해 포로로 끌려간 부족의 성원이 된 후 카니발 의례에서 희생자로서 자기 부족에게 복수해달라는 노래를 부른 후 죽임을 당한다. 파우스토는 이 과정을 '전쟁 포식→친숙해지기→재-적대화→의례적 포식'으로 도식화한다. 여기서 적대성과 호혜성은 사회성의 양면을 이룬다(Fausto, Carlos. 1999. of enemies and pets: warfare and shamanism in Amazonia. *American Ethnologist* 26(4): 933-956. 참조).

《부분적인 연결들》

Appadurai, Arjun
- 1986 Theory in Anthropology: Center and Periphery. Comp. Studies in Society & History 28: 350-361.

Barth, Fredrik
- 1987 Cosmologies in the Making. A Generative Approach to Cultural Variation in New Guinea. Cambridge: Cambridge University Press.

Battaglia, Debbora
- 1983 Projecting Personhood in Melanesia: The Dialectics of Artefact Symbolism on Sabarl Island. Man (n.s.) 18: 289-304.
- 1990 On the Bones of the Serpent: Person, Memory and Mortality in Sabarl Island Society. Chicago: University of Chicago Press.

Beer, Gillian
- 1989 Can the Native Return? The Hilda Hume Lecture for 1988. London: University of London.

Biersack, Aletta
- 1982 Ginger Gardens for the Ginger Woman: Rites and Passages in a Melanesian Society. Man (n.s.) 17: 239-258.
- 1989 Local Knowledge, Local History: Geertz and Beyond. In The New

Cultural History, L. Hunt (ed.). Berkeley and Los Angeles: California University Press.

Boon, James A.
- 1982 Other Tribes, Other Scribes. Symbolic Anthropology in the Comparative Study of Cultures, Histories, Religions, and Texts. Cambridge: Cambridge University Press.
- 1986 Between-the-Wars Bali: Rereading the Relics. In Malinowski, Rivers, Benedict and Others, History of Anthropology IV, G. Stocking (ed.). University of Wisconsin Press.

Bouquet, Mary
- 1985 Family, Servants and Visitors. The Farm Household in Nineteenth and Twentienth Century Devon. Norwich: Geo Books
- 1986 'You Cannot be a Brahmin in the English Countryside.' The Partitioning of Status, and its Representation within the Family Farm in Devon. In Symbolising Boundaries, A. P. Cohen (ed.). Manchester: Manchester University Press.
- n.d. Two Tribes on the Family Farm: A Nineteen Eighties' Encounter Between Sociology and Anthropology[manuscript, 1985].

Burridge, Kenelm
- 1979 Somone, No One. An Essay on Individuality. Princeton: Princton University Press.

Burton, Michael L. and White, Douglas R.
- 1987 Cross-Cultural Surveys Today. Annual Review of Anthropology 16: 143-160.

Christiansen, Palle Ove
- 1988 Construction and Consumption of the Past: From 'Montaillou' to 'The Name of the Rose'. Ethnologia Europaea 18: 2-24.

Clifford, James
- 1986 Partial Truths. Introduction to Writing Culture, J. Clifford and G. E. Marcus (eds.). Berkeley and Los Angeles: California University Press.
- 1988 The Predicament of Culture: Twentieth Century Ethnography, literature, and Art. Cambridge, Mass.: Harvard University Press.

Clifford, James and Marcus, George (eds.)
- 1986 Writing Culture: The Poetics and Politics of Ethnography. Berkeley and Los Angeles: University of California Press.

Cohen, Anthony P.
- 1985 The Symbolic Construction of Community. London: Tavistock Publications.
- 1986 Of Symbols and Boundaries, or, Does Ertie's Greatcoat Hold the Key? In Symbolising Boundaries, A. P. Cohen (ed.). Manchester: Manchester University Press.
- 1987 Whalsay. Symbol, Segment and Boundary in a Shetland Island Cornmunity. Manchester: Manchester University Press.

Crapanzano, Vincent
- 1985 Waiting: The Whites of South Africa. New York: Random House.

Crick, Malcolm
- 1985 'Tracing' the Anthropological Self: Quizzical Reflections on Fieldwork, Tourism and the Ludic. Social Analysis 17: 71-92.
- 1988 Sun, Sex, Sights, and Servility: Representations of International Tourism in the Social Sciences. CHAI (Criticism, Heresy and Interpretation) 1: 37-76.

Currie, Dawn and Kazi, Hamida
- 1987 Academic Feminism and the Process of De-Radicalization: Re-examining the Issues. Feminist Review 25: 77-98.

DuBois, Ellen Carol et al.
- 1985 Feminist Scholarship: Kindling in the Groves of Academe. Urbana: University of Illinois Press.

Eisenstein, Hester
- 1984 Contemporary Feminist Thought. Sydney: Unwin Paperbacks.

Errington, Frederick and Gewertz, Deborah B.
- 1986 The Confluence of Powers: Entropy and Importation among the Chambri. Oceania 57: 99-113.
- 1987 On Unfinished Dialogues and Paper Pigs. American Ethnologist 14: 367-376.
- 1989 Tourism and Anthropology in a Post-Modern World. Oceania 60: 37-54.

Fabian, Johannes
- 1983 Time and the Other. How Anthropology Makes its Object. New York: Columbia University Press.
- 1985 Culture, Time, and the Object of Anthropology. Berkshire Review

20: 7-23.

• n.d. Presence and Representation: The Other and Anthropological Writing[Paper presented to American Anthropological Association Meeting, Philadelphia, 1986].

Fardon, Richard

• 1987 'African Ethnogenesis', Limits to the Comparability of Ethnic Phenomena. In Comparative Ethnology, L. Holy (ed.). Oxford: Basil Blackwell.

Fardon, Richard (ed.)

• 1990 Regional Traditions in Ethnographic Writing. Localizing Strategies. Washington: Smithsonian Institution Press.

Feil, Daryl K.

• 1987 The Evolution of Highland Papua New Guinea Societies. Cambridge: Cambridge University Press.

Feld, Steven

• 1982 Sound and Sentiment. Birds, Weeping, Poetics, and Song in Kaluli Expression. Philadelphia: University of Pennsylvania Press.

Flax, Jane

• 1987 Postmodernism and Gender Relations in Feminist Theory. Signs: Journal of Women in Culture and Society 12: 621-643.

Foster, Hal

• 1985 Postmodernism. A Preface to Postmodern Culture, H. Foster (ed.). London: Pluto Press.

Foster, Robert J.

• 1985 Producion and Value in the Enga Tee. Oceania 55: 182-196.

Friedman, Jonathan

• 1987 Beyond Otherness or: The Spectacularization of Anthropology. Telos 71: 161-170.

• 1988 Commentary on Sangren, 'Rhetoric and the Authority of Anthropology.' Current Anthropology 29: 426-427.

Game, Ann

• 1985 Review Essay (on Hester Eisenstein's 'Contemporary Feminist Thought' and Clare Burton's 'Subordination: Feminism and Social Theory'). Australian Feminist Studies 1: 129-139.

Gardner, Don S.

- 1983 Performativity in Ritual: The Mianmin Case. Man (n.s.) 18: 346-360.

Gell, Alfred

- 1975 Metamorphosis of the Cassowaries: Umeda Society, Language and Ritual. London: The Athlone Press.

Gewertz, Deborah B.

- 1983 Sepik River Societies. A Historical Ethnography of the Chambri and their Neighbors. New Haven: Yale University Press.

Gewertz, Deborah B. (ed.)

- 1988 Myths of Matriarchy Reconsidered. Sydney: Oceania Monograph 33.

Gewertz, Deborah B. and Edward Schieffelin (eds.)

- 1985 History and Ethnohistory in Papua New Guinea. Sydney: Oceania Monograph 28.

Gillison, Gillian

- 1980 Images of Nature in Gimi Thought. In Nature, Culture and Gender, C. MacCormack and M. Strathern (eds.). Cambridge: Cambridge University Press.
- 1987 Incest and the Atom of Kinship: The Role of the Mother's Brother in a New Guinea Highlands Society. Ethos 15: 166-202.
- In press The Flute Myth and the Law of Equivalence: Origins of a Principle of Exchange. In Big Men and Great Men. The Development of a Comparison in Melanesia, M. Godelier and M. Strathern (eds.) Cambridge: Cambridge University Press.

Gleick, James

- 1988[1987] Chaos: Making a New Science. London: Heinemann.

Godelier, Maurice

- 1986 (Trans. R. Swyer[1982]) The Making of Great Men. Male Domination and Power among the New Guinea Baruya. Cambridge: Cambridge University Press.

Godelier, Maurice and Strathern, Marilyn (eds.)

- In press Big Men and Great Men: Personificatons of Power in Melanesia. Cambridge: Cambridge University Press.

Gourlay, K. A.

- 1975 Sound-producing Instruments in Traditional Society: A Study of Esoteric Instruments and Their role in Male-Female Relations. New

Guinea Research Bulletin 60. Canberra and Port Moresby: Australian
National University.

Hannerz, Ulf

- 1986 Theory in Anthropology: Small is Beautiful? The Problem of
Complex Cultures. Compar. Stud. Soc. and History 28: 362-367.
- 1988 American Culture: Creolized, Creolizing. In American Culture:
Creolized. Creolizing, E. Asard (ed.). Uppsala: Swedish Inst. North
American Studies.
- 1990 Cosmopolitans and Locals in World Culture. Theory, Culture and
Society 7: 211-225.

Haraway, Donna

- 1985 A Manifesto for Cyborgs: Science, Technology, and Socialist
Feminism in the 1980s. Socialist Review 80: 65-107.
- 1986 Primatology is Politics by Other Means. In Feminist Approaches to
Science, Ruth Bleier (ed.). New York: Pergamon Press.
- 1988 Situated Knowledges: The Science Question in Feminism and the
Privilege of Partial Perspective. Feminist Studies 14: 575-599.
- 1989 Primate Visions: Gender, Race, and Nature in the World of Modem
Science. New York: Routledge.

Harding, Sandra

- 1986 The Instability of the Analytical Categories of Feminist Theory.
Signs: Journal of Women in Culture and Science 11: 645-664.

Harrison, Simon

- 1984 New Guinea Highland Social Structure in a Lowland Totemic
Mythology. Man (n.s.) 19: 389-403.

Hastrup, Kirsten

- n.d. Writing Ethnography: State of the Art[Paper presented to ASA Annual
Conference, Anthropology and Autobiography. York, 1989].

Hawkesworth, Mary E.

- 1989 Knowers, Knowing, Known: Feminist Theory and Claims of Truth.
Signs: Journal of Women in Culture and Science 14: 533-557.

Hays, Terence E.

- 1986 Sacred Flutes, Fertility, and Growth in the Papua New Guinea
Highlands. Anthropos 81: 435-453.
- 1988 'Myths of Matriarchy' and the Sacred Flute Complex of the Papua

New Guinea Highlands. In Myths of Matriarchy Reconsidered, D. Gewertz (ed.). Sydney: Oceania Monograph 33.

Herdt, Gilbert H. (ed.)
- 1984 Ritualized Homosexuality in Melanesia. Berkeley and Los Angeles: University of California Press.

Holy, Ladislav (ed.)
- 1987 Comparative Anthropology. Oxford: Basil Blackwell.

Howe, Leo
- 1987 Caste in Bali and India: Levels of Comparison. In Comparative Anthropology, L. Holy (ed.). Oxford: Basil Blackwell.

Ingold, Tim
- 1986 Evolution and Social Life. Cambridge: Cambridge University Press.
- 1988 Tools, Minds and Machines: An Excursion in the Philosophy of Technology. Techniques et culture 12: 151-176.

Jackson, Michael
- 1987 On Ethnographic Truth. Canberra Anthropology 10: 1-31.

Jameson, Fredric
- 1985 Postmodernism and Consumer Society. In Postmodern Culture, H. Foster (ed.). London and Sydney: Pluto Press.

Jorgensen, Dan
- 1985 Femsep's Last Garden: A Telefol Response to Mortality. In Aging and its Transformations: Moving Towards Death in Pacific Societies, D. A. and D. R. Counts (eds.). ASAO Monograph 10. Lanham: University Press of America.

Jorgensen, Joseph G.
- 1979 Cross-cultural Comparisons. Annual Review of Anthropology 8: 309-331.

Josephides, Lisette
- 1985 The Production of Inequality. Gender and Exchange among the Kewa. London: Tavistock Publications.
- n.d. Postmodernism in Melanesia[Paper presented at Melanesian Research Group Seminar, convenors L. Josephides and E. Hirsch, London School Of Economics, 1988].

Juillerat, Bernard
- 1986 Les enfants du sang. Société, reproduction et imaginaire en Nouvelle

Guinée. Paris: Editions de la Maison des Sciences de l'Homme.

- In press Shooting the Sun: Ritual and Meaning in the West Sepik: Ida Revisited. Washington: Smithsonian Institution Press.

Keesing, Roger M.

- 1982 Introduction to Rituals of Manhood, Male Initiation in Papua New Guinea, G.

Leach, Jerry W. and Edmund R. Leach (eds.)

- 1983 The Kula. New Perspectives on Massim Exchange. Cambridge: Cambridge University Press.

Lederman, Rena

- 1986a What Gifts Engender: Social Relations and Politics in Mendi, Highland Papua New Guinea. Cambridge: Cambridge University Press.
- 1986b Changing Times in Mendi: Notes Towards Writing Highland and New Guinea History. Ethnohistory 33: 1-30.

Lee, Rosa

- 1987 Resisting Amnesia: Feminism, Painting and Postmodernism. Feminist Review 26: 5-28.

Lemonnier, Pierre

- 1989 Bark Capes, Arrowheads and Concorde: On Social Representations of Technology. In The Meaning of Things: Material Culture and Symbolic Expression, I. Hodder (ed.). London: Unwin Hyman.

Mackenzie, Maureen A.

- 1986 The Bilum is Mother of Us All. An Interpretative Analysis of the Social Value of the Telefol Looped String Bag. MA Thesis. Canberra: The Australian National University[to be published by Harwood Academic].
- In press The Telefol String Bag: A Cultural Object with Androgynous Forms. In Children of Afek: Tradition and Change among the Mountain Ok of Central New Guinea, B. Craig and D. Hyndman (eds.). Sydney: Oceania Monographs.

Marcus, George E. (ed.) with Appadurai, Arjun

- 1988 Place and Voice in Anthropological Theory. Cultural Anthropology(spec. issue) 3.

Mimica, Jadran

- 1988 Intimations of Infinity: The Cultural Meanings of the Iqwaye Counting System and Number. Oxford: Berg.

Moeran, Brian

- 1988 Of Chrystanthemums and Swords: Problems in Ethnographic Writing. CHAI (Criticsm, Heresy and Interpretation) I: 1-17.

Moi, Toril

- 1985 Sexual/Textual Politics: Feminist Literary Theory. London: Routledge.

Moore, Henrietta

- 1988 Feminism and Anthropology. Cambridge: Polity Press.

Mosko, Mark

- 1988 Quadrpartitie Structure. Categories, Relations and Homologies in Bush Mekeo Culture. Cambridge: Cambridge University Press.

Munn, Nancy D.

- 1983 Gawan Kula: Spatiotemporal Control and the Symbolism of Influence. In New Perspectives on the Kula, E. and J. Leach (eds.). Cambridge: Cambridge University Press.
- 1986 The Fame of Gawa. A Symbolic Study of Value Transformation in a Massim (Papua New Guinea) Society. Cambridge: Cambridge University Press.

Nye, Andrew

- 1987 Women Clothed with the Sun: Julia Kristeva and the Escape from/to Language. Signs: Journal of Women in Culture and Society 12: 664-686.

Ong, Aihwa

- 1987a Disassembling Gender in an Electronics Age[Review Essay]. Feminist Studies 13: 609-626.
- 1987b Spirits of Resistance and Capitalist Discipline: Factory Women in Malaysia Albany: State University of New York Press.

Overing, Joanna

- 1987 Translation as a Creative Process: The Power of the Name. In Comparative Anthropology, L. Holy (ed.). Oxford: Basil Blackwell.

Owens, Craig

- 1985 The Discourse of Others: Feminists and Postmodernism. In Postmodern Culture, H. Foster (ed.). London & Sydney: Pluto Press.

Paige, K. E. and Paige, J. M.

- 1981 The Politics of Reproductive Ritual. Berkeley/Los Angeles: University of California Press.

Parkin, David

- 1987 Comparison as the Search for Continuity. In Comparative Anthropology, L. Holy (ed.). Oxford: Basil Blackwell.

Peel, John D. Y.

- 1987 History, Culture and the Comparative Method: A West African Puzzle. In Comparative Anthropology, L. Holy (ed.). Oxford: Basil Blackwell

Rabinow, Paul

- 1983 Humanism as Nihilism: The Bracketing of Truth and Seriousness in American Cultural Anthropology. In Social Behavior and Moral Enquiry, R. Bellah et al. (eds.). New York: Columbia University Press.
- 1986 Representations are Social Facts. In Writing Culture: The Poetics and Politics of Ethnography, J. Clifford and G. Marcus (eds.). Berkeley and Los Angeles: University of California Press.

Rapport, Nigel

- 1986 Cedar High Farm: Ambiguous Symbolic Boundary. An Essay in Anthropological Intuition. In Symbolising Boundaries, A. P. Cohen (ed.). Manchester: Manchester University Press.
- n.d. Passage to Britain: A Sterotypical View of Coming Home from the Old World to the New[University of Manchester, manuscript].

Rosman, Abraham and Rubel, Paula G.

- 1978 Your Own Pigs You May Not Eat: A Comparative Study of New Guinea Societies. Chicago: Chicago University Press.

Roth, Paul A.

- 1989 Ethnography Without Tears. Current Anthropology 30.

Salmond, Anne

- 1982 Theoretical Landscapes. On a Cross-Cultural Conception of Knowledge. In Semantic Anthropology, D. Parkin (ed.). London: Academic Press.

Sangren, Steven P.

- 1988 Rhetoric and the Authority of Ethnography: 'Post Modernism' and the Social Reproduction of Texts. Current Anthropology 29: 405-435.

Schmitz, Carl A.

- 1963 Wantoat: Art and Religion of the Northeast New Guinea Papuans. The Hague: Mouton & Go.

Schwimmer, Eric

- n.d. The Anthropology of the Interaction Order[Universite Laval, Quebec, manuscript].

Sillitoe, Paul

- 1988 Made in Niugini: Technology in the Highlands of Papua New Guinea. London: British Museum Publications.

Simons, Peter

- 1987 Parts: A Study in Ontology. Oxford: Clarendon Press.

Stacey, Judith

- 1988 Can There be a Feminist Ethnography? Women's Studies International Forum 11: 21-27.

Stanley, Liz and Sue Wise

- 1983 Breaking Out: Feminist Consciousness and Feminist Research. London: Routledge and Kegan Paul.

Stocking, George W.

- 1987 Victorian Anthropology. New York: The Free Press.

Strathern, Andrew J. (ed.)

- 1982 Inequality in New Guinea Highlands Societies. Cambridge: Cambridge University Press.

Strathern, Marilyn

- 1981 Kinship at the Core: An Anthropology of Elmdon, a village in North-West Sussex, in the 1960s. Cambridge: Cambridge University Press.
- 1985 Knowing Power and Being Equivocal: Three Melanesain Contexts. In Power and Knowledge: Anthropological and Sociological Perspectives, R. Fardon (ed.). Edinburgh: Scottish Academic Press.
- 1986 An Awkward Relationship: The Case of Feminism and Anthropology. Signs: Journal of Women's Culture and Society 12: 276-292.
- 1987 Out of Context: The Persuasive Fictions of Anthropology. Current Anthropology 28: 251: 281.
- 1989 Between a Melanesianist and a Deconstructive Feminist. Australian Feminist Studies 10: 49-69.
- In press After Nature: English Kinship in the Late Twentieth Century[Lewis Henry Morgan Lectures, University of Rochester]. Cambridge: Cambridge University Press.

Thornton, Robert

- 1988a The Rhetoric of Ethnographic Holism. Cultural Anthropology 3: 285–303.
- 1988b Time Scales and Social Thought. Time and Mind: The Study of Time IV, University of Mass. Press.

Tuzin, Donald F.

- 1980 The Voice of the Tamberan: Truth and Illusion in Ilahita Arapesh Religion. Berkeley and Los Angeles: University of California Press.
- In press The Cryptic Brotherhood of Big Men and Great Men in Ilahita. In Big Men and Great Men: The Development of a Comparison in Melanesia, M. Godelier and M. Strathern (eds.). Cambridge: Cambridge University Press.

Tyler, Stephen A.

- 1986 Post-Modern Ethnography: From Document of the Occult to Occult
- Document. In Writing Culture: The Poetics and Politics of Ethnography, J. Clifford and G. Marcus (eds.). Berkeley and Los Angeles: University of California Press.

Tyler, Stephen A. and Marcus, George E.

- 1987 Comment on M. Strathern, The Persuasive Fictions of Anthropology. Current Anthropology 28: 275–277.

Ulmer, George

- 1985 The Object of Post-Criticism. In Postmodern Culture, H. Foster (ed.). London: Pluto Press.

Wagner, Roy

- 1977 Scientific and Indigenous Papuan Conceptualizations of the Innate: A Semiotic Critique of the Ecological Perspective. In Subsistence and Survival, T. Bayliss-Smith and R. Feachem (eds.). London: Academic Press.
- 1986a Symbols That Stand for Themselves. Chicago: University of Chicago Press.
- 1986b Asiwinarong: Ethos, Image, and Social Power among the Usen Barok of New Ireland. Princeton: Princeton University Press.
- 1987 Figure-Ground Reversal among the Barok. In Assemblage of Spirits: Idea and Image in New Ireland, L. Lincoln (ed.). New York: Geo Braziller with The Minneapolis Institute of Arts.
- In press The Fractal Person. In Big Men and Great Men: The Development of a Comparison in Melanesia, M. Godelier and M. Strathern (eds.).

356

Cambridge: Cambridge University Press.

- n.d. Culture and Order: A View from New Ireland[Munro Lecture, University of Edinburgh, 1986].

Webster, Steven

- 1987 Structuralist Historicism and the History of Structuralism: Sahlins, the Hansons' 'Counterpoint in Maori Culture', and Postmodernist Ethnographic Form. Journal of Polynesian Society. 96: 27-65.

Weiner, Annette

- 1982 Sexuality among the Anthropologists: Reproduction among the Informants. In Sexual Antagonism, Gender, and Social Change in Papua New Guinea, F. J. P. Poole and G. Herdt (eds.). Social Analysis(spec. issue) 12.

Weiner, James F.

- 1987 Diseases of the Soul: Sickness, Agency and the Men's Cult among the Foi of New Guinea. In Dealing with Inequality. Analysing Gender Relations in Melanesia and Beyond, M. Strathern (ed.). Cambridge: Cambridge University Press.
- 1988 The Heart of the Pearlshell: The Mythological Dimension of Foi Sociality. Los Angeles and Berkeley: University of California Press.

Weiner, James F. (ed.)

- 1988 Mountain Papuans: Historical and Comparative Perspectives from New Guinea Fringe Highlands Societies. Ann Arbor: University of Michigan Press.

Werbner, Richard P.

- 1989 Ritual Passage, Sacred journey. The Process and Organization of Religious Movement. Washington: Smithsonian Institute Press.
- In press Trickster and the Eternal Return: Self-Reference in West Sepik World Renewal. In Shooting the Sun, B. Juillerat (ed.). Washington: Smithsonian Institution Press.

Wilden, Anthony

- 1972 System and Structure. Essays in Communication and Exchange. London: Tavistock Publications.

Young, Michael

- 1987 The Tusk, The Flute and the Serpent: Disguise and Revelation in Goodenough Mythology. In Dealing with Inequality. Analysing Gender

Relations in Melanesia and Beyond, M. Strathern (ed.). Cambridge: Cambridge University Press.

대담: 특정 언어의 가장자리에서

Gregor, Thomas, and Tuzin, Donald F.
  • 2001. *Gender in Amazonia and Melanesia: And Exploration of the Comparative Method*. Berkeley: University of California Press.
Fortes, Meyer.
  • 1969. *Kinship and the Social Order: The Legacy of Lewis Henry Morgan*. Chicago: Aldine Publishing.
Stanworth, Michelle.
  • 1987. *Reproductive Technologies: Gender, Motherhood, and Medicine*. Minneapolis: University of Minnesota Press.
Strathern, Marilyn.
  • 1972. *Women in Between: Female Roles in a Male World: Mount Hagen*, New Guinea. London: Seminar Press.
  • 1980. "No Nature, No Culture: The Hagen Case". In *Nature, Culture and Gender*, edited by C. P. Maccormack and Marilyn Strathern, 174–222. Cambridge: Cambridge University Press.
  • 1981a. "Culture in a Netbag: The Manufacture of a Subdiscipline in Anthropology". *Man* 16(4): 665–68.
  • 1981b. *Kinship at the Core: An Anthropology of Elmdon, a Village in North-West Essex in the Nineteen-Sixties*. Cambridge: Cambridge University Press.
  • 1988. *The Gender of the Gift*. Berkeley: University of California Press.
  • 1992. *After Nature: English Kinship in the Late Twentieth Century*. Cambridge: Cambridge University Press.
Wagner, Roy.
  • 1967. *The Curse of Souw: Principles of Daribi Clan Definition and Alliance in New Guinea*. Chicago: University Press.
  • 1981. *The Invention of Culture*. Chicago: Chicago University Press.
Weiner, Annette B.
  • 1976. *Women of Value, Men of Renown: New Perspectives in Trobriand Exchange*. Austin: University of Texas Press.

키워드

ㅅ

ㅇ

인명

부분적인 연결들

초판 1쇄 펴낸날   2019년 11월 25일
초판 3쇄 펴낸날   2024년 9월 13일
지은이   메릴린 스트래선
옮긴이   차은정
펴낸이   박재영
편집   임세현·이다연
마케팅   신연경
디자인   조하늘
제작   제이오
펴낸곳   도서출판 오월의봄
주소   경기도 파주시 회동길 363-15 201호
등록   제406-2010-000111호
전화   070-7704-5018
팩스   0505-300-0518
이메일   maybook05@naver.com
X(트위터)   @oohbom
블로그   blog.naver.com/maybook05
페이스북   facebook.com/maybook05
인스타그램   instagram.com/maybooks_05

ISBN   979-11-90422-02-4 93300

만든 사람들
책임편집   임세현
디자인   조하늘